"十二五"职业教育国家规划教材

城市轨道交通车辆机械检修

（第2版）

主　编　刘柱军
副主编　吴文冠　卢　洋
主　审　佟关林

人民交通出版社股份有限公司

北　京

内 容 提 要

本书是在"十二五"职业教育国家规划教材基础上修改更新的第2版教材。本书系统、全面地阐述了"城市轨道交通车辆机械检修"课程应掌握的知识和技能,共有十个项目、二十五个工作任务,每个任务对应一个实训任务工单。主要内容包括:城市轨道交通车辆检修制度与管理,设计和绘制车辆检修基地检修设施布置图,城市轨道交通日检、均衡修及临修,转向架的检修,车体和内装检修,车门的检修,车辆连接装置的检修,制动系统的检修,空调和采暖装置的检修,城市轨道交通车辆检修常用工具、量具的使用与维护。

本书可供高职、中职院校城市轨道交通车辆技术专业及相关专业教学选用,亦可供行业相关培训、岗前培训使用。

本书配有多媒体教学资源,可在人民交通出版社股份有限公司网站下载,任课教师也可加入职教轨道教学研讨QQ群(群号:129327355)索取。

图书在版编目(CIP)数据

城市轨道交通车辆机械检修/刘柱军主编. —2版. —北京:人民交通出版社股份有限公司,2023.1(2024.12重印)

"十二五"职业教育国家规划教材

ISBN 978-7-114-18512-0

Ⅰ.①城⋯ Ⅱ.①刘⋯ Ⅲ.①城市铁路—铁路车辆—车辆检修—职业教育—教材 Ⅳ.①U279.3

中国版本图书馆CIP数据核字(2022)第256293号

"十二五"职业教育国家规划教材
Chengshi Guidao Jiaotong Cheliang Jixie Jianxiu

书　　名:	城市轨道交通车辆机械检修(第2版)
著 作 者:	刘柱军
责任编辑:	于　涛
责任校对:	孙国靖　卢　弦
责任印制:	刘高彤
出版发行:	人民交通出版社股份有限公司
地　　址:	(100011)北京市朝阳区安定门外外馆斜街3号
网　　址:	http://www.ccpcl.com.cn
销售电话:	(010)85285911
总 经 销:	人民交通出版社股份有限公司发行部
经　　销:	各地新华书店
印　　刷:	北京市密东印刷有限公司
开　　本:	787×1092　1/16
印　　张:	21.25
字　　数:	483千
版　　次:	2016年1月　第1版 2023年1月　第2版
印　　次:	2024年12月　第2版　第3次印刷　总第8次印刷
书　　号:	ISBN 978-7-114-18512-0
定　　价:	56.00元

(有印刷、装订质量问题的图书,由本公司负责调换)

【编写背景与目的】

城市轨道交通是一种安全、快速、舒适、环保、大运量的有轨运输工具，对城市的社会经济发展起到了重要的促进作用。我国近年来大力支持发展城市轨道交通事业，"十四五"时期的建设步伐依然很快。据中国城市轨道交通协会《城市轨道交通 2022 年度统计和分析报告》，截至 2022 年底，我国内地已有 55 个城市开通了轨道交通，运营线路 308 条，运营车站 5875 座，运营总里程高达 10287.45km。

如何培养适应行业发展的高素质技术技能人才是当前面临的突出问题。党的二十大报告和《国家职业教育改革实施方案》指出：培养什么人、怎样培养人、为谁培养人是教育的根本问题。坚持教育优先发展、科技自立自强、人才引领驱动，加快建设教育强国、科技强国、人才强国，坚持为党育人、为国育才，全面提高人才自主培养质量。随着城市轨道交通行业的快速发展，城市轨道交通车辆的新设备、新技术、新方法不断涌现，急需大批城市轨道交通车辆运用检修方面的人才。为此，我们组织相关人员编写了本教材，以适应产业发展需求，着力培养高素质劳动者和技术技能人才。

【教材编写特色】

（1）本教材采用校企合作的模式编写内容，紧扣城市轨道交通车辆检修职业技能等级标准，突出城市轨道交通车辆检修工作岗位所需实操技能的实用性。

（2）本教材突出职业教育的特点，遵循教育教学规律和人才培养规律，符合学生认知特点，将知识、能力和正确价值观的培养有机结合，体现了教育教学改革的先进理念，适应专业建设、课程建设、教学模式与方法改革创新等方面的需要，满足项目学习、案例学习、模块化学习等不同学习方式的要求，注重以真实生产项目、典型工作任务、案例等为载体组织教学。

（3）本教材内容科学先进、针对性强、积极向上、导向正确。本教材突出理论和实践相结合，强调实践性，纳入产业发展的新技术、新工艺、新规范，反映主要岗位群及典型工作任务的职业能力要求。本教材采用项目、任务、实训工单的顺序编写，有利于提高车辆检修人才的实际操作水平，有效地达到与岗位群对接、与职业资格对接、与工作实际对接的目标。

（4）本教材注重培养学生基本素质。学生通过学习本教材中城市轨道交通车辆机械结构、检修工艺与检修规程，按实训任务工单要求实作训练，养成严格遵守规章制度和工作纪律、严格按照操作规程进行检修的工作态度，树立爱护工具、设备、安全第一的思想。

培养学生团队协作、爱岗敬业、诚实守信的工作作风。

（5）本教材配套教学资源丰富。本教材配套教学资源主要包括课件、实训任务工单、教学标准和教案、检修工作的视频、动画、案例等教学资源，方便教师开展线上、线下教学。

【编写组织】

本教材的编审团队熟悉职业教育教学规律和学生身心发展特点，对本学科专业有比较深入的研究，熟悉行业企业发展与用人要求，有丰富的教学、教科研或企业工作经验。本教材由黑龙江第二技师学院刘柱军担任主编并统稿，哈尔滨地铁集团公司专家吴文冠、黑龙江第二技师学院卢洋担任副主编，黑龙江第二技师学院韩文君、于洪秀参编，温州地铁集团专家佟关林主审。

【致谢】

本教材得到了哈尔滨地铁集团公司、温州地铁集团公司、青岛地铁集团公司在技术和资料方面的大力支持，在此表示衷心的感谢！除列出的参考文献外，还引用了大量网页资料及论文资料，在此一并向作者表示谢意！由于编者水平有限，书中疏漏之处在所难免，恳请广大读者批评指正。

编　者
2022 年 1 月

目录

项目一 掌握城市轨道交通车辆检修管理制度 /1

- 任务一 认识城市轨道交通车辆检修管理体制 ………………………………………… 1
- 任务二 掌握车辆的检修制度、检修限度、车辆零件损伤及其修理方法 ……… 7

项目二 城市轨道交通车辆检修基地检修设施布置图 /18

- 任务一 掌握城市轨道交通车辆检修基地基础设施 …………………………………… 18
- 任务二 掌握城市轨道交通车辆机械检修设备 ………………………………………… 27

项目三 掌握城市轨道交通车辆的日检、均衡修及临修 /42

- 任务一 城市轨道交通车辆的日检 …………………………………………………………… 42
- 任务二 城市轨道交通车辆的均衡修、临修 …………………………………………… 57

项目四 转向架的检修 /80

- 任务一 转向架的结构组成 ……………………………………………………………………… 80
- 任务二 转向架的分解与组装 …………………………………………………………………… 85
- 任务三 构架及附件的检修 ……………………………………………………………………… 93
- 任务四 弹性悬挂装置、中央牵引装置、动力驱动装置的检修 ……………………… 95
- 任务五 轮对、轴承、轴箱装置的检修 …………………………………………………… 101

项目五 车体和内装的检修 /117

- 任务一 车体的检修 ……………………………………………………………………………… 117
- 任务二 客室内部设施的检修 ………………………………………………………………… 126

项目六　车门的检修　/132

　　任务一　车门的类型与结构 ··· 132
　　任务二　车门的检修 ·· 147

项目七　车辆连接装置的检修　/160

　　任务一　车钩的检修 ·· 160
　　任务二　缓冲器和车钩缓冲装置附件的检修 ······················· 168
　　任务三　贯通道及渡板的检修 ··· 177

项目八　制动系统的检修　/183

　　任务一　供气设备的检修 ·· 183
　　任务二　制动控制单元和制动电子控制单元及防滑装置的检修 ··········· 193
　　任务三　单元制动机和管路附件的检修 ······························· 212

项目九　空调和采暖装置的检修　/217

　　任务一　空调和采暖装置的组成及维修 ······························· 217
　　任务二　空调机组的故障检查方法 ··· 230

项目十　城市轨道交通车辆检修常用工具、量具的使用与维护　/239

　　任务一　常用工具的使用与维护 ··· 239
　　任务二　常用量具的使用与维护 ··· 245

本教材涉及专业术语英汉对照表　/260

参考文献　/262

《城市轨道交通车辆机械检修实训任务工单（第2版）》/1～68

项目一 掌握城市轨道交通车辆检修管理制度

项目描述

城市轨道交通运营过程中容易产生各种故障,需要采取有效措施加以应对。车辆维修所包含的内容较为广泛,如维护、管理、维修等,这是确保轨道交通设备正常运行的有力保证。车辆检修的中心任务是发现和处理各种零件的损伤,要正确地对车辆进行修理,就必须了解车辆的损伤形式、影响损伤速度的因素和防止损伤的措施。车辆零件修理的目的是消除损伤,恢复其原有性能,修理方法是决定修理质量、效率和成本的关键,因此必须掌握车辆检修的工艺和修理方法。本项目主要对城市轨道交通车辆机械检修进行基础性介绍,让学生了解当前城市轨道交通车辆适应城市轨道交通网络要求的运营、检修管理体制和检修制度及检修限度,车辆零件损伤形式和修理方法,实现城市轨道交通车辆设备资源、人力资源统一管理、综合利用以及管理的集约化、规模化,规范化,进而提高车辆运营、检修工作效率、运行质量、经济效益和社会效益。

任务一 认识城市轨道交通车辆检修管理体制

任务目标

1. 熟知城市轨道交通车辆检修的流程。
2. 熟知城市轨道交通车辆检修工作的管理模式。
3. 熟知城市轨道交通车辆的检修模式。
4. 能够按照生产实际要求,编写一般的车辆检修计划。

工具设备

城市轨道交通车辆运营沙盘一套、检修管理体制相关的挂图若干幅、多媒体设备课件、图片、示教板、计算机多媒体设备等。

理实一体化教室或轨道交通综合实训场、实训基地。

2 学时

基础知识

一、城市轨道交通车辆检修的流程

城市轨道交通车辆的运用和检修工作流程如图 1-1 所示，图中虚线框中的程序属于车辆检修部门的工作范围，双点画线框中的程序属于车辆运用部门的工作范围。

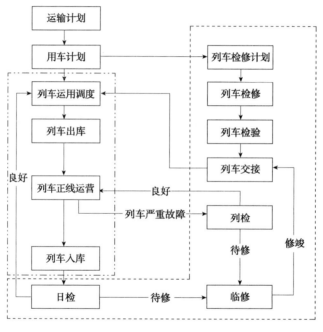

图 1-1 城市轨道交通车辆的运用和检修工作流程

城市轨道交通车辆检修流程

车辆运营公司根据客流情况并统筹考虑公司车辆配属量及制定乘客运输计划，确定列车运行图，确定列车的需用计划和车辆检修计划。

（一）车辆检修的主要工作范围

车辆检修部门根据列车的需用计划制定列车检修计划。制定列车检修计划时应统筹考虑列车的修程和车辆检修设备等检修条件，在保证运营需求和列车运行质量的前提下细致地制订计划。列车检修计划在得到批准后，车辆检修部门应认真组织实施，按车辆检修规程和检修工艺，在列车修竣并经检验合格后与车辆运用部门进行列车交接，修竣列车作为完好列车纳入运用列车范围。

一般地铁车辆检修部门在每日列车运营结束回库后，车辆检修部门对列车进行日常检查维护，经检查技术状态良好和经过维护、简单修理恢复良好技术状态的列车交列车运用调度，作为次日运营列车。需要进一步检修的列车，交车辆维修组进行修理。

运营列车在运营途中发生故障时，若故障在列车司机处理范围之内并经司机处理恢复良好技术状态的列车可继续在正线运营。列车司机若不能处理应尽量避免救援，驾驶列车行驶至折返线或停车线，由车辆检修部门的列检人员进行处理和维护，经处理和维护恢复良好技术状态的列车可继续投入正线运营；若列车需要进一步检修，交车辆维修组进行修理。

(二) 车辆运用的主要工作范围

车辆运营部门根据得到批准的列车检修计划将需要进行检修的列车交车辆检修部门进行检修。

掌握运营列车的情况，进行列车和电客车司机的合理调度；按照确定的列车运行图安排司机和运营列车，进行每日的列车运营。

当运营列车发生掉线、退出运营与运用列车发生临修、不能投入次日运营时，安排备用列车投入运营。

在列车的调试工作中，车辆运营部门还应安排电客车司机配合车辆检修部门开展列车的动态调试工作。

二、城市轨道交通车辆检修工作的管理模式

城市轨道交通车辆的运用和检修工作的管理模式目前有两种：一种是城市轨道交通车辆的运用和检修工作由车辆部门统一管理；另一种是车辆的检修由车辆部门进行管理，车辆的运营由客运部门进行管理。

第一种模式的每个运营线路的车辆管理单位是车辆段，下设有检修车间、运用车间和其他相关的辅助车间和职能部门，承担运营线路配属车辆的检修和运用工作。车辆段根据运营的需要向运营线路提供完好车辆，并对车辆的运用和检修（图1-1中虚线框中和双点画线框中程序的所有工作范围）进行统一管理、全面负责。但运用车辆出段进入运营正线后，统一由运营公司的控制中心指挥，按列车运行图运行。

这种管理模式的优点是对车辆进行统一管理，有利于制定司机操作规程、列车故障操作办法等与车辆技术有关的列车运用规章制度，有利于进行电客车司机的培训，有利于列车运行情况的反馈和处理，有利于车辆运用与车辆检修后的调试工作，比较容易进行车辆运行、检修的统筹安排，简化了车辆运用和检修的管理程序、管理效率较高。

第二种模式是各运营线路成立客运公司，车辆的运行（图1-1中双点画线框中程序的车辆工作范围）和线路设备、设施由客运公司统一管理。这种管理模式可以对所有运营线路设备、设施和车辆进行统一管理，有利于统一协调，尤其是在发生运营特殊情况时协调和处理的效率高。客运公司的车辆运用部门除保证车辆的正线车辆运行外，还必须做好车辆检修所需要的调车、列车调试等配合工作。车辆段除完成车辆检修任务（图1-1中虚线框中的工作范围），保证向线路运营提供完好车辆外，还必须做好制定各种与车辆技术有关的运行规章制度、对电客车司机进行技术培训等配合工作。

无论采取哪种管理模式，车辆的运用和检修工作都必须密切配合，还必须与其他各专

业部门密切配合，才能使城市轨道交通系统这个"大联动机"顺利地运转。

三、城市轨道交通车辆的检修模式

在城市轨道交通发展的初始阶段，城市只有城市轨道交通一两条线路时，一般一条线设一个车辆段，另设车辆大修厂或在一个车辆段设置车辆大修的设备。车辆段里设置各种车辆部件的维修班组，对车辆进行现场修理，车辆检修效率低、成本高。

目前，我国城市轨道交通车辆的检修模式借鉴国外先进经验，在车辆检修资源共享、综合利用、统一管理方面得到很大发展。其主要方面是：车辆检修方式采用部件互换修，车辆部件专业化集中修理，车辆使用、维护保养、检修合理分工，最终实现车辆段多线共用等。

城市轨道交通车辆检修模式的改革应使其从"以计划修为主，均衡修为辅"向"以均衡修为主、计划修为辅"逐步转变。以科学理论为基础，依靠现代化检修设备和管理手段，完全可以保证城市轨道交通运营的安全可靠，实现地铁交通运输效率和效益的最大化。

1. 采用部件互换修为主的车辆检修模式

在城市轨道交通发展初期，车辆配属量较少，车辆检修量较小，车辆检修往往采用部件维修的工艺方式(图1-2)，这种方式除少量待修和报废的零件从备品库领取新品外，其他零部件均待修竣后再安装在车辆上。这种检修方式不需要储备过多的备用零部件，但是由于零部件检修时间较长，有时车辆需要等待零部件修竣才能组装、编组、调试，因此车辆的检修停运时间长，有时还会导致检修质量得不到可靠保证。

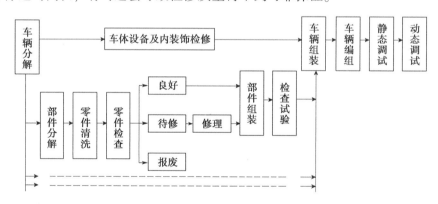

图1-2 现车部件维修方式的工艺过程

部件互换修的车辆检修方式，指车辆定期检修时，从待修车辆上分解下来的零部件或车辆临修需要从车辆上拆卸下来的零部件，修竣后可安装在同车型的任何车辆上。车辆检修组装时所需的零部件来源于部件中心提供的互换零部件。采用部件互换修的车辆检修方式的工艺过程如图1-3所示。

采用部件互换修的车辆检修方式需要必要的车辆零部件的储备周转量，由图1-3可见，其将列车的检修分成了独立的两大部分：车辆检修和零部件检修。车辆检修实质上就是列车解编→车辆分解→车体设备和内装饰检修→车辆组装→车辆编组→静态调试→动态调试的过程，不受零部件检修时间的影响。

采用部件互换修为主的车辆检修方式的优点包括以下几方面：

(1) 可以大大缩短车辆的检修停运时间，提高车辆的利用率；
(2) 为合理组织生产创造有利条件，从而有效地提高劳动生产率；
(3) 能提高车辆的检修质量，提升车辆运行的可靠性；
(4) 为车辆零部件检修的专业化、形成检修生产规模化创造有利条件；
(5) 车辆利用率的提高还会减少城市轨道交通工程的建设成本，降低运营成本。

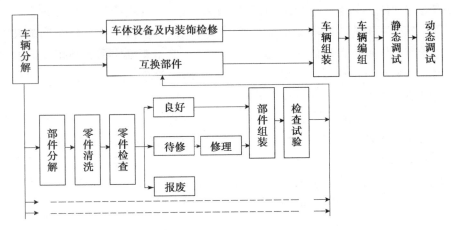

图 1-3　部件互换修的车辆检修方式的工艺过程

2. 车辆零部件的专业化集中修理

车辆零部件的检修不仅需要大量的专业化检修设备、人才，还需要专业的试验设备。在城市轨道交通形成网络，配属车辆大大增加，车型比较集中以及车辆相同功能的设备、零部件趋于外形、功能相同的情况下，车辆零部件的专业化集中修理无疑是降低车辆零部件检修成本、提高检修效率和质量，形成规模效应，提高经济效益的有效途径。在规划中，城市轨道交通网络可以设置车辆部件维修中心，兼为车辆部件的物流中心；也可以在不同车辆段设置不同车辆零部件维修基地，作为部件维修中心的分部，供给本车辆段和其他车辆段的车辆部件互换修使用。原有车辆段的零部件检修能力和资源就可以得到充分的利用。也可以设专门的车辆部件修理厂或车辆修理厂，进行车辆部件的集中专业修理或对城市轨道交通网络车辆进行检修。

3. 城市轨道交通车辆的使用、维护保养、检修合理分工

按照采用车辆部件互换修的方式和车辆检修资源共享、综合利用、统一管理的原则，城市轨道交通车辆的检修场地可以分为三个层次：停车场检修、车辆段检修、大修厂检修。

(1) 停车场检修

停车场承担城市轨道交通车辆的停放、清洁、检查、维护的任务，一般进行车辆定修（年检）及以下车辆修程，定修（年检）以检查车辆系统或部件的技术状态为主，并根据需要对其进行维修或更换。另外，还需通过静态调试和动态调试，对列车进行综合性能测试。停车场还应具有对车辆进行临修的能力，遇到重大临修可采用部件的互换修。

一般一条运营线路设置一个停车场，对于一些运营线路较短并且交叉或共线运营的线路，有条件的也可共用一个停车场；对于运营里程在 30km 以上的较长线路，为了使列车出、入停车库时间比较均衡，可以设置辅助停车场；辅助停车场一般只承担城市轨道交通车辆的停放、清洁、整备任务，不进行车辆的检修工作。即使进行车辆检修，一般也只进行车辆列检工作。

（2）车辆段检修

车辆段是进行车辆日检、均衡修、架修、大修的车辆维修基地。车辆段应具有本线停车场的能力。对车辆的架修、大修采用部件互换修为主、现场修为辅的方式，可以提高车辆检修效率，减少车辆停运时间，加快车辆周转时间。车辆段还可具备车辆部件的检测和维修能力，进行车辆部分部件的专业化集中修理，供给本车辆段和其他车辆段的车辆部件互换修使用。按照车辆检修资源共享、综合利用、统一管理的原则，在城市轨道交通形成网络时，车辆段一般都采用多线共用方式。

例如，上海在规划城市轨道交通网络的基础上，研究形成了在城市轨道交通车辆停车场、车辆段的布局规划，并逐步实施。截至2021年底，上海地铁正在运营的线路一共有20条，运营里程共831千米。其中地铁三号线、四号线、M8线共用宝山车辆段，一、二号线共用梅陇车辆段，进行车辆的架修、大修。上海地铁共设置13个车辆段，承担部分部件的修理任务，部分车辆段还承担车辆架修、大修任务。

（3）车辆修理厂检修

车辆修理厂对全系统的车辆集中进行全面大修、翻新和技术改造工作，一般在车辆需要进行全面大修、对车体进行大修和进行技术改造时进行。

车辆修理厂还可以是轨道交通网络车辆部件（模块）的维修中心，满足停车场、车辆段互换件的需求，同时具备到停车场、车辆段维修现场进行部件检查、简易维修的能力。可以同时兼有物流（部件）供应中心的功能。目前，国内部分城市设有与车辆生产厂合资的轨道车辆有限公司，承担大修或厂修任务。

4. 城市轨道交通车辆集中架修、大修的模式

目前在各个运营线路上运营的车辆由于多种原因，虽然车型相同（例如都采用A型车或B型车），但生产厂家不同，甚至一条运营线路上运营有四种类型之多的车辆，因此城市轨道交通车辆集中架修、大修要根据实际情况采用不同的检修管理模式。

（1）同类型车辆集中架修、大修

这种车辆检修模式的优点是使车辆检修所需要的检修技术及人力资源、检修设备和设施、材料和备品备件等资源类别简单统一，有利于统一使用；生产管理简捷高效，可以提高车辆检修的效率和质量，并降低车辆的检修成本。其缺点是车辆回送检修基地可能占用较长时间，空走距离较长。随着城市轨道交通服务水平的提高，运营时间延长，在线路非运营时间对运营线路及设备、设施的维护保养工作越来越紧张的情况下，有可能对线路正常运营和夜间线路及设备、设施的维护保养工作造成较大干扰。

在车辆共线运行或交叉运行、线路间具有联络线、回送距离较短的情况下，可以采用同类型车辆集中架修、大修模式。

（2）同线或同区域车辆集中架修、大修

这种车辆检修模式技术性较复杂，检修设备和设施必须与多类型车辆兼容，材料和备品备件种类及储备量相对较多，技术管理、生产管理都比较复杂。但是由于这种模式的车辆回送方便，对城市轨道交通网络的线路运营和晚间运营设备、设施维护保养或施工干扰较少，因此同线或同区域车辆集中架修、大修模式普遍被采用。

车辆检修在运营成本中占有较大比例，车辆是轨道交通乘客的直接运载工具，车辆运行的可靠性是保证城市轨道交通正常运营秩序的最重要因素，因此城市轨道交通网络应确定车辆的基本车型、统一车辆的基本技术要求，为车辆和车辆的检修设备、设施的资源共享，实现车辆检修工作的集约化，降低车辆检修成本，提高车辆运行可靠性创造有利条件。

5. 车辆集中架修、大修对城市轨道交通网络管理的要求

如果要对城市轨道交通网络的车辆进行集中架修、大修，就必须将网络的所有车辆作为一个系统统一制定车辆的架修、大修以及为车辆架修、大修服务的车辆零部件的检修和仓储计划，并且从网络出发编制好列车的送修和回送计划，在保证车辆及时得到架修、大修的同时，还要把各线路正常运营成本降到最低，这就对城市轨道交通网络管理提出了较高的要求。

（1）车辆集中架修、大修计划

车辆大修计划的申报和制定，涉及不同的运营线路，有时还会涉及不同的运营公司，要由轨道交通网络进行统筹管理。

（2）列车送修、回送计划

当进行列车的送修和回送作业时，可能通过多条轨道交通线路和联络线，势必涉及多条运营线路的运营和夜间线路设施的维修，必须统筹兼顾、周密安排，并由城市轨道交通网络进行统筹管理。

（3）部件维修及仓储计划

承担车辆架修、大修的车辆段还承担部件维修并具有物流(部件)的仓储功能，除满足本段的需要外，还服务于其他车辆段和停车场。为此，制定部件维修计划和仓储计划要求供求信息准确、及时和迅速，这样才能既满足列车维修的需要，又能有序、高效、经济、合理，这也需要通过城市轨道交通网络统筹管理。

任务二 掌握车辆的检修制度、检修限度、车辆零件损伤及其修理方法

任务目标

1. 了解城市轨道交通车辆检修工艺和车辆检修系统。
2. 熟知城市轨道交通车辆零件的损伤形式及常用的修理方法。
3. 掌握城市轨道交通车辆检修制度和检修方式。
4. 掌握城市轨道交通车辆检修限度。

工具设备

城市轨道交通车辆运营沙盘一套、检修管理体制相关的挂图若干幅、多媒体设备课件、图片、示教板、计算机多媒体设备等。

教学环境

理实一体化教室或轨道交通综合实验室、实训基地。

建议学时

4学时

基础知识

一、城市轨道交通车辆的检修制度和检修方式

车辆运行一段时间以后，各部件和构件由于振动或磨耗会产生松动、变形或损坏。为了保证运行安全和提高使用寿命，有关管理部门要预先制定车辆的日常检查、维护规范和车辆检修的各种技术规程。

车辆检修制度是指规定在什么情况下对车辆进行检修及修理后车辆应达到何种技术状态的一种制度。城市轨道交通车辆检修主要是对车辆各子系统进行检测、检修和维护，保证车辆质量，实现列车的安全、可靠、高品质运行。车辆检修方式根据目的的不同，分为计划性检修、状态性检修、故障性检修。

（一）计划性检修

计划性检修是（定期检修，属于预防性检修）。它是指根据事先制订的计划，当达到一个事先确定的时间或者车辆运行一定里程时，对相关设备进行的检查和处理。对故障发生与工作时间有密切关系且无法监控的零部件，可以采用计划性检修方式。这种检修方式是按不同车种或车型，分别根据各种车辆零部件的损伤速度和使用限度制定出来的。它规定了车辆检修的具体时间周期、检修范围、检修内容和检修标准。

计划性检修的目的是在掌握了车辆损伤规律的基础上，在零部件尚未失效之前就加以修复或更换。按计划定期进行检修可以防止和减少车辆故障，延长使用寿命，确保城市轨道交通车辆安全运营。

1. 检修修程

检修修程是指城市轨道交通车辆修理的级别。目前，国内大部分城市轨道交通公司都是采用日检、均衡修、架修和大修四级维护。

（1）日检：是对当天回库的车辆进行检修维护，是最初级的检修。其主要目的是对系统功能进行检查，保证车辆运行安全；其检测方法多以目测检查为主。对容易出现危及行车安全的各主要部件（如轮对、弹簧、转向架、控制装置、空气制动装置、车钩缓冲装置、车门风动开关装置、车体、车灯等）进行外观及功能型检查，对危及行车安全的故障及时进行重点维修，对车辆各功能（如制动、广播、空调等）进行试验，保证车辆安全运营。

(2) 均衡修：为减少扣车时间，保证投入正线运营车辆数，将月检和定修合并，把定修的检修内容均衡地分配到十二个月里，即月检1~月检12。每个月的作业内容和要求不同，一般包括进行断电检查、静态送电检查、试车线试车，检查走行部及车下部件、车体外观、客室内装、门系统、车上部件。检查方法主要采用目视、耳听、鼻嗅、测量、清洁、手动试验、静态试验、动态试验，各紧固件松动检查应依据迟缓线及止缓装置情况确认，迟缓线缺失或不清晰应补齐。

(3) 架修：是对运营时间或运营里程分别达到5年或600 000km的车辆进行的检修。其主要目的是检测和修理大型部件。通过架车机对车辆各部件进行解体和全面检查、修理、试验，对计量仪器、仪表进行校验，车体要重新油漆标记；同时，列车组装后需要对列车进行静态、动态调试，调试正常的列车方能投入运营。

(4) 大修：是对运营时间或运营里程分别达到10年或1 200 000km的车辆进行检修。要求对车辆实施全面解体，对电机、电器、轮对等部件进行解体检修，以恢复其性能；对转向架、车体等进行探伤检查、整形；对高、低压电气线路进行更新铺设，通过检查、整形、修理、试验、重新油漆、组装及静态、动态调试完全恢复车辆性能，基本上达到新车出厂水平。

2. 列车运行窗口期及均衡修

南方城市和北方城市的城市轨道交通列车运营时间有所差异，冬季和夏季的城市轨道交通列车运营时间也有差异。在运营过程中，列车运行还具有早、晚高峰时段的特点。在高峰期和非高峰期，列车分别根据不同的列车运行图运营，且运行列车数各有不同。在一天的工作时间内，列车有停止运营的间隙，称为列车运行窗口期。

对于车辆进行的日常检修，无论哪级修程，都是以整列车作为检修对象，需要列车停运集中进行全面检修，如周检需要停修半天，月检需要停修1天，年检需要停修10天。如果把以整列列车作为检修对象转换为以车辆设备、零部件作为检修对象，对修程中的检修项目进行整合，将若干检修项目分别放在若干个列车运行窗口期完成，就可以利用列车运行窗口期将原车辆的检查内容分散在几个时间段进行，检查后需要维修的零部件采用互换修的方式就能够使车辆的检修工作分散而均衡，这就是均衡修的检修方式。采用日常均衡修方式，充分利用了原本空闲的列车停运时间，又不需要另外安排时间进行列车的定修等修程，使列车的利用率充分提高，发挥了列车的最大运能。

3. 日常均衡修的应用和优点

(1) 日常均衡修的应用

上海申通地铁是首先对定修以下等级的修程进行了改革。

第一次改革用月检A、月检B分别代替原有的双周检、月检。

第二次改革是综合调整了定修以下修程的车辆检修内容，将月检A、月检B、定修三个修程的检修项目与内容重新整合，调整为检1（月检1）~检12（月检12），将每日10:30—20:30定义为列车运营窗口时间，安排车辆的检修作业在列车运营窗口时间内完成。其中，月检1~月检10在一个列车运营窗口时间内完成；检10~检12的检修工作量较大,需要检修项目彼此之间关联性较强,因此安排分别占用两个列车运营窗口时间或安排在非运营高峰的双休日进行。对于在检修中发现存在故障隐患的车辆设备或零部件,采用互换方式进行修理,尽量缩短零部件检修时间,避免影响车辆的检修进度。

(2) 日常均衡修的优点

①避免必须使列车退出运营后才能进行检修,发挥列车最大运能。

②检修力量和检修设备管理、使用有条不紊,检修能力效益最大化。

③检修质量相对提高,列车运营可靠性增强。

4. 检修周期

检修周期是指相同修程之间的间隔时间或使用期限。检修修程级别越高,检修周期越长。

各级检修修程的周期,应由该检修修程不足以恢复其基本技术状态的城市轨道交通车辆零部件在2次检修修程间保证安全运行的最短期限确定。

目前,国内城市轨道交通车辆日检、均衡修(月检1~月检12)、架修、大修检修周期如下:

日检—1天;均衡修—1个月或1年,1万km或10万km;架修—5~6年,600 000km;大修—10~12年,1 200 000km。

5. 检修范围

城市轨道交通车辆各级检修修程必须确定合理的检修范围,即检修涉及的零部件都有哪些。检修范围编制的依据有检修周期,各机组、部件的技术要求,质量变化规律,可靠性及使用运行区段的自然条件和水质情况。一般情况下,检修修程越大,检修范围越广。制定检修范围时还应做到:城市轨道交通车辆在一个检修周期和保证城市轨道交通车辆运营安全可靠的基础上,尽量减少"过剩"修理。

各种车型的计划性检修要求内容不太相同。目前,哈尔滨地铁1号线将年检改为均衡修,将车辆分成车钩贯通道、车上电气、车下电气、客室内装、空调、门窗、司机室电气、司机室内装、制动系统、转向架10个部分,在每一部分规定了各修程的检修范围。

建立计划性检修制度必须具备以下前提和基础:

(1) 有长期积累的车辆零部件检修记录,或者同类零部件资料归纳总结获得的主要零部件的检修周期。新购车辆可由供货商提供零部件的检修周期。

(2) 根据主要零部件的检修周期制定出一套完整的车辆检修规程,规程包括检修周期、检修等级、检修内容和检修标准。

(3) 与车辆检修规程相配套的检修场地、检修人员、检修设备等条件。

(4) 有足够的不影响运营的可供计划修周转用的备用车辆。

(二) 状态性检修

状态性检修具有较高的检修效率、较小的工作量,因此,近年来在国内外引起格外重视,并逐渐成为一种发展趋势。状态性检修与计划性检修各有优缺点和适用条件,应结合各城市轨道交通的实际情况，根据车辆的具体构造、零部件易发故障的类型与后果，以及企业自身条件，选择较适宜的检修方式和检修制度。我国目前大多数城市轨道交通运营企业采用预防性的定期计划性检修为主的检修制度。实施灵活的计划性检修和状态性检修相结合的方式，能有效克服状态性检修带来的"维修不足"，减少计划性检修引起的"过度维修"，保证城市轨道交通车辆的检修质量，同时减少车辆维修停用时间，从而提高车辆利用率。

建立状态性检修制度必须具备以下前提和基础：
1. 对车辆的技术状态有很强的监测与检测手段，包括检测人员和设备。
2. 有一支机动性的、多工种的、处理故障能力很强的技术工人队伍。
3. 车辆发生故障不会造成重大影响或整条轨道交通线路瘫痪。

状态性检修是在对设备进行检测的基础上，一旦某一参数超过了事先确定的限定警戒值，则需要介入维修，并根据参数的变化趋势及情况对设备进行检修。对故障发生能以参数或标准进行状态检查的零部件，也可以采用状态性检修的方式。

（三）故障性检修

故障性检修又叫临修，是在某个部件出现故障之后所采取的检修方式，故障性检修的工作负荷一般是无法预计和评价的，由使用者发现故障之后报告，检修才能开展。故障性检修可以是彻底的检修，也可以是临时性的检修，设备在临时检修之后仍然可以投入运营，并等待彻底检修。在这些不同的检修程序结束后，可以认为设备恢复了可使用状态，可以投入正常运营。在故障性检修中，目前一般是通过换件来快速处理故障。故障性检修可以使一些零部件得到充分利用，可以减少预防检修的范围和项目，避免这类部件不必要的拆卸、检查、保养而不能继续使用，造成损失浪费。

故障检修适用于以下情况：
1. 零部件发生故障，但不影响总体和系统的安全性。
2. 故障属于偶然性的，故障规律不清楚，或者虽属于耗损型故障但用故障检修方式更经济。
3. 随着新技术在机械设备上的广泛应用，检修对象的固有可靠性达到相当高的程度，可靠性技术冗余很大，故障密度很疏，出现故障的可能性很小，即使出现了故障也不致影响任务的安全，这时也可以采用故障修检修方式。

综上所述，车辆检修方式分为计划性检修、状态性检修、故障性检修三种。计划性检修和状态性检修均属于预防性的，可以预防渐进性故障；故障性检修则是非预防性的，多用在偶然故障或用预防检修不经济、不影响安全运用或具有可靠性冗余度的部件。计划性检修按时间标准送修，状态性检修是按实际状况标准检修，而故障性检修则不控制检修时间。从这个意义上分析，三种检修方式本身并无先进、落后之分，各有一定的运用范围，然而应用是否恰当则有优劣之分。检修方式的发展趋势是从故障检修逐步走向定期的预防检修，再走向有计划的定期检查，并按检查的结果安排近期的检修计划；对于城市轨道交通车辆等重要的铁路技术装备，则随着状态监测技术和故障诊断技术的发展逐步走向状态性检修。不过，在同一系统或设备上，这三种检修方式往往可以根据具体情况综合选用。

二、车辆检修限度

车辆检修限度是指车辆在检修时,对车辆零部件允许存在的损伤程度的规定,它是一种极为重要的车辆规章制度。检修限度是进行车辆检修工作的依据。绝大部分的检修限度都是尺寸限度,如磨耗、腐蚀、裂纹、变形等损伤均可用深度及长度的尺寸变化来表示其损伤程度。在日常维修中,用检修限度来判断零件能否继续使用;在定期检修中,用检修限度来判定零件是否需要修理及检修后质量是否合格。车辆检修限度规定的是否合理与车辆技术质量和车辆检修的经济效益关系非常密切。

(一) 车辆检修限度的种类

车辆检修限度分为最大限度和中间限度两种。各种限度都是对零件的有关尺寸做的规定,尺寸单位为 mm。

1. 最大限度

最大限度一般指运用限度,又称列检限度。最大限度是允许车辆零部件存在损伤的极限程度,是零部件能否继续运用的依据。车辆在运用过程中,当零部件的损伤程度达到了运用限度时,说明损伤已达到了极限状态,则该零部件不能继续使用,必须进行修理或更换,才能保证列车安全。

2. 中间限度

中间限度又叫修理限度,是指各种定期检修时容许存在的零件损伤程度,可分为大修限度、架修限度和定修限度三种。

(二) 确定运用限度的基本原则

1. 从零件的工作条件来考虑。
2. 从配件的工作条件来考虑。
3. 从车辆整体和列车运行性能来考虑:
(1) 考虑车辆运行的安全性和平稳性;
(2) 考虑经济、技术上的合理性。

(三) 确定修理限度的基本原则

修理限度是决定零件在各次修程中修与不修及其装配条件是否合格的标准,直接影响到车辆修理后的技术质量和所需的修理费用。制定中间限度主要考虑以下几点:

1. 保证零件安全运行到下一次定期检修。
2. 各修程间的相互配合。
3. 在保证质量的同时,节约原材料。

三、城市轨道交通车辆的检修工艺

检修工艺是保证车辆及其零部件的检修质量、提高检修效率的根本途径,对车辆及其部件的检修都必须制定检修工艺。检修工艺要考虑检修的技术要求、检修和检测设备情况,并考虑合理的生产工艺过程,尽量使生产过程在工序上保持连续性,在时间上紧密衔接；在设备、人力等资源的使用上保持均衡性，使工作量和工作节奏保持均衡。

检修工艺的内容应包括：

1. 从检修准备、分解、检查、修理、组装直到检查、试验的工作程序。
2. 每道工序的具体工作方法，操作者必须遵循的操作标准。
3. 工序使用的工具、量具、设备及其规格、型号、精度要求。
4. 工序使用的材料及其规格、型号。
5. 每道工序的质量标准及其检验方法。

必要时还要对安全事项和运输等检修辅助工作给出具体的规定。

四、城市轨道交通车辆的检修系统

城市轨道交通车辆的检修过程是一项系统工程，在这个系统中，车辆检修的生产过程中的主要组成和性质及作用如下。

1. 生产计划调度过程：以满足城市轨道交通运营的需求为目标，根据车辆修程的规定、车辆的技术状况、车辆检修的资源情况制订车辆检修计划，并根据车辆检修计划确定人力、设备、备件、材料等计划。在检修过程中还要根据检修的具体情况对以上生产要素进行调整、调度，以保证车辆检修计划的完成。

2. 生产技术准备过程：在车辆检修前进行生产技术准备工作，主要有检修规程、检修工艺、检修工艺装备、材料消耗定额、工时消耗定额的设计和制定。此外，还包括列车操作标准、列车故障处理办法等与车辆技术相关的规章制度的制定。

3. 基本生产过程：直接进行车辆检修活动，是车辆检修的生产过程中检修系统最主要的组成部分，其他组成部分都是围绕它进行活动、为它服务的。

4. 辅助生产过程：为保证车辆检修的基本生产活动正常开展所进行的各种辅助性生产活动，如车辆零部件的检修，车辆及其零部件的清洗，车辆检修设备、设施的维护、保养等。

5. 生产服务过程：为车辆检修基本生产和辅助生产活动提供保障的各种生产服务活动，如材料、工具、备件的保管、运输、供应、理化检验，等等。

按照车辆的检修模式和车辆检修系统的生产过程中的主要组成设立技术部门、生产部门、辅助生产部门、生产服务部门和必要的管理部门，就形成了车辆检修的组织架构。车辆检修系统的生产过程及相应的部门既有分工区别，又有密切联系，需要由明确的工作责任制及有效的工作程序和规章制度建立起有效的车辆检修的生产组织和质量、进度、成本、安全控制体系，以保证按计划、质量良好地完成车辆检修工作，保证运营的需要。

五、城市轨道交通车辆零件的常见损伤形式及影响

技术状态良好的城市轨道交通车辆经过长期运用，随着运行里程和时间的增加将会逐步损坏，达不到预定的工作性能，也就是说车辆发生了损伤。城市轨道交通车辆零件损伤主要有磨损、腐蚀、裂纹折损、变形及松弛等5种形式。

1. 常见的损伤形式

（1）磨损：磨损是零部件在工作过程中，由于摩擦使零件表面材料受到损失，使几何尺寸和表面粗糙度值发生变化的一种损伤。车辆零件的磨损有正常磨损和不正常磨损两种。

①正常磨损是不可避免的。

②不正常磨损是工作条件不正常或材质不良引起的偏磨或急剧磨损。这种磨损不仅速度快，而且会引起其他危害，如车轮轮缘的垂直磨耗会引起车辆脱轨，造成事故。不正常磨损是可以避免的。

（2）腐蚀：金属和周围介质发生化学作用或由化学作用而造成的破坏叫作腐蚀。腐蚀会使金属零件表面的成分、性质、尺寸和形状发生变化，从而缩短了金属零件的使用期限。车辆零件腐蚀破坏的形式有以下几种：

①表面的均匀腐蚀——铁锈。

②夹锈，发生在两连接件接触面之间。

③局部穿孔或大面积蚀透。腐蚀在局部区域特别严重，造成零件蚀透。

④腐蚀性裂纹。零件表面受到腐蚀，引起应力集中，造成零件的裂纹。

（3）裂纹折损：裂纹折损是指车辆零件上产生的裂纹或折损，是作用于车辆零件上的载荷在零件内产生的应力超过零件材料的强度极限，或者在交变载荷的作用下，交变应力超过零件材料的疲劳极限而产生的损伤。车辆零件的断裂主要有冲击断裂、静载断裂和疲劳断裂。车辆零件发生的断裂大部分属于疲劳断裂。

疲劳断裂是零件在长期交变载荷的作用下，载荷引起的应力远小于零件材料强度极限条件下发生的断裂。由于车辆的主要零部件在车辆运行中所受载荷是交变性或有交变载荷的成分，因此，在运用中极易产生金属疲劳而导致零件断裂。

（4）变形：车辆零件刚度过低或受到过大的载荷会发生变形。零件变形会使车辆承载能力下降，会使车辆超出车辆限界，与线路两侧的设备碰撞造成事故。

车辆零件发生变形的原因除受到过大的载荷外，还有在运用中受到不正常的冲击，零件设计不合理，零件因受到腐蚀而强度不足，等等。零件发生变形后，其受力状态发生变化，往往使应力上升，变形发展加快，或者引起零件产生裂纹和断裂。

（5）松弛：由于列车运行中的振动与交变载荷的作用，经常发生车辆上的紧配合件与紧固件等的松弛现象。

2. 零件损伤的影响因素

（1）影响磨损速度的因素。零件的磨损速度与零件的摩擦形式和载荷、摩擦面的介质、摩擦表面的特性等因素有关。

①零件的摩擦形式和载荷。滚动摩擦的磨损速度远比滑动摩擦小，同一种磨损形式也会因载荷性质和相对速度的差异而不同，动载荷和有较大的相对速度时磨损速度也较大。

②摩擦面的介质。润滑油能使摩擦表面不产生干摩擦，良好的润滑条件能降低零件的磨损速度。

③摩擦表面的特性。表面层金属的金相组织不同，硬度也不同，零件表面硬度越大，耐磨性越好；摩擦表面越粗糙，磨损速度越大，加工质量好能加速磨合过程，减少磨合时的磨损量。

（2）影响腐蚀速度的因素。零件的腐蚀速度与金属成分和组织结构、零件的结构外形和表面粗糙度、周围介质的成分、温度等因素有关。

①金属成分和组织结构。一般低碳钢容易受腐蚀，但含有少量铜、磷的低碳钢（耐候钢），因其腐蚀产物可形成保护膜，能显著提高耐蚀性。

②零件的结构外形和表面粗糙度。零件的外表形状越复杂、表面越粗糙，越易吸附电解液而形成电化学腐蚀。

③周围介质的成分。大气腐蚀的主要因素有空气湿度和空气成分。空气湿度大、空气中酸性气体含量高是使车辆零件腐蚀加快的主要原因。

（3）影响裂纹折损、变形因素。零件的折损、变形与金属材料的内部缺陷、零件外形设计上的缺陷、零件表面加工时引起的缺陷、检修时引起的零件损伤等因素有关。

①金属材料的内部缺陷。金属材料在冶炼、浇注和锻造等过程中产生的各种内部缺陷是引起应力集中的主要原因。

②零件外形设计上的缺陷。例如，零件外形断面突然变化较大，过渡圆角半径较小，对零件材质的疲劳极限会产生很大的影响。

③零件表面加工时引起的缺陷。表面粗糙度、加工留下的残余应力及加工深度等对疲劳强度极限都有直接影响。表面越粗糙，疲劳强度越低。

④检修时引起零件损伤。零件在搬运时被碰伤、在检查时被锤击打伤，都会造成应力集中；不正确的组装也会产生附加应力，导致疲劳破坏。

3. 防止或减缓零件损伤的方法

（1）降低磨损速度的方法

①提高摩擦面的硬度，如渗碳、渗氮、淬火、滚压、喷丸强化等。

②恰当地选择耐磨材料。在摩擦副的机构中，对较复杂、昂贵的机件一般应选择优质和耐磨的材料制造，对与其相配合的机件应选用软质耐磨材料。

③合理采用润滑剂。条件允许时，应尽量使零件处于液体摩擦状态。

④保证零件表面小粗糙度值和高精度。零件新制或修理时，要使表面粗糙度值和精度达到技术要求。

（2）降低腐蚀速度的方法

①设立防腐保护层。例如，在金属表面以薄膜的形式附加耐腐材料，可使易腐蚀的零件表面不能与大气接触，从而防止腐蚀。常用的防腐保护层有油漆防腐层、金属防腐层和塑料防腐层。

②充分考虑零件的结构。在容易腐蚀的部位，应尽量采用对接满焊；尽量避免形成封闭的存水结构或积尘存垢部位，必要时在适当位置设排水孔或通风口，以利于自行排水与除尘，减缓此部位的腐蚀。

③采用耐腐蚀材料。普遍使用耐候钢，以提高车体钢结构的耐蚀性能，对于特别容易

腐蚀的钢结构零部件或在防腐蚀方面有特殊要求的车辆，采用铝合金或不锈钢制造。

（3）防止裂纹折损的措施

①注意零件尺寸，防止应力集中。零件的断面不可骤然改变形状尺寸，如螺栓与杆部过渡处，轴肩部应有圆角并符合规定的半径。

②注意零件表面加工质量，消除表面缺陷。零件表面进行机械加工时，应符合规定的表面粗糙度值，对于表面缺陷，如碰伤、锻造橘皮等，应及时消除。

③正确掌握零件热修的规范，消除零件的残余内应力。零件在热修时要严格按照工艺规格控制加热温度、加热速度和冷却速度，以免造成材质缺陷和产生过大的内应力。

六、地铁车辆零件常用的修理方法和检验方法

1. 零件各种损伤的修理方法

（1）磨损的修理

①改变公称尺寸的修理。这种方法即只对零件的几何形状和表面质量进行加工，配合的正常工作条件通过选配来解决。

②恢复原公称尺寸的修理。这种方法可使磨耗零件既恢复表面质量、几何形状，又恢复原公称尺寸，使装配工作更为方便，如镶套、电镀等。

（2）腐蚀的修理

①恢复零件的强度。由于腐蚀使零件厚度减小、结构变弱，因此腐蚀深度超限时，必须进行除锈、堆焊或加焊补强板。

②恢复防腐保护层。防腐保护层的破坏是零件腐蚀的第一步，当防腐保护层被破坏或零件表层受到轻微腐蚀时，要彻底除锈后重新建立防腐保护层。

（3）裂纹的修理

首先要发现裂纹，裂纹的修理一般采用电磁探伤和超声波探伤两种方法。电磁探伤用于探测铁磁性零件的表面缺陷和近表面缺陷，可直接由附于构件表面的磁粉分布情况来判断裂纹形状；超声波探伤用于探测非铁磁性零件表面和车轴，检查其内部裂纹及缺陷。修理裂纹时要根据零件的重要性、裂纹的深度和长度等，采用铲、旋、磨等方法消除裂纹或用焊修等方法弥补裂损件。

（4）弯曲变形的修理

弯曲变形通常是零件受到腐蚀等后强度下降而造成的，一般用调整法修理并按具体情况予以补强。

（5）配合件松弛的修理

其常见为螺栓连接件、铆接件松弛等故障，应予以重新组装。对于静配合件，如车轮和车轴，若发现松弛必须分解，重新选配零件组装。

2. 零件常用的检验方法

（1）感官检验法

①目检：用眼睛或用放大镜检查零部件的表面状态，如表面裂损、刮痕、锈蚀、剥离

和透油等均可通过目检发现。

②听检：最常见的是用锤子敲打检查部位，从发出的声音和锤子的振动判断零件内部是否有缺陷，连接是否紧密。另外，从车轮、轴承工作时发出的声响也可以判断其质量的大致情况。

③触检：例如用手接触机器的运转部分，检查零件是否发热；又如配合间隙，也常以配合件的相对晃动量做粗略检查。

（2）量具、仪器的检验法

①用量规、样板测量零件的尺寸和形状。最典型的就是定期用轮对踏面形状样板检查车辆轮对踏面磨耗和轮缘磨耗。

②用通用量具测量零部件的尺寸、形状和位置。零部件的平行度、垂直度、同轴度、对称度、圆度、圆柱度、跳动量、配合间隙与过盈量等诸多形、位误差，均可通过通用量具检测。

③用探伤仪器检验零部件的隐蔽缺陷。利用超声波探伤检查轮对、车轴内部缺陷和裂纹，用电磁探伤检查零部件表面缺陷和浅层裂纹，在城市轨道交通车辆修理中获得广泛使用。

④用机械仪器、电学仪器检查零部件其他方面的性能。所用仪器如检查弹簧的弹力、零部件严密性的仪器，检查电气部件的万用表、绝缘表以及光学测量仪器、气动检测和电感检测仪器等。

（3）现代技术诊断法

现代技术诊断就是采用一整套检测技术装备，在不解体的情况下，获取车体技术状态的资料，确定车辆是否需要修理和修理工作量的大小。现代技术诊断法的出现不但改进了车辆维修技术和工艺，还将引起维修制度和维修组织方面的重大改革。目前地铁电动客车走行部轴承故障、踏面轮缘损伤、电气回路和控制回路故障均已出现自动诊断装置，有不少已在运用中，对保证车辆运行安全、降低检修成本发挥着重要作用。

项目二 城市轨道交通车辆检修基地检修设施布置图

项目描述

　　城市轨道交通车辆检修基地是车辆停放、检查、维修、保养和检修的专门场所，是城市轨道交通系统的重要组成部分，是保证车辆良好技术状态和城市轨道交通正常运营的重要设施。检修基地承担着所属线路的车辆停放、清洁、列检工作，所在线路车辆的日检、均衡修、临修工作，所属线路和由多条联络线互相沟通线路的车辆架修、大修工作，车辆部件的检测、修理工作，保障线路和系统的正常运营。

　　本项目主要对城市轨道交通车辆检修基地和基础设施及主要设备进行介绍，通过本项目的学习可以了解当前城市轨道交通车辆检修基地的基本功能、分类、用途，检修基地主要设备的功能、特点及工作原理等基础知识。

任务一　掌握城市轨道交通车辆检修基地基础设施

任务目标

1. 了解城市轨道交通车辆运用、检修库房和车间的作用。
2. 掌握城市轨道交通车辆检修基地和综合维修基地的功能。
3. 掌握城市轨道交通车辆检修基地的主要线路。
4. 能够设计、绘制简单的检修基地检修设施布置图。

教学环境

理实一体化教室或地铁公司实训基地。

建议学时

2 学时

基础知识

一、城市轨道交通车辆检修基地的分类及功能

车辆检修基地根据功能和规模的大小可分为停车场和车辆段。检修基地以车辆检修、运用为主,由地铁系统进行统一管理,将工务、通信、信号、机电设备等专业的维修与车辆检修基地设置在一起,这样有利于各专业检修工作进行有效的协调管理,统一使用场地和设备,也有利于实现计算机网络和现代化管理。

1. 停车场

停车场是城市轨道交通车辆停放的场所,如图2-1所示。

停车场有以下功能:

(1) 部分乘务运转工作;
(2) 部分配属车辆的停放;
(3) 部分配属车辆的定期洗刷工作;
(4) 部分配属车辆的临修工作;
(5) 停车场的行政、技术管理;
(6) 职工各类教育、培训工作。

每条地铁线路按其线路长度和配属车辆的多

图2-1 长沙地铁黄桷停车场

少设置停车场或根据需要增加设置辅助停车场,辅助停车场一般只设置停车设施,仅承担车辆的停放、清洁工作。

停车场配备车辆运用、整备和日常维修及配套设施,主要有停车列检库、调车机库、临修库、不落轮镟轮库和车辆自动洗刷库及出入段线、试车线、洗车线、各种车库线、牵出线、存车线、走行线等各种辅助线路;主要设备有调车机(内燃机)、自动洗车机、不落轮镟床、车辆救援设备以及车辆重大临修的架车机、起重机、叉车等。

2. 车辆段

车辆段除具有停车场的功能外,还是城市轨道交通车辆进行较大修程的场所,如图2-2所示。

图2-2 广州地铁洛溪车辆段

车辆段主要有以下功能:

(1) 列车在段内调车、停放、日常检查,进行一般故障处理;
(2) 配属车辆的日常技术检查,均衡修(检1~检12),架修和临修试车等作业;
(3) 列车回段折返乘务司机换班;
(4) 配属车辆的定期洗刷工作、不落轮镟修工作;

（5）段内设备、机具的维修和调车机车、轨道车辆的日常维修工作；

（6）事故列车的救援工作。

车辆段要在停车场的基础上增加车辆架修、大修的设施设备，车辆主要检修方式采用部件互换修。同时，根据工艺要求，要具备对车辆零部件进行检修的能力。

车辆段的车辆检修设施主要有架修库、大修库、静调库和部件检修间，一般还设有油漆间、熔焊间、机加工间和必要的辅助间等。车辆架修、大修的主要设备有：架车机、公铁两用牵引机、移车台或车体吊装设备、内燃机车、轨道维修平板车、蓄电池牵引车、隧道清洗车、转向架、车钩、电机、车门系统等各种部件的试验和修理设备、车辆油漆设备、列车静态调试设备、清洗机设备等。材料库必要的运输和起重设备、综合维修中心配备机床设备、计量、化验设备等。承担列车转向任务的车辆段还应设置列车的回转线。

车辆段划分为检修区和运营区，所有的检修工作都集中在检修区进行，车辆的停放、列检、乘务工作均在运营区进行。

车辆段一般还兼有综合检修基地的功能，是保障线路各系统正常运行的保障基地和管理部门。在停车场一般设置各系统的维修工区，属综合检修基地管辖。综合检修基地包括检修车间、材料总库、特种车辆库、办公楼等设施。

二、检修场地的主要线路

1. 停车线

停车线应为平直线路，一般设停车库。停车线用于停放车辆兼作检修线，有尽端式和贯通式两种，贯通式便于列车的灵活调度，因此尽可能采用贯通式。一般，尽端式每线停放2列列车，贯通式停放2~3列列车。

2. 出、入段线

供车辆出、入停车场或车辆段的线路，一般设置为双线，并避免切割正线，根据行车和信号要求留有必要的段（场）线路与运营正线的转换长度。

3. 牵出线

牵出线适应段（场）内调车，牵出线的长度和数量根据列车的编组长度和调车作业的方式与工作量确定。

4. 静调线

静调线设在静态调试库内，列车检修完毕再到试车线试车之前，要在静态调试库对列车进行静态调试，检查各部分的技术状态，对电气设备和控制回路的逻辑动作与整定值进行测试及调整。静调线全长设置地沟，地沟内设置照明光带。静调线为平直线路，同时设置车间牵引电力电源盒有关的测试设备。

车辆段在车辆检修后进行车辆的尺寸检查，其中要对车辆的水平度进行检查，需要轨道高差精度等标准较高的线路（称为零轨），宜设在静调线。

5. 试车线

试车线(图2-3)供月检或均衡修、定修、架修、大修后列车在验收前的动态调试。其长度应满足远期列车最高运行速度、性能试验、列车编组、行车安全距离的要求。试车线一般为平直线路、线路中间要设置不小于一单元列车长度的检查坑,供列车临时检查用。试车线还设置信号的地面装置,可进行列车车载信号装置的试验。

试车线旁设置试车工作间,内设信号控制和试车必需的有关设备、设施和仪器。试车线需采取隔离措施。

图2-3　试车线

6. 洗车线

洗车线(图2-4)供列车停运时洗刷车辆用,其中部设有洗车库。洗刷线一般为贯通式,尽量和停车线相近,可以减少列车行走时间,并减轻对车场咽喉区段通过能力的压力。洗车库前后需设置不小于一列车长度的直线段,以保证列车平顺进出洗车库。

7. 检修线

检修线(图2-5)为平直线路,布置在检修、定修、架修、大修库内。架修、大修线的线间距,除根据架修作业需要,还要综合考虑架车机等检修设备以及检修平台等的布置、检修移动设备、备件运输车辆移位,以及检修人员作业需要的空间来确定;检修线中要有一条平直度要求较高的线路,用于精确测量车体地板高度。

图2-4　洗车线

图2-5　检修线

8. 临修线

列车发生临时故障和破损,在临修线上完成对车辆的临修工作。临修线的长度应能停放一列车,并考虑列车解编的需要。

以上是保证列车运行和检修的主要线路,除此之外,检修基地内还要按需设置临时存车线，检修前对列车清洗的吹扫线、材料装卸专用线和特种车辆（如轨道车、接触网架线试验车、磨轨车、隧道冲洗车等）停车线、联络线和与铁路连通的地铁专用线等。

这些线路用道岔相互连接，道岔和信号设备联锁，由设置在站场中央调度室对电气集中控制设备进行操作、排列和开通列车的进路进行调车和取送车作业。

布置车场线路，应遵循以下几点要求：

（1）列车停车、检修、试验及其他作业的线路应为平直线，其他线路的坡度不应大于2‰；由于在车场内是无载客运行，通过对数较少、行车速度较低，最小平面曲线半径可根据道岔的导曲线半径及车辆构造允许的最小曲线半径等因素确定，一般以 $R \geqslant 150m$ 左右为宜。

（2）除架修线、大修线外，车场内地铁列车可能到达的地方应设置接触网或接触轨（包括接通至库内）。采用接触轨应有防护设施；采用接触网，应在线路交界处设置醒目的标志，防止列车误入无接触网区段，造成列车受电弓和接触网的损坏事故。

（3）在线路端部应设置车挡，防止溜车。

（4）对各线路接触网应根据实际情况分区（段）供电，设置隔离开关，分别断、送电，便于对列车进行各种作业。

（5）除架修、大修线外，其他线路的有效长度至少应保持按远期规划列车编组长度与轨道长度之和，再加上满足司机瞭望和行车安全的距离。

三、车辆运用、检修库房和车间及其主要设备

1. 停车列检库及其附属车间

停车列检库（图2-6）兼有停车、整备、清扫、日常检查、司机出乘等多种功能，为实现这些功能，停车列检库除设有停车线外，还设有运用车间、运转值班室、司机待班室等司机出乘用房，以及列车和列车车载信号检修用房。停车库大都设置自动防灾报警设备，和整个消防系统联系在一起。架空接触网或接触轨应进库，接触轨应加防护装置，每条库线两端和库外线之间及停车台位之间设置隔离开关，可以对每条停车线的接触网（接触轨）独立停、送电。

图2-6 停车列检库

停车列检库兼列检线的停车线设宽地沟，地沟应有220V及24V（或36V）插座，地沟的长度为：

$$L = L_1 + L_T \tag{2-1}$$

式中：L——地沟长度，m；

L_1——列车长度，m；

L_T——梯阶平面长度，m。

除了由自动洗刷机洗刷和人工辅助洗刷列车外，每月还要对列车的室内进行清扫、洗

刷和定期消毒。这些工作在清扫库进行，清扫库一般毗邻停车库，库内应设置上、下水及洗刷平台。

在停车库两端应有一段平直硬化地面，作为消防、运输通道，通道应该设置可动防护栏杆，平时封锁，必要时使用。

2. 检修库及其辅助车间

检修库及其辅助车间的平面布置主要取决于车辆的配属量、车辆的修程、检修方式及其工艺流程，同时综合考虑自然地形条件、工件运输线路及安全、防火和环境要求等因素。

（1）均衡修库

在均衡修库的库内，要对列车的走行部、车体及车顶设备进行检查。线路采用架空形式，除线路中间设置地沟外，还在检修线两侧设有三层立体检修平台，底层地坪低于库内地坪。若以轨面高程为 ±0.00m，其他地坪高程约为 −1.00m，可以对走行部以及车体下布置的电器箱、制动单元、蓄电池进行检查；中间平台高程 +1.10m 左右，可对车体、车门进行检查作业；车顶平台高程 +3.50m，可对车辆顶部的受电弓、空调设备进行检修，车顶平台设有安全栏杆。如图 2-7 所示。

均衡修库可设有 2 吨的起重吊、悬臂吊、液压升降车、电器箱搬运车等运输车辆，对需要进行拆、装作业的受电弓和空调设备进行吊装。此外，还应设置受电弓、空调装置、车载信号、试验设备等辅助工间以及备品工具间。

（2）架修库、大修库

架修库、大修库（图 2-8）的布置应根据车辆检修工艺流程确定。对车辆设备和零部件的检修方式采用互换修为主，一般采用流水作业和定位修方式相结合。采用部件互换修可以减少列车的停库时间，并且可以合理地安排计划，做到均衡生产，避免因某一部件检修周期长，影响整列车的检修进度。联合检修厂房内设置车辆的待修、修竣部件和备用零件的存放场地。

图 2-7 均衡修库及三层立体检修平台

图 2-8 架修库、大修库

架修库、大修库内主要设备有地下式架车机、移车台、桥式起重机、公铁两用牵引车、必要的运输工具、工作平台等。

（3）辅助检修车间及其设备

地铁车辆分解的各部件检修在辅助检修车间进行。这些辅助检修车间根据列车架、大修的工艺流程，大部分布置在检修主库的周围。

①转向架、轮对间：转向架、轮对间通过轨道和转向架转盘、大修库相连接，主要由转向架检修区、轮对检修区和轮对等零部件的存放区组成。

在转向架检修区，对转向架进行分解，分解后的零部件送到相应检修位置进行检修，恢复技术状态，然后进行组装。转向架检修区主要设备有转向架冲洗机、转向架转盘、转向架静载试验台、转向架综合试验台、地下式转向架托台以及减振器试验台、一系悬挂弹簧试验台等。

在轮对间，主要对轮对以及轴箱、轴承进行检修，主要有清洗用油槽、摇动式清洗机、轴承拆装设备、轮对压装机、立式车床、轴颈磨床和轮对车床等大型设备，还有超声波及磁粉探伤设备。要适应互换修方式，转向架、轮对间应有足够的转向架、轮对及其他零部件的存放场地及相应的起重设备。

②电机间：电机间是对车辆牵引电动机、空气压缩机电动机以及其他车辆设备（如制动电阻冷却风机等）的动力电动机进行检修的辅助车间。

图2-9 牵引电动机试验台

电机间主要设备有牵引电动机试验台（图2-9）、其他电动机试验台，采用直流电动机的还有整流子下刻机、点焊机、动平衡试验机等。

电动机大修专业性强，检修量少，并且需要绕线、浸漆、烘干等设备，一般都委托专业工厂进行。

③电器、电子间：电器间承担对车辆电器组件的检修作业，装备有综合电器试验台、辅助逆变器试验台、高速断路器试验台、主接触器试验台、速度传感器试验台及供电气测试的各种仪器仪表。如图2-10、图2-11所示。

图2-10 电子检修间

图2-11 仪表检修间

电子间主要对列车牵引、制动、空调等计算机控制系统的各类电子控制板进行检修。由于电子间的检修、测试对象都是精密的电子元件，因此要求采取无尘、防静电，控制环境温度和湿度等措施，是一个环境要求很高的车间。

辅助车间还有车门、制动、车钩、受电弓、空调检修间，相应的配备有车门试验台、制动试验台、阀类试验台、车钩试验台、受电弓试验台、空调试验台以及必要的检修设备。

上述辅助车间一般都布置在架修、大修主库的周围，可以使检修工序、流程合理、紧凑、简洁，减少运输路程，提高工作效率。

3. 其他库房及车间

检修场地内有些库房及车间由于环境保护和劳动保护要求、检修的特殊要求等因素，或者是由于设施和检修基地的检修共同使用，要单独设置。

（1）不落轮镟床库

地铁车辆转向架的轮对在运行中有时会发生踏面擦伤、剥离和轮缘磨耗，达不到运行技术要求的问题，需要及时镟削，使用不落轮镟床可以不拆卸轮对，直接对车辆的轮对踏面和轮缘即时进行镟削。图2-12。

（2）列车洗刷库

列车洗刷库建在洗刷线的中部，库内设有自动洗刷机，可对列车端部和侧面进行化学洗涤剂和清水洗刷。在洗刷过程中，列车的行进可利用自身动力，也可用专设的小车带动，分为水喷淋、喷化学洗涤剂、刷洗等多道工序，在寒冷地区还要有车体干燥工序。

图2-12 不落轮镟床车床 U2000-400 和不落轮镟床库

为避免列车洗刷作业影响对其他线路的进路，洗刷机前后线路的长度都应不小于一列车的长度。

（3）蓄电池间

蓄电池间主要对地铁车辆的碱性蓄电池进行充电和检修，也对各种运输车辆的酸性蓄电池进行充电和检修。蓄电池配置相应的试验、充电设备和通风、给排水及防腐设施。碱性和酸性蓄电池操作间要分开设置，防止酸气进入碱性蓄电池，酸、碱发生中和作用，影响蓄电池的质量。

蓄电池间要单独设置，布置在长年主导风向的下风侧，有防爆措施。

（4）中心仓库

中心仓库承担城市轨道交通全线各专业所需机电设备、机具、工具、材料、备品备件的供应工作，主要工作有采购、入库、仓储、发放。仓库中应有仓储起重、运输等设备和设施，还应附有露天存放场和材料专用轨道线，设置专门的环控库房，存放对环境要求高的精度配件。

对于易燃易爆物品要单独设立危险品仓库，危险品仓库应单独设置在对周围建筑影响最小的位置，并与外界隔离，根据易爆、易燃物品的性质，分不同房间存放，建筑物的通风、消防等要符合有关规定。

随着现代化物流技术、计算机信息管理技术和电子商务的发展，可采取自动立体化仓库仓储技术，建设自动化立体仓库，其主要由货物存储系统、货物存取和运输系统以及控制和管理系统三大系统组成,此外还有与之配套的供电系统、消防报警系统、网络通信系统等。

除此之外,根据需要还有调机车、消防间、污水处理站、配电站、变电站、机加工中心、汽车库等库房,也需要单独设置。

四、综合检修基地

综合检修基地承担全线各种设备、设施的定期检修、维护和故障维修,一般都和车辆检修场地设置在一起,也可以单独设置,但必须设置在车辆检修基地的紧邻地区。

在城市轨道交通运营线路较长或者担当两条以上运营线路的设备、设施检修任务时,检修任务量大,可以设立综合检修中心,综合检修中心下可设各专业段(或车间)。在检修量不大,也就是在运营线路不长或在地铁运营的初、近期阶段,可设立综合检修段(所),下设各专业维修工区。

按照专业,一般可分为下述几个段(区),根据专业特点需要有相应的检查间,并配备必要的检修设备。

通信、信号段(工区)承担全线通信和信号设备、设施的检修、维护工作,需设立通信检修间和信号检修间。

机电段承担全线主变电站、牵引变电站、降压变电站的运行设备维护和接触网、车站通风、空调等环境设备维护以及自动扶梯、电梯、照明、防灾报警等辅助设备的维护、检修工作。需设置机电维修间和接触网架线、实验车和相关的机械加工设备。

修建段(工区)承担全线地下隧道及建筑、高架桥梁及建筑、线路、道岔等设备、设施的巡检、维护工作。需设有工务维修间,并配备有轨道探伤、检测设备,磨轨机,隧道清洗车等必要的生产设施。

在综合检修基地还要配备相应的生产设施和特种车辆存放线及车库和办公、生活设施。综合检修基地的功能和任务如下:

1. 承担所辖线路沿线隧道、线路和桥梁等设施的检查、保养和维修工作。
2. 承担所辖线路车站建筑和地面建筑的保养与维修工作。
3. 承担所辖线路变电所、接触网、供电线路和设备的运行管理、检查、保养和维修工作。
4. 承担所辖线路各机电系统及设备的运行管理、检查、保养和维修工作。
5. 承担所辖线路通信、信号系统的运行管理、检查、保养和维修工作。
6. 承担所辖线路自动售票系统和设备的运行管理、检查保养和维修工作。
7. 承担所辖线路防灾报警系统、设备监控系统的检查、保养和维修工作,基地各系统和设备的大、中修等工作外包,由专业公司承担。
8. 承担所辖线路运营、检修所需的各类材料、设备、备品配件的采购、储备、保管和发放工作。

任务二 掌握城市轨道交通车辆机械检修设备

任务目标

1. 了解城市轨道交通车辆检修设备的配置。
2. 掌握城市轨道交通车辆检修主要设备的特点、功能。

教学环境

理实一体化教室或地铁公司实训基地。

建议学时

4 学时

基础知识

一、车辆检修设备的配置

1. 配置原则

地铁车辆检修设备的配置应遵循下列基本原则：按基本需求、专业（工艺）需求和特殊要求进行配置。

（1）按基本需求配置

以各段场的功能为依据，配备生产运营的基本设备；满足电客列车检修等级的需求，分停车场（定修段）、车辆段两种需求配置。

（2）按专业（工艺）需求配置

根据各段的车型、部件专业检修的特点，配备相应的专用（共享）设备。

（3）按特殊要求配置

以运营安全为依据，配备专业性较强的特种设备；对特殊设备（如起复救援设备）应从多线合用、品种齐全、功能完善的角度考虑；对磨轨机等投资大的特殊专业设备，要在多线运行的基础上配置。

设备配置的基本要求是：设备具有先进性、专业性，必须安全、可靠、高效。

2. 列车一般修理（定修以下）的设备基本配置

列车检修设备的配置数量、种类主要取决于列车的配属数量和检修能力、配属车辆与运营线路的长度、行车间隔时间及执行的检修修程标准。

目前执行的列车修程为列检（日检）、周检、月检、双（三）月检、临修，均以互换修为主，进行车辆各种零件的定期检查和更换。一般修程（包括临修），必须完成对运行列车在运行时发生的车轮踏面擦伤、剥离、磨耗进行修正复原，完成列车车载设备、车下悬挂部件、牵引电动机、电器箱、单元制动机故障修复和更换,完成车顶设备(空调机组、受电弓)的修复,以及列车的日常清洗等工作。配套的设备分为三种:专用设备、通用设备、特殊设备。

大型专用设备主要有不落轮镟床、地面(移动式)架车机、地下(固定式)架车机、列车自动清洗机等。小型专用设备有列车蓄电池充放电设备、空调机组专用检测设备、空调机组抽真空充液设备、蓄电池运输车、蓄电池(柴油)叉车、列车车顶吊装设备(行车、悬臂吊)、场内调车机组(轨道车和内燃机车)、列车运行在线检测装置(测量轴温、车体下悬挂物检测等功能)、电气部件检修设备、专用仪器仪表、试验台等。通用设备指常用的车、钳、刨、铣等金属切削设备、动力设备等。

3. 列车检修(架、大修)设备的专业配置

列车检修修程等级分为大修、架修、定修、部件修,检修周期的确定为列车运行里程数或使用年限二选一,以先到为准。

按大修规程:应对列车进行架车、解体,转向架探伤、整形,轮对的分解、检查,牵引电动机分解、检查、更换零件、性能测试,车门门叶整形、气缸更换,车体重新油漆以及动态调试、静态调试,最终恢复列车的出厂标准。架修规程规定只对车体进行架车、基本解体,对走行部分及牵引电动机等主要部件进行检查、测试和修理。

根据检修工艺的流程,专用设备配置以下设备。

(1)架车、车体分解工艺的工装设备:地下固定式架车机(一组)、移车台(或移车吊)、小型蓄电池牵引车、液压升降台、空调机组、受电弓起吊设备(悬臂吊)。

(2)转向架拆装工艺流程的工装设备:转向架升降台、转向架清洗机、转向架试验台、一系(人字)弹簧试验台、减振器试验台、构架测试台、构架翻转台。

(3)轮对装拆工艺流程的工装设备:轮对压装机、轴承感应加热器、车轴探伤仪、轴承清洗设备、套齿设备。

(4)牵引电动机检修工艺流程的工装设备:电动机吹扫清洗设备、直流牵引电动机试验台、交流牵引电动机试验台、动平衡机、空气压缩机电动机试验台。

(5)制动系统检修工艺流程的工装设备:空气压缩机试验台、空气阀门试验台、制动单元拆装设备。

(6)电器部件检修工艺流程的工装设备:电器部件综合试验台、功率电子试验台、主逆变电器试验台、示波器。

(7)空调检修设备:空调机组试验台、空调冷媒充放设备、空调检修套装工具、空调焊接专用工具。

(8)蓄电池检修设备:蓄电池的充放电设备、蓄电池拆装设备。

(9)其他部件检修设备和工装的配置:辅助逆变器试验台、车钩试验台、缓冲器试验台、受电弓试验台、门控装置试验台、护指橡胶安装机。

(10)静态、动态调试的工装设备:车辆称重装置、静调1 500V直流供电柜、八通道示波器、便携式计算机(故障显示诊断)。

(11)油漆工艺的设备配置:喷漆设备、加热恒温设备、通风设备、油污过滤设备。

(12) 其他加工设备的配置：折弯机、剪板机、冲剪机、弯管机、车床、磨床、刨床、镗床、钻床、锻造设备。折弯机、剪板机、冲剪机、弯管机、锻造设备等以不配为佳，采用社会化委托外包加工方式即可，这样可较大地压缩投资规模，减少用地面积，降低检修成本。

(13) 动力设备的配置：风、气、水、电动力设备。

综合上述 13 项工装设备，(1) 至 (9) 项为车辆架修、大修工作必配的检查和测试设备，第 12 项为其他加工设备、在一般修理中，只需配备少量的金属切削设备即可。

4. 列车安全运营设备的特殊配置

运行列车由于列车部件的突然损坏、系统控制失常、运行线路信号故障、道岔隧道故障、线路突发情况及人为的操作指挥失误，均会造成运行列车出轨、相撞、追尾等恶性事故，以及人员伤亡和财产损坏。为迅速及时抢救生命、尽快恢复现场、确保交通畅通、降低损失，要迅速进行救援工作。地铁列车运行由于空间狭小，无法用大型机械进行起复救援，只能用特殊设计的起复救援设备。

线路开通运行时必须配备一些救援设备以应对紧急情况，此类设备具有小型、集成、轻便等特征，主要有列车出轨起复设备、列车倾覆复位设备、横向平移设备、橡胶充气抬升设备、剪切设备、扩张设备、动力控制操作设备、切割设备、应急照明设备、转向架运载小车、通信设备、高压验电设备、接地设备及专用工具等。此外，还配有动力装置：发电机组、汽油发动机、液压泵、空气压缩机组。

救援配套设备有：动力牵引设备(调车机车)、救援设备运输车辆，为提高救援速度，快速将救援设备送至事故现场，一般情况下，所有救援设备应集中存放在专业救援车辆内，一旦接到救援命令，立即送至事故现场。

二、车辆检修主要设备的应用

1. 不落轮镟床

1) 概述

不落轮镟床用于电动列车在整列编组不解体(包括各类轨道车等铁路车辆以及单个带轴箱轮对)的情况下对车轮轮缘和踏面的擦伤、剥离、磨耗进行修理加工和各种数据的测量，恢复车轮的形状。

不落轮镟床最大特点是安装在标准轨面以下(图 2-13)。需要进行轮对切削修理的车辆不用进行任何分解，直接驶上该机床与地面固定轨相连的活动道轨，就能进行轮对的切削加工。

2) 功能

(1) 车轮轮缘的切削加工。

(2) 护轨自动对中装置。

(3) 车轮轮缘形状的测量。

图 2-13 UGL15/CNC 型不落轮镟床

（4）车轮直径的测量。

（5）各种车轮轮缘形状曲线的编程。

（6）铁屑破碎自动密封输送至地面的排屑功能。

（7）机床切削时的自动防滑功能，在切削打滑（或卡死）时能自动退刀和停机。

（8）各种数据打印和记录存储功能。

（9）具有压下保持装置，可提高轮轴质量。

（10）机床切削时的自动断屑功能。

（11）切削加工量的自动测算。

（12）机床故障检测和查询。

（13）完善的防误操作系统。

（14）故障的自动诊断和报警显示功能。

3）不落轮镟床附属设备

（1）列车牵引设备：列车在接触轨（接触网）断电的情况下，通过机床用外力对列车进行牵引移动，以便依次对轮对进行加工镟削。不落轮镟床牵引车如图2-14所示。

（2）供电接触网联锁装置：镟轮库设计有带供电接触网和不带供电接触网两种形式，早期设计的镟轮库一般带供电接触网，以便让列车自行通过。高压供电系统以轨道做回流，机床的活动连接轨与固定轨相连，可能会造成接触网的高压电直接引入机床，对机床造成致命的破坏，所以这类镟轮库应有接触网与机床的联锁保护装置。

2. 列车自动清洗机

列车自动清洗机用于对列车车体进行清洗。通过自动清洗机端部和两侧不同形式的清洗毛刷组，将水和清洗剂喷射在车体上，用清洗毛刷对列车的前后端部、两侧车体侧面、车门、车窗玻璃进行滚刷。清洗方式有清水洗和化学洗两种，均自动作业。设备配有水处理循环回用系统、软水系统、牵引系统（选配项目）等。

列车车体自动清洗机的清洗方式有：户外型（室外型、露天型），室内型。按列车清洗时的牵引方式可以分为两种：①侧刷固定型——列车以低于3km/h的速度运行（或被牵引），清洗机清洗毛刷组对列车的前后端部、两侧车体侧面、车门、车窗玻璃进行清洗。②侧刷自走型——列车不动，清洗机清洗毛刷组沿着固定行走轨道移动，对列车的前后端部、两侧车体侧面、车门、车窗玻璃进行清洗。图2-15所示为出入段线上的自动清洗机。

图2-14 不落轮镟床牵引车

图2-15 出入段线上的自动清洗机

3. 地面式架车机

1）概述

地面式架车机能同步提升多节不解钩的列车单元组，以便对列车车体下部的机械、电气部件进行维修、保养和更换，设备具有使用方便、操作灵活等特点。总操作控制台控制整套机组的升降，也能设定架车机组提升的组合数量。地面式架车机可分为固定式（图 2-16）和移动式（图 2-17）两种。

图 2-16　固定式架车机

图 2-17　移动式架车机

移动式地面式架车机又可分为有轨式和无轨式。有轨式架车机单台机座下有一套完整的液压装置和移动轮，由液压系统控制移动轮的伸缩，移动轮伸出后，整台机架在辅助轨上移动，随意定位。定位后，液压系统释压，移动轮复位，不承受任何荷载，由机座承载。无轨移动式架车机则不需要辅助轨，靠架车机自身带有的万向轮移动定位。

2）特点

（1）架车机组任意组合。

（2）同步提升误差小：架车机联动时，单台之间的误差为 ±4mm。

（3）安全保护装置完整齐全。

①每台架车机均设有紧急停车按钮。

②安全螺母保护装置：每台架车机都配有安全螺母，一旦升降螺母失效，安全螺母就会启用承载，保证提升臂不下垂。

③电气保护装置齐全：每台架车机都有六组限位开关和螺母松动磨损检查开关。

④负载过流保护。

⑤故障显示：通过操作控制的显示装置能显示故障的信息。

4. 地下式架车机组

1）概述

地下式架车机组由两个独立的车体架车机和转向架架车机组成一套架车系统，能同步架起多节列车单元。设备复原时，架车机组最高平面与地面轨道处于同一水平面。检修作业中，车体架车机和转向架架车机配合使用，能提升列车，也能轻易落下车辆中任意一个转向架或轮对，并从车下轨道中推出，使用极为方便。

总操作控制台能设定架车机组提升的组合数量，4台架车机（一节车）为一组，可分别选定1组（一节车）、2组（二节车）、3组（三节车）的同步提升。

2）应用

地下架车机能独立地对车体、转向架进行提升，两套提升机构高度随意控制，并且相互联锁保护。对列车车体下部的部件、零件的修理更换特别方便，配合铲车、液压升降台等工具设备，能对列车车体下的所有部件进行维修，如转向架拆装(包括转向架的中心销、牵引插销、横向减振器、抗侧滚扭杆等的拆装)，牵引电动机的拆装，齿轮箱的拆装，换轮中的保险杆的拆装以及空气压缩机总成、电阻箱、垂直减振器、车钩、代机架及单个轮对拆装，是列车检修工作中不可缺少的重要设备。

5. 公/铁路两用牵引车

1）概述

公/铁路两用牵引车(图2-18)是一种既能在轨道上牵引，又能在平地上运行的两用牵引车。

图2-18 公/铁路两用牵引车

前端采用列车自动车钩和牵引连接杆两种连挂装置，能灵活地与铁路车辆和其他车辆进行连接，方便可靠，是一种能满足地铁列车检修作业的理想牵引设备。驾驶形式有带司机室和不带司机室两种，目前国内生产和使用的基本为带司机室的蓄电池牵引车。根据需要还可实现远程无线遥控牵引(铁路)。

2）特点

（1）牵引力大，大于120t负载下（三节电客列车)可连续牵引2h以上。

（2）公/铁路模式转换采用液压装置，方便可靠。

（3）采用直流电动机驱动，变速过程为无级调速且起动平稳。

（4）两种速度牵引，定位、挂钩正确，工作效率高。

（5）采用自动车钩，挂/脱钩方便。

（6）采用电动机和轮辋双制动系统，制动距离短，定位正确。

（7）报警警示系统完整，有故障显示，各类限位、闪光警示，喇叭，手动脚踏双重制动等多种安全装置。

（8）自带自动充电装置和蓄电池容量显示装置。

(9) 可实现远程无线遥控(铁路牵引工况)。

(10) 蓄电池整体移动由液压系统操作控制,省力方便。

6. 空调悬臂吊

1) 概述

空调悬臂吊是起吊、安装、拆卸、运输列车顶部空调总成和受电弓等部件的专用设备。吊车动臂在使用时能深入供电接触网下(与接触网的垂直绝对距离不小于 200mm)直接吊起车顶部件,并送到地面。悬臂吊电源与接触网供电之间有联锁。

2) 特点

(1) 悬臂起吊:动臂能在车顶和接触网间伸缩,进行车顶部件的拆装起吊作业。

(2) 联锁装置:悬臂吊电源与接触网供电隔离开关进行联锁,两者不得同时有电,以确保悬臂吊使用时接触网无电。

(3) 吊钩电动机和动臂电动机均为双速,起动平稳。

(4) 声光报警装置:悬臂吊工作时,有明显的声光报警装置,用于警示无关人员,确保人员和设备的安全。

(5) 安全滑触线:悬臂吊动力电源采用导线内藏式安全滑触线。

7. 室内移车台

1) 概述

室内移车台用来横向一次运送整节地铁列车至检修轨道(台位)。设备纵向端头各有一块带导轨的活动连接板,通过液压系统的控制与移车台两头的检修轨道(工作台位)相连,活动轨与固定轨水平布置,方便地将需移动的车辆牵引进/出移车台。两头分设互锁司机室,可双向操作,受电采用滑触线。

室内移车台一般采用有轨式移车台,如图 2-19 所示。车架为大跨距的整体桥架,需配牵引车牵引。除有轨式外,还有无轨式室内移车台。无轨式室内移车台的驱动行走轮有多种形式,有采用橡胶轮胎行走的,也有采用压缩空气的气动行走移车台。

电动推杆 标准轨 渡桥 车架
图 2-19 有轨式移车台

2) 特点

(1) 同步传动。确保大跨距车体移动时不扭曲,平移移动采用 4 台无级变速电动机同步传动。

(2) 采用两点支承式走轮、大跨距整体桥架。考虑到热胀冷缩效应，桥架下两侧的车轮被设计成不同的形式：一侧为法兰固定端，另一侧为无法兰自由端，保证桥架可在自由端伸缩。

(3) 二重制动、定位精确、无晃动。通过四台直流电动机带动制动器和液压系统控制四只制动盘，达到平稳制动的效果。

(4) 故障显示：显示故障码，快速找到故障点。

(5) 双向司机室，操作方便灵活。

(6) 安全保护装置齐全，移动时闪光报警。

8. 轮对压装机

1）概述

轮对压装机（图2-20）用于车轮和车轴在设定压力下装配成轮对（压轮）和将轮对分解成车轮与车轴（退轮）。

压装形式可一次压（退）一个车轮或一次可同时压（退）两端车轮。

2）特点

(1) 具备轮对的（包括制动盘、大齿轮）拆、装两种功能。

(2) 轮对内侧距压装距离自动定位。

(3) 显示压力/位移曲线合格范围标准曲线图，并与工作实际曲线相对应地自动显示在屏幕上，判定轮对压装是否合格。

(4) 具有自动和手动两种控制方式。

(5) 压装过程自动记录，能自动连续显示、记录压装过程。

(6) 起重装置：该装置具有双速起吊功能，起吊和定位方便。

(7) 配有各式止挡块，可方便进行轮对的压装和拆卸。

(8) 自动上料。

9. 转向架清洗机

1）概述

转向架清洗机（图2-21）用于转向架的清洗。该设备采用全封闭形式，内部设有封闭清洗房、喷淋系统、污水处理系统、控制系统、蒸汽加热系统等。转向架从列车上分解拆下后，因高油污和积尘需对其进行清洗。转向架由该设备上的传送机构送入全封闭的清洗房内，启动设备程序后，由清洗喷管喷出被加热到20℃以上的清洗水和漂洗液，对转向架进行自动清洗，在规定的时间内完成，最后将清洗完的转向架送出清洗房。加热系统一般采用蒸汽加热形式。

图2-20 轮对压装机

图2-21 转向架清洗机

2）特点

（1）完整的清洗工艺：高压清洗、漂洗，干燥工艺完整连续自动，并且能根据被清洗转向架上油污的程度单独设定冲洗、漂洗、干燥的工作时间。

（2）水温控制：设备具有蒸汽加热、清水、漂洗水的功能，加热温度可调。水温为20℃，即可达到清洗效果。

（3）污水处理系统：该系统能对清洗、漂洗后的污水进行处理回用。

（4）清洗水嘴移动喷射：布置于上下左右四面的水嘴排，在进行清洗和漂洗时能左右移动，动态清洗。

（5）干燥装置完好：清洗室和水箱采用不锈钢材料焊接而成，顶部装有两台离心式冷凝风机，用于排放水蒸气，通风干燥。

10. 转向架升降台

1）概述

转向架升降台（图2-22）用于提升转向架于不同的高度，便于对其进行检修和更换附件。

该设备采用变速箱带动提升丝杠机构，安全可靠。通常，该设备安装于转向架检修线上，复原时，提升托架到与地面轨道同一水平面，转向架可方便地推入，提升托架定位并进行提升检修。

2）特点

（1）完全同步：两侧提升托架采用同一电动机双头机械连接方式，驱动时绝对同步。

（2）检修空间大：托架提升后，只有4根提升杆暴露，检修空间大，操作无障碍。

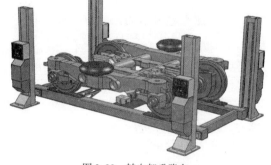

图2-22 转向架升降台

（3）安全可靠：机械螺杆传动式提升机构，能自锁。托架提升后，原托架处有弹簧钢板填充，保证地面无间隙，不会造成人员伤亡。

（4）电气保护装置齐全：具有六组限位开关（工作限位、极限限位，螺母松动检测开关、螺母磨损检测开关等），形成位置保护、电动机过流保护和负载过流保护。

此外，还有转向架和轮对转盘及转向架组装平台，如图2-23和图2-24所示。

图2-23 转向架和轮对转盘

图2-24 转向架组装平台

11. 转向架试验台

1）概述

转向架试验台（图2-25）用于地铁车辆转向架的静态变形测试。

图2-25 转向架试验台

通过液压装置加载后，被测转向架的各种数据经传感器、放大器、A/D转换器输入计算机，计算机算出转向架的静态自重、加载前后转向架的交叉度和平行度，完成对转向架的静态变形测试，以便对转向架质量进行检测和判别。对加载压力进行设定，可测出不同负载的变形。该设备有液压加载系统，该设备配备恒温恒湿设施。

2）功能

（1）称出动车转向架或拖车转向架的静态自重。

（2）测量加载前转向架的几何尺寸（平行度和交叉度）。

（3）测量加载后转向架的几何尺寸（平行度和交叉度）。

（4）称出每对轴的轮重。

（5）测量结果自动记录、存储、打印、查看。

3）特点

（1）一人操作。

（2）操作简便，计算机界面直观。

（3）安全保护系统完善、可靠，防滑固定限位，液压驱动锁定，系统紧停，加载点动等安全防护措施齐全。

（4）测量精度高。

（5）自动交替加载。

（6）非机械式轴向定位。

12. 转向架空气弹簧试验台

地铁转向架空气弹簧试验台（图2-26）设于减振器试验区内，用于对地铁车辆空气弹簧进行气密性试验及保压试验。此外，地铁转向架空气弹簧试验台还有转向架空气弹簧横向刚度试验机、横向力试验机、水平刚度测试机等。

13. 金属橡胶弹簧试验台

1）概述

金属橡胶弹簧试验台适合采用一系弹簧减振的金属橡胶弹簧试验，能进行金属橡胶弹簧负载变形、刚度的测试，完成金属橡胶弹簧的选配工作，保证转向架一定的轴重分配。

设备由传感器、计算机、液压和机械三大部分组成，分别完成金属橡胶弹簧加载前后几何形状的变化量检测，数据的传递、放大、计算及以

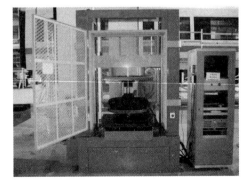

图2-26 地铁转向架空气弹簧试验台

液压系统工作。设备上还配有两台专用打印机,供打印不同的数据标签使用。

2)功能

(1)测试功能:对金属橡胶弹簧进行分类(动车和拖车)加载试验,测出它的刚度曲线和几何尺寸。

(2)配对功能:通过比较存储在计算机中的被测金属橡胶弹簧的刚度特性,选出性能上最相近的一组(2只、4只或8只)金属橡胶弹簧进行配对,保证装车使用的特性。

(3)查询功能:通过菜单能查阅出任何一只被测试过的金属橡胶弹簧的性能参数和曲线图。

(4)打印功能:可对被测金属橡胶弹簧的性能参数、曲线图、标签进行打印。

14. 车辆静态称重试验台

1)概述

车体静态称重试验台为车辆大修设备,在静态情况下对架修、大修后的单节车辆进行称重。

设备组成:轮轴称重系统由8台电子称(包括称重传感器、接线盒、称重轨等)、平台、过桥轨、过桥、称重显示仪、仪表柜、计算机、打印机等部分组成。

2)主要功能

(1)称出并显示车辆的毛重、净重、皮重。

(2)自动零位跟踪。

(3)显示和打印单轮重、轴重、前后转向架重、整车重等。

(4)采用计算机称重管理系统。

15. 油压减振器试验台

1)概述

油压减振器试验台如图 2-27 所示,用于对转向架上横向和垂向两种形式的液压减振器进行综合性能测试。试验台装有可调节的旋转臂,根据被测对象的不同(横向液压减振器或垂向液压减振器)设定不同的测试项目。整个设备由计算机进行操作控制,即时显示液压减振器试验时拉伸或压缩的负载曲线,并打印和保留。

2)功能

(1)横向减振器的测试。

(2)垂向减振器的测试。

(3)试验图形的即时显示和存储。

(4)试验数据的存储。

(5)图形和数据的打印。

(6)拉伸或压缩8挡速度。

图 2-27　油压减振器试验台

16. 阀类试验台

1)概述

城市轨道交通制动系统阀类综合试验台如图 2-28 所示。主要用于电动列车的各类空气阀、气动元件在检修后的动作试验和气密性试验。试验台由一个台式操作台、控制阀（操作手柄）、显示仪表和气源组成，工作台上部为压力表表屏，台面上设有各种被测阀件的连接安装支座和气源操作控制手柄。压缩空气由两组气源交替供应，除自身外带小型移动式空气压缩机外，还可通过集中供气罐换气。该试验台对压缩空气气源的质量要求较高，一般需要单独配备相应的空气干燥过滤器。试验台内配有双速压力记录仪，与被测管路相连，及时记录测试时的各项数据。

a) 安装柜

b) 操作柜

图 2-28　制动系统阀类综合试验台

2）功能

被测阀件的种类有：压力传感器、制动控制单元、空气干燥装置、消声器、各类减压阀、溢流阀、高度调整阀、电磁阀、压力表、操纵阀、安全阀等，对刮水器驱动装置和空气接头等也能进行检测。

（1）各被测空气阀、电磁阀、气动元件置于试验台支座上，连接上电源和气源后进行动作模拟试验，检验该阀（气动元件）在规定的气压下，模拟动作是否符合要求。

（2）检测各被测阀件和气动元件在规定时间内的漏泄性。

（3）检测各被测阀件和气动元件动作是否灵敏。

（4）检测各被测阀件和气动元件各连接部位的气密性。

（5）检测阀件的弹簧是否符合规定。

（6）记录测试时的压力曲线，记录速度为两种，高速记录 36 000mm/h 和低速记录 7 200mm/h。

（7）根据具体情况，选择试验台进行常规压力（10×10^5 Pa）测试和高压（12×10^5 Pa）测试。

17. 空气压缩机总成试验台

1）概述

空气压缩机总成试验台为进口专用设备，主要用于对维修后的空气压缩机进行磨合，可检测其排气量、工作温升及起动性能等。

空气压缩机总成试验台由空气压缩机组、操作控制台、电源柜、稳压缸、储风缸等组成。整个测试过程中，试验数据由计算机进行记录并存储。

2)功能

(1) 空气压缩机检修后的磨合试验。

(2) 空气压缩机排气量的试验。

(3) 空气压缩机工作过程的温升试验。

(4) 空气压缩机超负荷试验。

(5) 空气压缩机泄漏试验。

(6) 空气压缩机起动性能试验。

(7) 空气压缩机试验时间的设置和计时。

(8) 空气压缩机振动试验。

(9) 空气压缩机试验数据的记录、存储、打印。

(10) 安全保护装置齐全,常用电气联锁,有高温、气压、油压保护。

18. 单元制动机试验台

1)概述

单元制动机试验台可对电客列车单元制动机进行各项性能指标的试验。设备由左右机架、压力传感器、位移传感器、压力表、控制台等组成。

2)功能

(1) 强度试验:检验单元制动机的机械强度。

(2) 压力试验。

(3) 泄漏试验:检查闸缸规定时间内的漏泄程度。

(4) 间隙调整试验:检查间隙调整器的容量和活塞最大行程。

(5) 活塞杆推力试验:检验常用制动和弹簧制动是否达到规定压力值和行程。

(6) 紧急缓解装置(辅助缓解装置)试验:检验紧急缓解功能。

(7) 测试数据实时显示,能自动记录、保存、打印、检查各项测试数据。

(8) 图形曲线实时显示加载压力、位移等数据。

注意: 对于不同列车单元制动机检查项目会有所增加。

19. 空调负载试验台

1)概述

空调负载试验台用于测试列车车顶式空调机组的名义制冷量。该试验台采用一体化结构,集冷媒室、风道、机组于机座上,便于被测空调机组的各种参数的采集,设备的控制、调节方便。

2)功能

系统可以实现空调装置的模拟运转,检修人员可根据实际需要控制空调装置的系统运转,对其中的重要部件及易损元器件进行测试和调试,了解空调的运转性能。

(1) 被试空调机组运转控制。

(2) 试验工况调节控制。

(3) 参数显示。

（4）试验原理（框图）动态显示。

（5）制冷量计算及报表打印，并按指标指示被测机组是否合格。

20. 自动车钩试验台

1）概述

自动车钩试验台能对列车的自动车钩进行车钩连挂、解钩及气密性测试。该设备由机架、滑动机架、液压装置、气源（压缩空气）和控制台组成，便于车钩的搬动，需配250kg吊车。自动车钩检修装备如图2-29所示。

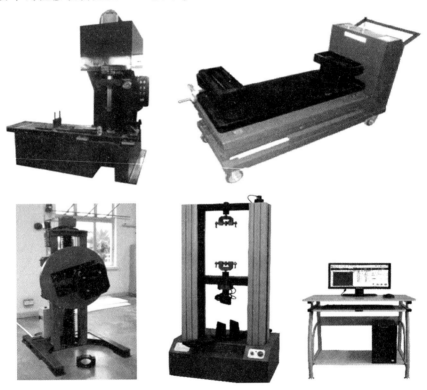

图2-29 自动车钩检修设备

2）功能

一般试验为车钩连挂及解钩试验及气密性试验，将组装好的全自动或半自动车钩安装在试验台上，进行车钩自动连挂和解钩试验。连挂时要听其声音是否清脆，以判别机械钩头安装的质量。通过操纵手动解钩装置，检查手动解钩的性能是否正常。车钩处于连挂状态下，用肥皂水喷在所有阀和管路接头处，检查气路是否有漏泄。具体功能如下：

（1）测试车钩机械钩头的连接性能。

（2）测试车钩气路的泄漏量。

（3）测试车钩电气头的前进、后退动作及按钮性能。

（4）测试车钩回复中心装置的性能。

（5）测试车钩横向摆动量。

（6）测试车钩高度。

21. 救援复轨组合设备

1）概述

救援复轨组合设备可对脱轨的故障车辆进行现场恢复，保障线路畅通。

主要设备有：液压千斤顶、液压内燃机泵组、液压控制器、气垫复轨装置、空气压缩机、各类剪切机械、扩张机械、内燃发电机、气割设备及蓄电池应急电池、转向架救援运载小车。

2）主要救援复轨组合设备

（1）列车横向位移设备。列车横向位移设备是救援设备中主要的、常用的设备，操作液压控制器使横向位移设备中的垂直千斤顶顶升起脱轨列车，操作液压控制器使横向位移设备中的横向千斤顶（滚轴活动座）可在复轨桥上左右移动，让脱轨列车在轨道上精确复轨。

该套横向位移设备主要有：单油缸千斤顶和双油缸千斤顶两种组合件、复轨桥、桥接（两复轨桥接长连接用）、滚轴活动架、移动式千斤顶、固定支架。

一套典型的列车起复横移救援设备必须有以下设备：一台带内燃机的有多路输出控制的液压泵、若干组高压连接油管、各种液压千斤顶、连接板、横向液压油缸（千斤顶）、各种规定的垫板。使用中，通过操纵液压控制器，控制液压千斤顶的升降和横向千斤顶的左右移动，让脱轨车辆复轨。

（2）液压牵引器。在列车失去动力牵引或现场无法实现其他牵引手段时（如调机车牵引），可以采用液压牵引器来进行短距离大牵引力的救援。液压牵引器由两个轨道固定夹固定在轨道上，作为牵引的固定端；液压油缸通过单向阀来锁定牵引方向。

（3）切割扩张设备。切割扩张设备主要用于对车辆外壳和内部受损部件的切割与扩张。①切割设备：操作液压控制器对切割机械和剪切机械进行操作，对受损变形的车辆外壳和内部材料实施切割，进行救援。②扩张设备：操作液压控制器对扩张设备进行操作，对受损变形的车辆外壳（主要是活动部件，如门、窗等）进行扩张，产生救援通道，实施救援。

（4）气垫复位装置为充气式气囊，用特种橡胶制成，未充气时厚度只有20mm，是对体积相对较大千斤顶的一种补充，在要实施救援处的位置间距较小时相当有效（如采用千斤顶位置不够），如列车在隧道中倾覆救援，就能快速扶正倾斜的列车。

气源为小型高压钢瓶，由一个两路控制气阀控制充气动作。

（5）应急电源。提供救援现场电力供应（照明、小型电动工具），一般采用发电机供电、采用蓄电池照明。蓄电池电源有轻便、安全电压、无噪声等优点，缺点是电池容量比较小，无法长时间使用。发电机的优点是电源功率大，能长时间提供照明和其他动力电源，缺点是噪声大。

应急电源一般需要配齐蓄电池照明及发电机供电两种设备。

（6）气割设备。一般为小型气割设备，由气割枪、氧气钢瓶等组成。在救援现场实施气割作业。

（7）转向架救援轮对运载小车。地铁列车运营中如走行部分（转向架轮对）发生轴承烧损、齿轮咬死、齿轮箱悬挂装置失效等故障，致使某个轮对不能转动而无法实施牵引，使用该轮对救援运载小车，将故障轮对托起，由救援小车替代车轮转动，使故障列车尽快撤离现场，迅速恢复地铁线路的运行。

项目三 掌握城市轨道交通车辆的日检、均衡修及临修

项目描述

城市轨道交通车辆的计划检修是按车辆的运营时间或运营里程,对车辆进行不同程度的周期性检修。制定科学的计划检修模型和检修项目、技术标准,是城市轨道交通车辆安全、准点运营的重要保障,也能最大限度地降低城市轨道交通车辆的检修成本。

城市轨道交通车辆的计划检修按运营时间分,一般包括日检、均衡修(检1~检12)、架修(运营5~6年或者60万km)和大修(运营10~12年或者120km)四级修程。要求高一级修程包含低一级修程的内容,各类磨损件有一定的检修限度,要保留足够的使用余量至下一修程。车辆的临修又叫故障检修,属于超计划维修的检修项目。本项目主要介绍日检、均衡修、临修的有关知识,使学生能按检修规程对城市轨道交通车辆进行日检、均衡修及临修。

任务一 城市轨道交通车辆的日检

任务目标

1. 掌握城市轨道交通车辆日检的检查要求。
2. 能够根据车辆检修规程,正确使用工具、仪表。
3. 能够独立完成车辆各系统的日常检查工作。

工具设备

城市轨道交通车辆模型1组(含A、B、C车),城市轨道交通车辆1组(含A、B、C车),进行城市轨道交通车辆日检所需的常用工具及专业设备若干套,课件、图片、示教板、计算机等多媒体设备。

理实一体化教室或轨道交通综合实训场、实训基地。

4 学时

基础知识

城市轨道交通车辆日检是对当天参与运营回库的城市轨道交通列车进行的日常检修维护,是最初级的检查,对容易出现危及行车安全的各主要部件进行外观检查,对危及行车安全的故障及时进行重点修理。日检检查各控制单元,检查以目测为主,还对列车行车安全的相关部分进行日常性技术检查,并进行故障处理。日检的主要内容是对主电路中的受电弓(受流器)、牵引电机的安装及状态,转向架、车载设备、信号指示灯等进行检查。城市轨道交通车辆的日检修程一般分为有电作业和无电作业,包括司机室内作业、客室内检查和车体外部检查。

一、日检作业流程

1. 日检作业人员分工

日检作业人员分工见表3-1。

日检作业人员分工   表3-1

人员	工序	车下作业	车上作业	备注
1号检车员	自检	1、2、3车1位侧车体、车下加4、5、6车2位侧车体、车下	出库端司机室	
	互检	车底加1、6车前端	客室内装(1、2、3车1位侧,4、5、6车2位侧)	1号互检2号车上客室及车下
2号检车员	自检	车底加1、6车前端	客室内装(1、2、3车1位侧,4、5、6车2位侧)	
	互检	1、2、3车2位侧车体、车下加4、5、6车1位侧车体、车下	客室内装(1、2、3车2位侧,4、5、6车1位侧)	2号互检3号车下及车上客室
3号检车员	自检	1、2、3车2位侧车体、车下加4、5、6车1位侧车体、车下	客室内装(1、2、3车2位侧,4、5、6车1位侧)加非出库端司机室	
	互检	1、2、3车1位侧车体、车下加4、5、6车2位侧车体、车下	无	3号互检1号车下

注:司机室不进行互检。

2. 日检作业总体要求

(1) 工班长领取完检修作业票,交给检修小组(3人一组),安排检修小组到检修调度处领取禁动牌(2个)、主控(2个)和手台(3个)等物品。

（2）1号检修员在检修调度处填写车辆段/场控制中心(Depot Control Center, DCC)物品借用登记表，2号和3号检修员分别到作业车辆非出库端和出库端挂禁动牌，挂完后在出库端集合，待1号检修员到达后共同进行检修作业。

（3）日检作业步骤须严格按照日检作业内容的先后顺序进行。

3. 车下作业步骤

检修小组同时从出库端向非出库端进行作业。车下作业完成后，按照分工马上进行非出库端向出库端的互检。车下互检完成后进行车上有电作业。

4. 车上作业步骤

（1）按照分工先进行出库端有电司机室检查。

（2）3名检修员进入司机室后，按照分工进行列车上电升弓操作，3名检修员在等待网络建立的过程中填写车下作业记录单。

（3）网络建立完成后，按照分工1号检修员进行出库端司机室功能检查，另外两名检修员由出库至非出库端进行客室外观和功能检查。

（4）司机室检修人员和客室检修人员在广播测试、开关门和防夹测试、口播测试、紧急对讲测试时要求互相配合。

①司机室检修员需要一直进行广播功能测试，并在司机室监听广播播放是否正确，客室检修员在检查客室的同时也要监听客室扬声器功能是否正常。

②每列车按照表3-2的要求进行紧急报警器功能检查。

紧急报警器分工(长客B型车)　　　　　　　　　　　表3-2

日检一班	1车3门旁	2车3门旁	3车3门旁
日检二班	1车6门旁	2车6门旁	3车6门旁
日检三班	4车3门旁	5车3门旁	6车3门旁
日检四班	4车6门旁	5车6门旁	6车6门旁

③开关门测试在两端司机室都要进行，在左右两侧分别进行三次，前三次开关左侧车门，后三次开关右侧车门，第一、二次操作司机台开关门按钮，第三次操作司机门旁开关门按钮。司机室检修员需按照客室检修员手台提示，进行每次的开关门作业，客室检修员检修车至客室中间时用手台提示，司机室检修员每次开关门前进行口播提示，客室检修员共同检查口播功能和开关门状态。

④工班根据防夹功能测试，两名客室检修员同时做防夹功能测试，客室检修员检查至防夹车门时，用手台提示司机室检修员开关车门。周日随机抽检2个，其余时间检查防夹分工，见表3-3。

车门防夹测试分工　　　　　　　　　　　表3-3

检修班组	车门号	星期一	星期二	星期三	星期四	星期五	星期六
日检一班	1、3门	1车	2车	3车	4车	5车	6车

续上表

检修班组	车门号	星期一	星期二	星期三	星期四	星期五	星期六
日检二班	2、4门	1车	2车	3车	4车	5车	6车
日检三班	5、7门	1车	2车	3车	4车	5车	6车
日检四班	6、8门	1车	2车	3车	4车	5车	6车

（5）出库端司机室检查完毕后等待客室检修员至非出库端司机端室后，1号和3号检修员进行司机室对讲功能测试。

（6）1号检修员司机室功能检查结束后，按照分工，3号检修员检查非出库端司机室外观和功能，2号检修员由非出库端进行客室外观和功能检查，1号检修员由出库端至非出库端进行客室外观和功能检查，2号和1号检修员对向走时，需走到司机室间壁门处。

（7）客室检修顺序。

司机室间壁区：开关间壁门，检查门锁及折页。检查司机室间壁外观、铅封、"间壁门紧急解锁说明"与"请勿入内"标识、车号标识、柜门锁闭情况等。

门区：检查扶手、顶板、送风格栅、客室照明、动态地图、侧顶板外观及四角锁。检查设备盒（安全锤、紧急对讲、紧急解锁）、门立罩板及扶手、门号。检查门板外观、"请勿倚靠"等标识、地板。用手台通知司机室检修员开关门，司机室检修员开关门前进行口播，检查开关门状态和口播功能。

窗区：检查摄像头、扶手、顶板、送风格栅、回风格栅、客室照明、液晶显示器（Liquid Crystal Display，LCD）、侧顶板外观及四角锁。检查扶手吊环、侧墙及窗玻璃、引导标识、"请勿打闹"等文明标识、广告框、座椅。检查地板、对侧塞门箱。检查广播功能、空调功能、电热功能。

客室端区：检查扶手、顶板、送风格栅、客室照明、侧顶板外观及四角锁。检查侧墙外观及扶手、灭火器及操作说明标识、残疾人轮椅安全带及操作说明标识、地板。检查温度传感器、客室间壁外观、柜门锁闭。检查贯通道顶板及照明、侧护板及"请勿倚靠"等标识、毛刷及四角锁、踏板。

5. 日检作业完工步骤

（1）列车有电作业完毕后，2号和3号检修员下车摘禁动牌，3名检修员在非出库端集合并填写作业记录单。2号和3号检修员原地待命。

（2）1号检修员将作业记录单和"检修作业票"交给工班长，工班长审核后签字确认，上交检修调度并领取下一张"检修作业票"交给1号检修员，1号检修员使用手台通知另两名检修员对下一列作业车辆两端挂禁动牌，并于出库端集合。

（3）1号检修员带"检修作业票"和作业记录单在出库端与2号、3号检修员汇合，进行下一列车日检作业。

（4）本小组完成当日所有检修任务时，归还禁动牌（2个）、主控（2个）和手台（3个）等物品。

6. 日检作业安全注意事项

（1）日检作业在车辆回库降弓15min后进行。

(2) 日检小组以作业票为作业依据，检修调度下发执行但尚未完工的"检修作业票"的数量不能超过班组作业小组的个数。

(3) 检修调度可以安排工班只进行车下日检作业或车上日检作业，但必须在"检修作业票"中写明。车下日检作业或车上日检作业完成后需将"检修作业票"交给检修调度。

(4) 未领取作业票不许挂禁动牌，未挂禁动牌不许进行作业。

7. 检修作业用时

检修作业用时见表3-4。

检修作业用时　　　　　　　　　　　　　　　　　　　　表3-4

作业内容	时间(min)	作业内容	时间(min)
1. 车下检查	10	4. 车上功能检查	10
2. 车下互检	10	5. 车下功能互检	10
3. 上电到升弓	5	总用时	45

二、日检作业内容

(一) 无电作业

1. 车底

(1) 前端外观：外观良好，整体无破损，工艺堵状态良好，无松动。

(2) 按顺序检查风挡玻璃、盲玻璃、雨刷总成、防爬器，外观良好，无裂纹。

(3) 半自动车钩：外观良好无裂纹；钩头无异物，连接面良好；操作解钩拉环，测试解钩功能正常；接地电缆状态良好；总风管状态良好，无漏气；压馈管指示销未触发；过载保护螺栓M_{24}(2个)画线清晰无错位，卡环螺栓M_{16}(4个)紧固良好，画线清晰无错位。其中，M_{24}的"M"表示公制螺纹"24"表示螺栓的外侧直径为24mm。

(4) ATP天线安装梁：外观良好，无裂纹。

(5) 排障器：外观良好，紧固螺栓M_{16}(2个)画线清晰无错位。

(6) 构架：外观良好，无裂纹。

(7) 轮对与车轴：外观良好，无裂纹；降噪阻尼环安装牢固；轮对与车轴连接良好，轮对防松线清晰无错位。

(8) 踏面制动单元：外观良好，无漏气；紧固螺栓M_{10}(内盖板4个)画线清晰无错位。

(9) 闸瓦：外观良好，紧固螺栓M_{16}(2个)画线清晰无错位，闸瓦厚度未磨耗到限(到限线)。

(10) 抗侧滚扭杆：外观良好，无裂纹。

(11) 牵引拉杆：外观良好；紧固螺栓M_{20}(4个)无松动，横向止挡无不正常磨耗和损坏。

(12) 横向油压减振器：无漏油；紧固螺栓M_{16}(内2个)防松铁丝无脱落。

(13) 车地通信(Train Wayside Communication，TWC)天线安装梁：外观良好，无裂纹。

(14) 制动管路及管卡：外观良好，无漏气；接头画线清晰无错位；管卡无脱落。

(15) 制动控制模块：外观良好无漏气；安装螺栓 M_{12}（4个）画线清晰无错位。

(16) 线缆接头及线卡：外观良好，接头画线清晰无错位，线卡无脱落。

(17) 风缸：外观良好，无漏气；紧固螺栓 M_{16}（内4个）画线清晰无错位。

(18) 空气压缩机：外观良好，油路、气路无不正常泄漏，散热器无异物。

(19) 辅助控制箱：外观良好，安装螺栓 M_{16}（4个）画线清晰无错位。

(20) 辅助变流器模块(Auxiliary Converter Module，ACM)电抗器：外观良好，无损坏、无变形、无变色，安装螺栓 M_{12}（内2个）画线清晰无错位。

(21) 应急通风逆变器：外观良好，安装螺栓 M_{12}（内4个）画线清晰无错位。

(22) AB箱：外观良好，安装螺栓 M_{16}（下盖板24个）画线清晰无错位。

(23) 蓄电池箱：外观良好，无损坏、无变形，两侧盖板（两个四角锁）锁闭到位。

(24) 高、低压接线箱：外观良好，紧固螺栓 M_8（下盖板8个）画线清晰无错位，安装螺栓 M_{10}（内2个）画线清晰无错位。

(25) 半永久牵引杆：外观良好；接地电缆良好；总风管路外观良好，无漏气；对中装置开口销状态良好；过载保护螺栓 M_{30}（2侧共8个）紧固良好，画线清晰无错位；卡环螺栓 M_{16}（3件共12个）紧固良好，画线清晰无错位；橡胶支撑螺栓 M_{24}（2件共4个）紧固良好，画线清晰无错位。

(26) 牵引电机线缆：外观良好；安装牢固，线缆接头(7个)画线清晰无错位。

(27) 齿轮箱：外观良好无裂纹；注油口与放油口无漏油；确认齿轮箱的润滑油在规定油面以上；无异常发热，感温标贴无变色；铭牌固定良好。

(28) 联轴节：外观良好，连接紧固螺栓 M_{10}（可视9个）画线清晰无错位，无润滑油脂渗漏。

(29) 牵引电机：外观良好无裂纹；注油堵无丢失；无异常发热，感温标贴无变色；牵引电机与构架安装牢固，安装座无异常损伤及裂纹；安装螺栓 M_{24}（可视2个）画线清晰无错位；检查有无异物，有异物进行清理。

(30) 齿轮箱吊杆：外观良好，安装牢固；安装螺栓 M_{20}（可视2个）画线清晰无错位。

(31) 制动电阻：外观良好，无损坏、无变形、无变色，安装螺栓 M_{12}（内可视6个）画线清晰无错位。

(32) 箱式汇流排：外观良好，安装螺栓 M_{12}（4个）、两侧紧固螺栓 M_5（8个）画线清晰无错位。

(33) 牵引高压箱(PH箱)或牵引辅助箱(PA箱)：外观良好，无损坏、无变形、无变色；紧固螺栓 M_6（下盖板24个）画线清晰无错位。

2. 车下与车侧

(1) 车体外侧：车体无倾斜，安装铆钉无脱落；司机室侧门和客室门外部无损伤；车体外表面无损伤；车外侧制动不缓解指示灯（每侧6个、红色）、所有门示关闭指示灯（每侧6个、橙色）外表无损伤；外紧急解锁（每侧6个）位置在"复位"；贯通道折棚外侧无损伤；司机室门电钥匙开关在正常位。

(2) 车端总风阀门：处于正常位置，正常位置与手把管路垂直，无漏气。

(3) 列车自动控制系统(Automatic Train Control，ATC)天线安装梁：外观良好，安装牢固，安装螺栓 M_{16}(6个)画线清晰无错位。

(4) 车轮：检查车轮踏面无剥离，无裂纹，无明显擦伤，沟槽深度小于2mm，车轮外径磨耗到限标准——770mm，如轮对踏面擦伤且长度超过如下标准，则需要镟修：

一处以上的大于40mm，两处以上的在20~40mm以下，四处以下的在15~20mm以下。

检查车轮轮缘有无异常磨耗，轮缘标准高27~33mm，厚23~32mm；检查降噪阻尼环安装牢固。

(5) 轴箱与橡胶弹簧：检查轴箱无不正常的发热、感温标贴无变色、无不正常漏泄、无裂纹，紧固螺栓 M_{16}(4个)画线清晰无错位；轴端传感器电缆紧固无损伤，吊环紧固螺栓 M_{16}(2个)无断裂；一系悬挂装置橡胶弹簧无老化、变形和损伤，侧面紧固螺栓 M_{16}(1个)画线清晰无错位，下盖板紧固螺栓 M_{16}(2个)安装牢固，防松铁丝(2个)无断裂。

(6) 构架：检查构架表面无裂纹。

(7) 接地汇流排：检查接地汇流排安装良好，紧固螺栓 M_8(4个)画线清晰无错位；检查接地线无断股，断股数不能超过10%，若超过则更换；瓷壶无裂纹、变色、破碎。

(8) 踏面制动单元：踏面制动单元螺栓 M_{20}(3个)画线清晰无错位。

(9) 闸瓦：检查闸瓦完好无裂纹，未磨耗到限。

(10) 抗侧滚扭杆连杆：检查外观良好，紧固螺栓 M_{16}(4个)画线清晰无错位，检查扭杆与连杆连接处画线无错位。

(11) 横向油压减振器：检查紧固螺栓 M_{16}(2个)画线清晰无错位。

(12) 空气弹簧：检查空气弹簧无破损、老化、裂纹，无漏泄。

(13) 检查高度调整阀状态：高度调整阀水平杆处于水平状态，无空气漏泄。高度调整杆关节轴承无松动，球头润滑良好，无卡滞，无脱落，如有卡滞采用铁道Ⅳ型脂润滑，高度调整杆紧固螺栓 M_{12}(3个)画线清晰无错位。

(14) 停放制动缓解拉手：检查停放制动缓解拉手无脱落。

(15) TWC天线：检查天线外观良好，安装牢固；安装螺栓 M_{16}(6个)画线清晰无错位。

(16) 制动控制模块：检查制动控制模块安装良好，各制动管路外观良好，无漏气，画线清晰，测试接口良好。

(17) 制动管路和管卡：检查外观良好，无漏气；接头画线清晰无错位；管卡无脱落。

(18) 空气压缩机：空气滤清装置指示器未变红色，管路无渗油现象，干燥器湿度显示器应为蓝色，安全钢丝绳外观良好无损伤；空压机安装紧固螺栓 M_{16}(4个)画线清晰无错位；由视油镜查看润滑油是否有乳化现象，是否在上下油标之间；电器控制箱锁闭良好(四角锁1个)，锁闭位置正确，盖板与箱体之间无缝隙。

(19) 应急通风逆变箱：外观良好，箱盖须锁闭紧固(四角锁2个)，锁闭位置正确，盖板与箱体之间无缝隙；安装螺栓 M_{12}(外侧4个)画线清晰无错位。

(20) 整合蓄电池及充电机箱(AB箱)：外观良好，无损坏、无变形、无变色；箱盖须锁闭紧固(四角锁 3 个)，锁闭位置正确，盖板与箱体之间无缝隙；检查紧固件，安装牢固，安装螺栓 M_{10}(8 个)画线清晰无错位。

(21) 蓄电池：外观良好，无损坏、无变形、无变色；检查箱盖须锁闭紧固(四角锁 4 个)，锁闭位置正确，盖板与箱体之间无缝隙。

(22) 分线箱(18 个)：外观良好，紧固螺栓 M_8(8 个)画线清晰无错位。

(23) 制动隔离塞门：管路无漏气，处于正常位置(正常位置为与管路方向平行)。

(24) 风缸：外观良好，无漏气，安装螺栓 M_{16}(4 个)画线清晰无错位。

(25) ACM 电抗器：外观良好，无损坏、变色现象；检查紧固件，安装螺栓 M_{12}(外侧 2 个)画线清晰无错位。

(26) 总风隔离塞门：管路无漏气，处于正常位置(正常位置为与管路方向平行)。

(27) 低压线箱和高压线箱：外观良好，无损坏；检查低、高压线箱安装螺栓 M_{10}(外侧 4 个)画线清晰无错位；车端跨接线缆紧固，插接良好，外套无损伤，画线清晰无错位。

(28) 制动电阻箱：无损坏、变色现象，线缆连接良好；检查紧固件，安装牢固，安装螺栓画线清晰无错位；检查出风口有无异物，有异物则进行清理。

(29) PH 箱：外观良好，无损坏、无变形、无变色；PH 箱盖板、Q1Q2 小盖板须锁闭紧固(四角锁 4 个)，锁闭位置正确，盖板与箱体之间无缝隙，车间电源盖板扎带紧固完好；检查紧固件安装牢固，安装螺栓 M_{10}(8 个)画线清晰无错位。

(30) 辅助控制箱：外观良好，检查紧固件安装螺栓 M_{12}(4 个)画线清晰无错位。

(31) 半永久牵引杆：外观良好，车钩压溃管触发销状态良好。

(32) PA 箱：外观良好，无损坏、无变形、无变色；箱盖须锁闭紧固(四角锁 3 个)，锁闭位置正确，盖板与箱体之间无缝隙；检查紧固件，安装牢固，安装螺栓 M_{10}(8 个)画线清晰无错位。

(33) 电机变流器模块(Motor Converter Module，MCM)电抗器：外观良好，无损坏、变色现象；检查紧固件，安装螺栓 M_{12}(外侧 2 个)画线清晰无错位。

注意：这是一列车(以长客 B 型 6 节编组为例)无电日检作业内容，重复检查项的内容已省略。

(二) 有电作业

1. 司机室

(1) 上电操作：检查司机室电解锁开关在合位；打开司机室门，按下列车上电按钮，检查蓄电池电压为 85V 以上，检查风压表白色指示针 4.5bar 以上。

(2) 司机室照明：检查司机室灯及按钮外观良好，按下按钮，检查司机室照明正常亮起功能。

(3) 升弓操作：待制动网建立后，主控激活，鸣笛两声，按"升弓"按钮(须 2s 左右)检查应急通风功能正常，并在检查后关闭。要求通过人机交互界面(Human Machine Interface，HMI)牵引辅助界面查看是否有 1 500V，确认受电弓是否正常升起；检查电笛声音是否正常；查看 HMI 屏空调 2 界面通风机显蓝色，关闭后显灰色。

（4）客室照明：检查客室照明控制开关外观良好；操作检查客室照明控制开关，客室照明灯正常亮起。

（5）制动自检：操作检查制动自检功能。要求通过 HMI 主菜单制动试验进行制动自检测试，制动自检成功。

（6）司机室外观：检查司机室各盖板、控制柜、综合柜锁闭良好，司机室控制柜内空开及旁路旋钮在正常位置。

（7）逃生门：检查逃生门外观良好，检查逃生门门解锁把手及坡道解锁把手在锁闭位置。

（8）司机室安全设备：检查司机室安全设备（防毒面具、灭火器）外观良好，在安全使用期限内。

（9）司机室座椅：目视检查外观良好，操作检查紧固件高度调节杆（5 个）和前后调整杆（1 个）的紧固螺栓无松动。

（10）司机室遮阳帘：目测检查外观良好；操作检查遮阳帘动作正常，无卡滞。

（11）司机台：目测检查外观良好；检查司机台按钮及旋钮外观良好，旋钮在正常位；检查紧固件（螺栓 64 个）安装紧固无丢失。

（12）查看历史事件：在主菜单中维护界面查看历史事件，如有异常则进行记录并处理。

（13）广播：检查列车报站、紧急广播、口播、紧急对讲功能正常；要求监听各功能正常；紧急对讲由客室检修员按照分工进行检查，司机室检修员进行确认。

（14）空调：操作检查空调功能。通过 HMI 屏空调界面试验功能，冬季时打开空调通风，非冬季时打开空调全冷，并通过第 2 界面检查 24 个通风机、压缩机、冷凝机能正常运行；检查客室温度设置是否为 26℃。

（15）电热：在冬季检查外观良好；操作检查电热功能，按下司机室电热按钮，电热器正常出热风。

（16）集控开关：操作检查集控开关门功能，在进行集控开关门时，检查 HMI 屏车门界面，开门显示蓝色，关门显示灰色。

（17）HMI 功能：操作检查列车控制和管理系统（Train Control and Managment System，TCMS）监测界面，确认系统界面转换正常；牵引/辅助/蓄电池界面查看 MCM、ACM、BCM 状态正常；乘客信息系统、公共广播界面及运行界面能正常切换。注：BCM 为蓄电池充电模块（Battery Charger Module，BCM）。

（18）制动面：操作检查制动/空气界面，查看各转向架制动压力，操作停放制动旋钮，停放制动施加显蓝色，缓解显灰色，操作司控器查看常用制动力是否变化。

（19）司机室送风单元：操作检查司机室送风旋钮，三挡风速可调。

（20）刮雨器、水泵：操作检查刮雨器动作良好，水泵出水正常。

（21）前照灯：操作前照灯旋钮，远光、近光功能正常。

（22）试灯按钮：检查外观良好；检查功能，按下试灯按钮，非限制人工驾驶模式（No Restricted Manual Driving Mode，NRM）、停放制动未缓解、门关好旁路、制动不缓解、所有门关闭指示灯同时亮起。

（23）速度表：目视检查外观良好；检查记录公里数。

（24）视频监控系统（Closed Circuit Television System，CCTV）监控屏：操作检查CCTV监控屏视频读取及回放功能良好，画面显示正常。

（25）司机室门：检查司机室门外观良好；每侧开关门两次，检查客室车门，通过HMI屏检查车门界面，开门显示蓝色，关门显示红色。

（26）司机室对讲：操作检查司机室对讲功能正常。

（27）降弓、断电操作：关闭所有负载，操作确认关闭照明、空调、电暖、CCTV（视频监控）监控屏；鸣笛一声，按"降弓"按钮（须按2s左右），通过人机界面（Human Machine Interface，HMI）的牵引辅助界面确认受电弓降下；按下断电按钮，列车断电。

2. 客室

（1）间壁门：检查间壁门状态良好，折页无松动，铅封良好；间壁门开关正常；间壁门门锁无松动。

（2）广播：检查司机室广播司机对客室广播、紧急广播、列车报站广播、口播功能；要求广播声音清晰及报站正常。

（3）空调：检查空调客室送风及温度正常。

（4）电热：检查电热功能正常，无异响、无异味、无温度过高表现。

（5）送风格栅和回风格栅：检查外观良好；检查紧固件安装牢固，紧固螺栓无松动、丢失。

（6）客室照明：检查灯罩外观良好、无裂纹；检查照明灯光正常亮起。

（7）罩板、盖板、间壁：检查客室各类罩板及盖板外观良好；检查客室各类盖板锁闭位置正确；检查司机室间壁及客室间壁外观良好，锁闭位置正确。

（8）液晶显示屏（Liquid Crystal Display，LCD）及动态地图：检查外观良好；LCD画面正常，动态地图显示正常。

（9）客室车门：检查客室车门及指示灯外观良好；检查客室车门开关门正常，蜂鸣器正常；检查防夹功能正常。

（10）扶手及吊环：检查外观良好，无丢失；用手触摸检查紧固件扶手无松动，紧固螺栓无松动。

（11）广告框：检查外观良好。

（12）客室窗玻璃：检查外观良好，胶条无老化脱落。

（13）客室座椅：检查客室座椅外观良好、无裂纹。

（14）制动塞门箱：检查外观良好、无裂纹，锁闭良好。

（15）地板布：检查外观良好，不影响美观。

（16）摄像头：检查外观良好，无裂纹。

（17）灭火器及设备盒：检查设备盒外观良好，压力指针在绿色区域，无小件丢失；检查设备盒盖锁闭良好；检查设备盒盖内设备完整无损。

(18）乘客紧急报警按钮：检查外观良好；按下客室紧急报警按钮，可以与司机室对讲。

(19）贯通道：检查顶板、橡胶挡板、侧护板踏板外观良好、无裂纹；检查贯通道毛刷外观良好、锁闭位置正确；检查贯通道灯是否正常亮起。

(20）温度传感器：检查外观固定良好无损坏。

(21）标识：查看车号、门号、操作说明、文明标识、引导标识、提示标识等标识无破损，如破损严重则更换。

三、日检记录单

城市轨道交通车辆日检记录单见表3-5。

日 检 记 录 单　　　　　　　　　　　　表3-5

车组号：　　　　　　　　　　　　　　　日期：

一、车下及车侧

序号	位置	项目	检查人(1号)	互检人(3号)	检查人(3号)	互检人(2号)
1	车体	司机室门电控钥匙开关在正常位				
		车门、车窗和车体外表面无损伤				
		车体安装铆钉无脱落				
		车外侧制动不缓解指示灯、所有门未关闭指示灯外表无损伤，外紧急解锁位置在正常位				
		贯通道折棚外侧无损伤				
2	转向架	检查ATC、TWC天线安装梁是否正常				
		检查辗钢轮踏面及轮缘是否正常，降噪阻尼环安装是否牢固				
		检查轴箱无不正常发热、感温标贴无变色、无不正常漏泄、无裂纹，轴端传感器电缆的状态				
		检查一系悬挂装置状态，下端盖紧固是否良好				
		全面地检查转向架整体有无裂纹、损伤和不正常磨耗，螺栓紧固是否良好				
		接地汇流排安装良好，接地线状态良好，瓷壶无裂纹、变色、破碎				
		检查踏面制动单元安装是否紧固，闸瓦有无裂纹，是否磨耗到限				

续上表

一、车下及车侧

序号	位置	项 目	检查人 (1号)	互检人 (3号)	检查人 (3号)	互检人 (2号)
2	转向架	检查抗侧滚扭杆连杆表面无损伤，紧固螺栓无松动				
		检查横向油压减振器紧固是否良好				
		检查空气弹簧状态				
		检查高度调整阀及高度调整杆的状态，目测高度调整阀水平杆是否水平				
		检查停放制动缓解拉手无脱落				
3	空气压缩机	检查空气压缩机外观状态				
		检查润滑油状态				
		检查空气滤清装置指示器及干燥器湿度显示器状态				
		检查空气压缩机运转时是否有异响				
4	车钩	检查车钩外观状态，紧固件有无松动				
		检查车钩压溃管触发销状态				
5	其他设备	总风阀门及隔离塞门在正常位，管路连接良好无漏气				
		检查车底悬挂的各个箱体外观状态，安装是否牢固				
		检查车端跨接线缆状态，画线是否清晰				
		检查制动管路外观是否良好，画线是否清晰，管卡有无松动				
		检查风缸外观状态，安装是否牢固				

二、车底

序号	位置	项 目	检查人 (2号)	互检人 (1号)
1	车体	前端模块外观良好，无破损，工艺堵(9个)状态良好		
		风挡玻璃良好，无裂纹		
		雨刷总成良好，无损坏		
		盲窗玻璃完好，无裂纹		
		防爬器外观良好		
2	转向架	检查ATC、TWC天线安装梁外观状态及安装是否牢固		
		检查排障器外观，安装是否牢固		

续上表

二、车底

序号	位置	项目	检查人（2号）	互检人（1号）
2	转向架	全面检查转向架整体的裂纹、损伤和不正常磨耗		
		检查螺栓、螺母的损伤、松动、脱落及画线		
		检查车轴无裂纹、轮对与车轴连接良好、画线无错位		
		检查车轮踏面和轮缘，降噪阻尼环安装是否牢固		
		检查车轮踏面制动单元有无异常，闸瓦状态是否正常		
		检查抗侧滚扭杆表面无损伤，牵引拉杆外观良好，紧固螺栓无松动		
		检查横向油压减振器有无异常		
		检查制动管路状态，管卡有无松动		
		检查线缆接头状态，线卡有无松动		
		检查牵引电机有无异常		
		检查联轴节有无异常		
		检查齿轮箱及其吊杆有无异常		
3	空气压缩机	检查空气压缩机外观状态，有无不正常泄漏		
4	车钩	检查半自动车钩外观有无异常，状态是否良好，有无漏气，紧固件是否紧固		
		检查半永久牵引杆外观有无异常，状态是否良好，有无漏气，紧固件是否紧固		
5	其他设备	检查车底悬挂的各个箱体外观状态，安装是否牢固		
		检查线缆外观及连接状态，画线是否清晰，线卡有无松动		
		检查各制动管路外观是否良好，画线是否清晰，管卡有无松动		
		检查风缸外观状态，安装是否牢固		

序号	位置	故障及问题描述	处理过程及结果	发现人	处理人

三、司机室

序号	位置	项目	检查人（1车）	检查人（6车）
1	TCMS	HMI屏的触屏功能正常，各画面显示正确		
		检查车辆故障记录		
2	PIS	司机室对讲功能正常		
		司机对客室播音功能正常		

续上表

三、司机室

序号	位置	项 目	检查人 (1车)	检查人 (6车)
2	PIS	列车报站正确		
		紧急广播功能正常		
		司机室监控屏功能正常		
		视频保存读取功能正常		
		紧急报警功能正常		
3	空调电热	集控空调功能正常(夏季)		
		司机室电热和客室电热功能正常(冬季)		
		司机室送风单元工作正常,三挡风速调整		
		应急通风功能正常		
4	车门	TCMS 显示车门状态正常		
		客室门和司机室门开关正常		
		司机室门外观良好		
		检查司机室关门止挡,如有损坏更换		
5	制动	进行制动自检测试		
		停放制动施加缓解功能正常		
		常用制动施加缓解功能正常		
		空压机运行正常		
6	小件	按下试灯按钮,指示灯点亮		
		司机室顶灯功能正常		
		操作钥匙开关及方向手柄,头尾灯功能正常		
		电笛功能正常		
		雨刷水泵功能正常		
7	司机室	司机室盖板、柜门柜锁闭良好		
		司机室安全设备(防毒面具、灭火器)外观良好,功能正常		
		司机室按钮及旋钮外观正常,位置正确		
		司机台外观良好,设备无损坏,螺钉紧固		
		逃生门锁闭正常且外观无损坏		
		检查司机室座椅外观良好,状态正常		
		司机室遮阳帘动作正常		

续上表

		四、客室				
序号	位置	项 目	检查人(2号)	互检人(1号)	检查人(3号)	互检人(2号)
1	照明	客室照明正常				
2	车门	车门开关正常，外观良好；侧顶板橙色指示灯指示正常；蜂鸣器正常；防夹功能正常				
3	PIS	动态地图显示正常				
		客室内LCD屏显示正常，媒体伴音功能正常				
		广播功能正常				
4	广告框、座椅、扶手	检查扶手及吊环状态良好，紧固螺栓无松动				
		广告框安装牢固，外观良好				
		座椅外观良好				
5	贯通道	贯通道的所有四角锁锁闭良好				
		贯通道灯外观良好，功能正常				
		贯通道外观良好，无破损				
6	空调及电热	电热功能正常(冬季)				
		空调功能正常				
7	其他	侧顶板及间壁柜柜门锁闭良好				
		送风格栅、回风格栅无损坏且螺钉无明显松脱				
		客室内灭火器和设备盒内设备完整无损且盒盖锁闭				
		车内灯罩无损坏				
		温度传感器无损坏				
		车窗外表面无异常损伤				
		车内侧指示灯外表无损伤				
		检查客室标识无损伤				
		检查侧顶板、顶板、侧墙板、立罩板、地板外表无损伤				
		司机室间壁门铅封良好				
		间壁门开关动作自如，门折页销轴无窜动，锁闭良好				
		摄像头外观良好无裂纹				
		制动塞门箱外观良好				

续上表

四、客室

序号	位置	项　目	检查人(2号)	互检人(1号)	检查人(3号)	互检人(2号)
8	记录	列车公里数	TC1		TC2	

序号	位置	故障及问题描述	处理过程及结果	发现人	处理人

关联故障报单编号：

注：PIS 表示乘客信息系统（Passenger Information System，PIS），以下简称 PIS。

☐ 本车可安排正线运行。

☐ 本车不可以上线运营，原因详见本表记录。

☐ 本车《检修作业票》中需跟踪事项已进行检查，并在本表进行了记录。

班组长：　　　　　　　　　　　　　检修调度：

注：日检检查合格在记录表中画"√"，不合格在记录表中画"×"，画"×"处的项点必须在故障记录中写明处理及结果，涉及下发《故障报单》的必须填写《故障报单》编号。

任务二　城市轨道交通车辆的均衡修、临修

任务目标

1. 掌握城市轨道交通车辆均衡修、临修的有关内容。
2. 熟练掌握城市轨道交通车辆进行均衡修时的工具使用。
3. 能够根据车辆运行状况判断、记录和排除故障处理工作。

工具设备

城市轨道交通车辆模型 1 组（含 A、B、C 车），城市轨道交通车辆 1 组（含 A、B、C 车）、进行城市轨道交通车辆均衡修所需的常用工具及专业设备若干套、多媒体设备课件、图片、示教板、计算机多媒体设备等。

教学环境

理实一体化教室或轨道交通综合实验室、实训基地。

建议学时

6 学时

> **基础知识**

目前,大部分地铁公司把城市轨道交通车辆的月检和定修(年修)合并改为均衡修,取消了月检修程。均衡修是为了减少扣车时间,保证投入正线运营的车辆数,将列车一年内所涉及的总体维修、保养项目总量分摊到12个月中完成。均衡修一般分为车顶、车钩、车体及底架、转向架、司机室和客室、带电功能检查六大部分。受电弓、空调无电作业必须在车辆已降弓,车辆所在的检修股道接触网隔离开关断开,挂好接地线,并分断蓄电池闸刀开关,挂禁止动车标示牌后进行。

注意:所有检查都要在断电后进行。

一、城市轨道交通车辆的均衡修

(一) 城市轨道交通车辆均衡修的基础作业内容(无电作业)

1. 转向架

(1) ATC、TWC天线安装梁:检查外观良好,无裂纹;检查紧固件,安装螺栓M_{16}(4个)画线清晰无错位。

(2) 排障器:检查外观良好;检查紧固件,安装螺栓M_{16}(2个)画线清晰无错位。

(3) 构架:检查外观良好,无裂纹。

(4) 车轮:检查外观良好,无裂纹;检查降噪阻尼环安装牢固;轮对与车轴连接良好,轮对防松线清晰无错位;检查轮对无剥离,无裂纹,无明显擦伤,沟槽深度小于2mm。

如轮对踏面擦伤且超过如下标准,则需要镟修:

一处以上的大于40mm,两处以上的在20~40mm以下,四处以上的在15~20mm以下。

轮缘高27~33mm;轮缘厚23~32mm;测量车轮外圆直径并记录,磨耗到限直径为770mm。

轮对数据测量方法详见《轮对数据测量工艺》,将测得的数据记录在《轮对数据记录单》中。

(5) 闸瓦:检查闸瓦外观完好无裂纹,用钢板尺测量闸瓦厚度并记录在《闸瓦厚度记录单》中,更换到限闸瓦。

(6) 踏面制动单元:检查外观良好,无漏气;检查紧固螺栓内侧M_{10}(4个),外侧M_{20}(3个)画线清晰无错位。

(7) 抗侧滚扭杆:检查外观良好,无裂纹;检查抗侧滚扭杆两侧连杆上下两端四个M_{16}螺栓,安装紧固,画线清晰无错位。检查扭杆端部画线清晰无错位。

(8) 牵引拉杆:检查外观良好;检查紧固件的紧固螺栓M_{20}(4个)无松动。

(9) 横向油压减振器:检查外观良好,无漏油;检查紧固螺栓M_{16}(4个)防松铁丝无脱落。

(10) 空气制动管路:检查外观及管接头;制动管路无损伤,管路接头画线清晰无错位,无明显漏气声音。

(11) 空气弹簧:检查空气弹簧外观无不正常伤痕和裂纹,无漏气声音;测量空气弹

簧高度应在 $[(255+t)\pm8]$ mm 范围内(t，厚度为 $0\sim36$ mm，为空气弹簧下面调整垫的厚度)，如不在此范围则需调整高度，将测量结果填写在《空气弹簧高度记录单》中；检查无明显空气漏泄声音，关节轴承无松动，润滑良好，无卡滞，如有卡滞则润滑。检查高度调整杆上下两端画线清晰无错位，用清洁剂清洁关节轴承，然后用毛刷涂抹铁道Ⅳ型脂润滑；检查差压阀外观良好，无漏气现象。

(12) 横向挡：检查外观正常，无损坏；检查紧固件安装螺栓 M_{16}(2个)无丢失。

(13) 中心销：检查外观正常，无损坏；检查紧固件安装螺栓 M_{36}(1个)无丢失。

(14) 一系橡胶弹簧：检查一系橡胶弹簧外观无老化、变形和损伤；检查每个弹簧 3 个 M_{16} 的安装螺栓紧固，上部 1 个，下部 2 个带防松铁丝，画线清晰无错位，如需紧固，紧固力矩为 150N·m。

(15) 齿轮箱吊杆：检查齿轮箱吊杆无损坏、无裂纹；上下各两个 M_{16} 螺栓紧固无松动，画线清晰无错位。

(16) 轴箱：检查轴箱温度，感温标贴无变色；检查轴箱无漏油，外观无裂纹；检查紧固螺栓 M_{16}(4个)画线清晰无错位，轴端传感器电缆紧固无损伤，吊环紧固螺栓 M_{16}(2个)画线清晰无错位，防松铁丝(2个)无断裂。

(17) 齿轮箱：目测感温标贴无变色，确认齿轮箱无异常发热，如变色及时分析原因并更换感温标贴。检查齿轮箱外观无锈蚀、损坏现象，无不正常泄漏。损坏部件更换，刮伤、剥落部位进行修补，使用抹布对齿轮箱外壳和注油孔进行清洁。

(18) 联轴节：检查外部无损坏(无冲击点，无腐蚀)，检查无润滑油泄漏。

(19) 牵引电机：目测感温标贴无变色，确认牵引电机无异常发热，如变色及时分析原因并更换感温标贴。电机及接线外观完好，无裂纹，牵引电机与构架安装牢固，安装座无异常损伤及裂纹，注油堵无丢失。电机螺栓紧固 M_{24}(4个)画线清晰无错位，电机接线画线清晰无错位。出风口无异物，如有则清理异物。

2. 车钩

(1) 主风管和制动风管：主风管和制动风管无损坏，前密封圈无损坏，零件无松脱。如有必要更换密封圈。

(2) 连接环：连接环外观良好，4 个 M_{16} 螺栓无损坏或遗失。推一下接口处，检验是否有松弛，如有松弛，则应更换连接环组件。

(3) 压溃管：压溃管触发销无丢失，如有任何松弛或移动应进行检修更换。

(4) 车钩总体：车钩表面无损坏、无生锈。半自动车钩 4 个 M_{24} 安装螺栓、半永久牵引杆 4 个 M_{30} 安装螺栓及其螺母上的防松标记无错位移动；如有错位移动，检查车钩零件是否有损坏，更换损坏件，使用 400N·m 扭矩重新拧紧，并且标上红色力矩封。把车钩用干净的不含亚麻的布擦干净；润滑车钩钩头凸锥及凹锥，润滑钩锁及中心枢轴，使钩头润滑，动作自如。

(5) 橡胶支承：橡胶支承外观良好，无裂纹。

(6) 接地线无损坏、断股，断股 10% 以上需要进行更换。接地线 4 个 M_{12} 螺栓紧固良好。

(7) 对中装置：对中装置的紧固螺母和螺栓无损坏，位置正常。

(8) 缓冲器：缓冲器外观良好。

(9) 风管连接器：风管连接器作用良好，风管连接头画线清晰无错位，无漏气声音。

3. 制动

(1) 空压机总体：空压机悬挂装置无损坏和裂缝，无漏油，无漏气。4个M_{16}螺栓紧固无松动。

(2) 空压机润滑油：无乳化，液面应在上、下油标之间，否则补加润滑油，加油量为500mL。

(3) 空压机真空指示器：检查真空指示器颜色，如果红色柱塞能完全可见，则拆下滤清器滤芯，用干毛刷清扫；如清洁无效，则更换滤清器滤芯。擦拭消音器排放口。

(4) 空气滤清器：用压缩空气(不大于6bar)进行吹扫，如积尘严重则更换滤芯。

(5) 干燥器：干燥器外观良好，无漏气声音，露点指示器为蓝色。空气干燥器的8个M_{12}紧固螺栓无松动。

(6) 储风缸：储风缸外观良好，无漏气声音。检查储风缸4个M_{16}螺栓安装紧固无松动。打开储风缸排水阀，排放储风缸中的水分(无冷凝物)。

(7) 所有气管和软管：气管和软管安装良好，管接头画线清晰无错位，软管不得磨损、鼓包，无泄漏。

(8) 电动气动制动控制单元2(Electro-Pneumatic Advance Control Unit 2，EPAC2)：EPAC2外观良好，无裂纹破损，无漏气，表面清洁。EPAC2电缆及管路安装紧固，无松动，管路无泄漏。

(9) 辅助控制箱：检查辅助控制箱外观正常，无漏气。

4. 车体

(1) 车体外侧：车体无倾斜，安装铆钉无脱落。司机室侧门和客室车门外部无损伤。车体外表面无损伤。车外侧制动不缓解指示灯(每侧6个红色)所有门未关闭指示灯(每侧6个橙色)外表无损伤。外紧急解锁(每侧6个)位置在"复位"位。司机室门电钥匙开关处于正常位。

(2) 接地汇流排：接地汇流排安装良好，紧固螺栓M_8(4个)画线清晰无错位。无断股，断股数不能超过10%，若超过则更换。绝缘瓷壶无裂纹、变色、破碎。

(3) 高低压接线箱：外观良好，无损坏。检查低压线箱安装螺栓M_{10}(8个)画线清晰无错位。车端跨接线缆紧固，插接良好，外套无损伤，画线清晰无错位。

(4) 分线箱：外观良好。紧固螺栓M_8(8个或10个)画线清晰无错位。

(5) MCM电抗器：外观良好，无损坏、变色现象。安装螺栓M_{16}(4个)画线清晰无错位。

(6) ACM电抗器：外观良好，无损坏、变色现象。安装螺栓M_{12}(4个)画线清晰无错位。

(7) 辅助熔断器：外观良好。安装螺栓M_{12}(内2个)画线清晰无错位。

(8) 箱式汇流排：外观良好。安装螺栓M_{12}(4个)、两侧紧固螺栓M_5(8个)画线清晰无错位。

(9) 应急通风逆变器：外观良好。安装螺栓M_{12}(8个)画线清晰无错位。

5. 牵引

(1) 车间电源外观：车间电源盖须锁闭紧固，无损坏。

（2）制动电阻：制动电阻外观良好、风扇叶片及外罩无损坏、无杂物。螺栓和螺母紧固无松动，外罩安装紧固。

（3）牵引箱体（AB箱、PH箱、PA箱、P箱）：箱体无损坏，焊接处无裂纹；箱体螺栓连接，确保螺母使用正确扭矩旋紧，无裂缝或金属疲劳；箱体所有外部电缆连接，确保所有套管和连接器状态良好，电缆无磨损迹象；检查所有盖板，确保所有安全螺栓都在其位置，并使用正确力矩旋紧。

（4）蓄电池单体：目测检查单体必须保持干净和干燥，螺钉、连接片、线鼻子也需要保持干净，各紧固螺栓 M_8（78个）画线清晰。用干燥的白抹布清洁单体。当电解液液位低于最低和最高标记的中间位置，应添加蒸馏水至最高液位线。

（5）蓄电池箱：内外部电器连接防松标记清晰，无松动；松动的重新拧紧，并重新打标记。小车锁闭良好不松动，止挡不松动。

6. 受电弓

（1）连接部位：螺栓紧固，防松线清晰无错位。管接头处画线清晰无错位，无漏气声音。电气连接处画线清晰无错位。

（2）软连线：要求断股不超过10%（两股），在运动过程中不受拉力。

（3）碳滑条：外观良好，无断裂。碳滑条检查标准：碳滑板及托架厚度大于22mm。同一直线上两根碳滑条厚度差不超过5mm。有长度大于100mm，纵向深度大于当前碳滑板40%的崩边需更换。测量完成后填写《受电弓数据记录单》。

（4）静态压力：受电弓在升弓高度80～2400mm的静态接触压力为120%±10%，若超出范围可通过调节受电弓控制板的精密减压阀。测量完成后填写《受电弓数据记录单》。

（5）钢丝绳：查看钢丝绳是否缺油，如缺油，涂抹锂基润滑脂。

（6）液压阻尼器：无漏油现象。

（7）绝缘子：清洁后绝缘子露出本色。

（8）轴承：转动灵活、安装良好。

7. 空调及采暖

（1）打开客室回风格栅及回风滤芯卡槽，更换新的回风滤芯。清洗新风滤网：拆下新风滤网，用水冲洗后晾干，再安装到空调机组上。

（2）清洁空气净化装置设备外壳和光等离子光管：空气净化装置设置于空调机组回风口处，在进行设备保养前，首先关掉电源。为了保证光等离子的有效释放，设备外壳出风口处需每三个月用软毛刷和软布进行清洁，以避免出风口被灰尘堵住而影响设备效能。清洁完设备外壳后，从固定夹中取出光等离子光管。处理光等离子光管时，请勿用手触摸光等离子光管的玻璃管。请用软布和适量的酒精抹拭光等离子光管，清洁后再将光等离子光管放回固定夹。

（3）清洁与综合检查空调机组：打开空调机组的盖板（需要扳手等工具）；检查新风滤网，如有必要，清洗或更换检查冷凝器；如果脏堵，用水或压缩空气清洗。检查空调机组各部件的螺钉和螺栓连接，如果松动请紧固。检查压缩机减振器，如果橡胶垫破损、金属板严重锈蚀或者橡胶与金属板脱胶，则更换减振器（需要用到扳手、螺丝刀等工具）；检查蒸发器是否脏堵,如有必要则清洗(需要用到软毛刷);检查电气部件上螺栓的紧固,如有松动请紧固(需要用到扳手、螺丝刀等);清洗蒸发器下面的排水孔;检查空调机组与车体的连接,如果螺栓松动则需要重新拧紧。检查空调机组减振器,如果橡胶垫破损、金属板严重锈蚀或者橡胶与金属板脱胶,则更换减振器(需要用到扳手、螺丝刀等工具)。

(4) 清洗蒸发器(冷凝器):打开空气处理单元(冷凝单元)的盖子(需要用到扳手或电动螺丝刀等工具)。用压缩空气清洗蒸发器(冷凝器)。直接使空气喷射到气流的反方向或从吸附大量灰尘的一面吸尘。如果特别脏,使用软毛刷蘸上柔性洗涤剂并轻轻洗刷。关闭空气处理单元(冷凝压缩单元)的盖子。

清洗冷凝器的方法:打开冷凝单元的维护盖(需要用到扳手或电动螺丝刀等工具)。用压缩空气清洗冷凝器。直接使空气喷射到气流的反方向或从吸附大量灰尘的一面吸尘。如果特别脏,使用软毛刷蘸上柔性洗涤剂并轻轻洗刷。关闭冷凝压缩单元的维护盖。

(5) 检查高压开关:检查高压开关的状态,确保当机组停机时高压开关合上。将压力表连接到位于排气维护阀上的压力表端口,以观察高压压力。将笔记本电脑连接到空调控制器上,用维护软件运行空调机组启动送风机;如果上面的程序都没问题,启动冷凝风机,否则等待。如果上面的程序都没问题,启动压缩机,否则等待。如果上面的程序都没问题,通过软件停运冷凝风机,以增加高压端压力。观察压力表,如果压力达到设定值时高压开关跳开,压缩机将自动停机,否则立即停运压缩机,并检查高压开关与控制柜之间的配线以及设定值。等待一会儿后高压将降低,当压力降低到(24 ± 1)bar 时,高压开关将自动合上。

(6) 检查低压开关:检查低压开关的状态,当机组停机时高压开关合上。将压力表连接到位于排气维护阀上的压力表端口,以观察低压压力。运行空调机组,启动送风机;将笔记本电脑连接到空调控制器上,用维护软件运行空调机组;启动送风机;如果上面的程序都没问题,启动送风机,否则等待。如果上面的程序都没问题,启动压缩机,否则等待。如果上面的程序都没问题,通过软件停运送风机,以降低蒸发压力。观察压力表,如果压力达到设定值低压开关跳开,控制器将取得信号,否则立即停运压缩机,并检查低压开关与控制柜之间的配线以及设定值。等待一会儿后低压将升高,当压力升高到(3.2 ± 0.5)bar 时,低压开关将自动合上。

(7) 检查冷凝风机电机:打开压缩冷凝单元的维护盖(需要用到扳手等工具)。打开冷凝风机电机上的接线盒盒盖(需要用到螺丝刀等工具)。检查接线盒中的所有配线是否接紧。将笔记本电脑连接到控制器上,通过软件运行冷凝风机;检查电机转向与标签上所标注的是否一致;检查螺栓是否紧固。

(8) 检查送风机电机:打开空气处理单元的盖子(需要用到扳手等工具)。打开送风机电机上的接线盒盒盖。检查接线盒中的所有配线是否接紧。如果不是,接紧(需要用到螺丝刀等工具)。将笔记本电脑连接到控制器上,通过软件运行送风机;检查电机转向与送风机外壳上所标注的是否一致。检查螺钉和螺栓连接,用(16 ± 1)N·m 的扭矩重新紧固。如果转向不正确,将送风机的两线或三线换接。检查螺钉和螺栓连接。

(9) 检查视液镜:看是否有污物,如有,用干布清洁视液镜。视液镜中的湿度指示仪将提供一个指示信号(绿色或黄色,绿色表示干,黄色表示湿)。如果机组正常运行后,制冷回路中有气泡,这意味着缺乏制冷剂,此时需进行泄漏检查。

(10) 检查司机室通风单元：拆开电气插销，打开司机室通风单元(需要用到扳手等工具)，检查是否所有的配线都已连接良好。如果没有，重新连接；检查送风机的螺钉和螺栓连接，用固定扭矩$(5±1)N·m$拧紧；检查变压器的螺钉，用固定扭矩$(2±1)N·m$拧紧；检查将司机室通风单元固定到车厢的螺钉；重新连接电气插销；打开司机室通风单元的开关，以检查是否有气流流出喷嘴。如果没有，检查风机配线；断路器是热保护元件，送风机不工作的时候可检查此元件。

(11) 更换空气净化装置光等离子光管：处理光等离子光管时，请勿用手触摸光等离子光管的玻璃管。设备保养前，先关掉电源。在固定夹中取出光等离子光管，插入新的光等离子光管。

(12) 检查电加热器：对线路和温度控制装置进行检查，检查紧固件是否存在松动现象。清理电加热器散热部件上的灰尘，检查风机是否运转正常。

(二) 城市轨道交通车辆均衡修的基础作业内容(有电作业)

1. 制动

制动能力：在 NRM 模式下，操作强迫缓解按钮，施加缓解常用制动，常用制动可以正常施加缓解。隔离单个转向架常用制动，手动缓解停放制动，停放制动应被缓解；操作停放制动施加缓解旋钮，施加缓解停放制动，停放制动状态正常。自检成功。

2. 司机室

(1) 司机台：外观良好。司机台按钮及旋钮外观良好，旋钮在正常位。司机台螺钉(64个)安装紧固无丢失。

(2) 司机室外观：各盖板锁闭良好，旋钮在正常位。

(3) 司机室安全设备：外观良好，设备在安全使用期限内。

(4) 试灯按钮：外观良好。按下试灯按钮，NRM 模式、停放制动未缓解、门关好旁路、制动不缓解、所有门关闭指示灯同时亮起。

(5) 速度表、气压表、电压表：各仪表外观良好，检查检定日期标签未到期。记录公里数。

(6) 司机室送风单元：操作司机室送风旋钮，三挡风速可调。

(7) 列车头尾灯：将头灯旋钮打至"远光"位，观察远光功能正常；将头灯旋钮打至"近光"位，观察近光功能正常；将方向手柄打至"向后"位，观察列车另一端远光功能正常。盲窗外观正常，无损坏，橡胶堵无丢失。

(8) 刮雨器：操作刮雨器，检查淋水功能正常，两挡速度可选。

(9) 电笛：操作电笛按钮，检查电笛功能正常。

(10) 司机室照明：司机室灯及按钮外观良好。按下司机室顶灯按钮，司机室照明正常，顶灯亮起。

(11) 司机遮阳帘：外观良好。遮阳帘动作正常，无卡滞。

(12) 司机室座椅：外观良好。高度调节摇杆 M_8(5个)和前后调整杆 M_8(1个)的紧固螺栓无松动。

(13) 司机室扶手：司机室扶手外观无损坏，用手推拉扶手，扶手无松动，否则修理或更换。

（14）司机室风挡玻璃：风挡玻璃外观无损坏。

3. 司机室门

（1）门页门窗：外观良好，车窗无刮擦或损坏，没有故意破坏的痕迹，没有损坏的被贴过标记以及遗失的零件，没有遗失或松脱的紧固件。车门和玻璃窗干净整洁，玻璃窗内无积水。活动窗上下滑动灵活，活动窗的锁功能正常。密封车门无油漆剥落，有积水则更换，脱胶则修复。

（2）司机室门功能：外观良好。每侧开关门两次，检查 HMI 屏车门界面，开门显示蓝色，关门显示灰色。

4. 紧急疏散门

（1）紧急疏散门总体：玻璃无破裂；门页无异常损坏；无任何零件脱落；室内可视部分无漏水痕迹；密封橡胶无老化、破损、脱落；回收装置应放在车门上，不应乱丢乱放；轻推疏散门玻璃，玻璃及门页无晃动现象；紧急疏散门的任何部位无杂物。

（2）门锁、坡道锁、铅封：门锁闭手柄移动顺畅，无卡滞现象，行程到位，能将门扇锁紧，锁定可靠；坡道锁闭手柄移动顺畅，无卡滞现象，行程到位，能将坡道锁紧，锁定可靠。

（3）紧急疏散门紧固件：可见部分紧固螺栓齐全并完好；紧固件紧固可靠，无松动和脱落，防松标记清楚、正确、无错位。

5. 间壁门

（1）间壁门门板：玻璃无破裂；门页无异常损坏；无任何零件脱落；室内可视部分无漏水痕迹；密封橡胶无老化、破损、脱落；轻推间壁门玻璃，玻璃及门页无晃动现象。

（2）间壁门门锁：间壁门锁手柄移动顺畅，无卡滞现象；行程到位，能将间壁门锁紧，锁定可靠。

（3）间壁门紧固件：各处紧固螺栓齐全并完好；紧固件紧固可靠，无松动和脱落；防松标记清楚、正确、无错位。

（4）间壁门铅封：间壁门铅封良好。

6. 内装客室

(1) 中顶板：中顶板包括送风格栅和回风格栅安装牢固、无损坏，干净整洁。

(2) 侧顶板：侧顶板无损坏，安装牢固，转动灵活。

(3) 侧墙板：侧墙板安装牢固、无损坏，干净整洁。

(4) 间壁：外观良好、锁闭位置正确。

(5) 广告框：广告框安装牢固、无损坏，干净整洁。

(6) 立罩板：检查立罩板安装牢固、无损坏，干净整洁。检查门立罩板扶手安装、门立罩板盖板安装、毛刷安装、立罩板设备安装盒安装是否牢固，状态是否良好。检查安全锤是否完好。检查立罩板设备盒上聚氨酯板有无破损。

(7) 客室间壁：客室间壁无损坏，安装牢固，转动灵活。

（8）客室立柱及扶手：客室立柱及扶手外观无损坏，用手推拉立柱和扶手无松动，否则修理或更换。

（9）轮椅固定器：轮椅固定器安装紧固，作用良好。

（10）客室座椅：客室座椅无损坏及变形。

（11）客室所有警示标识：查看车号、门号、操作说明、文明标识、引导标识、提示标识等有无破损，如破损严重则更换。

（12）客室灭火器：灭火器安装规范、外观完好，压力指针在绿色区域，无小件丢失，在正常使用期内。

（13）地板布：地板布粘贴良好，无破损。

（14）客室照明：灯罩外观良好、无裂纹，照明灯光正常亮起。

（15）制动隔离塞门箱：外观良好、无裂纹，锁闭良好。

（16）客室窗玻璃：外观良好，胶条无老化脱落。

7. 贯通道

（1）折棚：折棚型材无破损，棚布无脱出、破损、撕裂和脱线；修理破损的棚布和铝型材。

（2）踏板：踏板上表面平整，未出现凸凹不平，磨耗条无脱出。用脚踩踏踏板铰链处，踏板铰链转动灵活，无卡滞。

（3）顶板：顶板外观良好，无损坏，磨耗条无脱出。用手推动顶板，无松动，无异常声音。如果发出吱吱的噪声时，喷涂合适的润滑油并拧紧螺钉。

（4）侧护板：检查侧护板橡胶挡板无损坏，无磨损。侧护板外观无损坏，四角锁位置在锁闭位。

8. 客室门

（1）门板、门板玻璃：外观良好，车窗无刮擦或损坏，没有遗失或松脱的紧固件；车门和玻璃窗干净整洁、玻璃窗内无积水；有积水则更换，脱胶则修复。

（2）内部紧急解锁装置：紧急解锁开关功能正常。接线端子接线牢固且与开关插片插接牢固；从车内拉动手柄可以正常紧急解锁，钢丝绳外观无磨损，目测检查钢丝绳头无松动。

（3）外部紧急解锁装置：从车外用四角钥匙可以正常紧急解锁，钢丝绳外观无磨损，目测检查钢丝绳接头(包括紧固螺母)无松动。

（4）门隔离锁：无松动，动作灵活到位。接线端子接线牢固且与开关插片插接牢固。

（5）防磨导轨：检查防磨导轨外观无损伤。

（6）门止挡、闭门器：检查车门上的车门止挡（一扇门1个）无松动，无丢失。闭门器外观良好，无损伤，无丢失。用干净的白抹布擦拭闭门器，清洁等级达到Ⅳ级。

（7）锁钩：活动自如，无卡滞、不灵活、脱套。如有卡滞、不灵活或脱套，需更换锁钩。

（8）门机构：电磁铁固定螺栓 M_5（2个），复位气缸固定螺栓 M_6（2个），端子排固定螺栓 M_5（2个），锁钩固定螺栓 M_{12}（1个），电机固定螺栓上 M_5（3个）下 M_4（4个），电机支座固定螺栓 M_3（3个），从动轮固定螺栓 M_5（8个），涨紧轮固定螺栓 M_5（8个）齿带夹固定螺栓左侧4个 M_6，4个 M_5，右侧4个 M_5，蜂鸣器固定螺栓 M_5（2个），画线清晰无错位,如有松动,需紧固,并重新画线。

(9) 行程开关:各行程开关外观良好,无损坏,无丢失。接线良好,无松动。各行程开关固定螺栓 M_4(2个)。

(10) 门控器:对门控器外壳表面进行除尘,去除脏污,对门控器标签进行检验,对破损的、字迹不清晰的标签进行更换。紧固件应紧固,检查范围包含:门控器多功能车辆总线(Multifunction Vehicle Bus,MVB) 6 根线插、普通门控器 4 根线插、固定螺钉(4个)。

(11) 上下滑道:车门上下导轮与上下滑道无擦痕。手动推拉车门,车门能够正常开关。

(12) 编码器:编码器外观良好,接线牢固,无松动。

(13) 车门功能:使用测试块 25mm(厚)×60mm(宽)测试防挤压,再开闭功能正常,每月抽查一节车。操作司机室开关按钮,开关左右客室门,确认开关车门无卡滞,开关自如,开关门时间为 $(3±0.5)$s。

(14) 内部紧急解锁装置、钢丝绳装置、解锁开关:紧急解锁开关功能正常;触点接触良好,每月抽查一节车。

(15) 外部紧急解锁装置、钢丝绳装置:从车外用四角钥匙可以正常紧急解锁,功能正常。每月抽查一节车。

(16) 隔离锁开关及隔离锁装置:隔离锁开关功能正常,触点接触良好,HMI 显示正常。每月抽查一节车。

9. PIS 系统

(1) 主机:媒体服务器外观无损坏。

(2) LCD 触摸屏:触摸屏外观正常。监控屏视频读取及回放功能良好,画面显示正常。

(3) 司机室交换机:交换机外观正常无损坏。

(4) 媒体网关:媒体网关外观正常无损坏。

(5) 司机室摄像机及客室摄像机:摄像机外观正常,用手轻推无松动。

(6) LCD 显示器:LCD 显示器外观正常,用手轻推无松动。LCD 画面正常。

(7) 司机室、客室广播控制单元:司机室、客室广播控制单元外观正常无损坏。检查安装螺栓画线是否在正常位,指示灯正常。注意拨码开关状态。

(8) 广播控制盒:广播控制盒外观正常无损坏。

(9) 终点站显示器:终点站显示器外观正常无损坏。使用 HMI 屏设置终点站,正常显示终点站名。

(10) 动态地图:外观及接线正常。无锈蚀显示灯正常显示,流水完好。

(11) 乘客紧急报警按钮:外观良好。按下客室紧急报警按钮,可以与司机室对讲。

(12) PIS 操作检查:司机室监听正常,客室扬声器声音清晰,报站准确。两端司机室能进行对话,声音清晰。

10. 受电弓

升、降弓时间测试:升弓-受电弓离开最低位置到接触接触网的时间≤8s;降弓-受电弓离开接触网到落到落弓位置的时间≤7s。将测量结果填写在《受电弓数据记录单》中。

11. 空调及采暖

空调功能检查：未升弓状态下应急通风自动启动，检查 HMI 屏空调 2 界面，通风机显蓝色，客室内有通风。操作 HMI 屏空调 1 界面，打开通风功能，检查空调 1 界面，通风机显蓝色，客室内有通风。

12. TCMS

HMI 屏：TCMS 监测界面转换正常。牵引/辅助/蓄电池界面 MCM、ACM、BCM 状态正常。乘客信息系统、公共广播界面及运行界面能正常切换。在主菜单中维护界面查看历史事件，如有异常，则进行记录并处理。

(三) 城市轨道交通车辆均衡修全年中每月的作业内容

1. 1 月均衡修内容（无电作业）

(1) 车钩

①解钩拉手：拉动手动解钩把手，从车钩的正面可以看到连挂机构的运动。连挂机构应能自由移动，没有任何松弛或阻滞。检查指示器是否指到正确连挂位置（红色箭头对准红色刻度线）。

②钩板口和连杆：使用注油枪直到新注入的油从缝隙中挤出为止，润滑车钩连挂面（含凸锥）、凹锥内各零件、连挂杆和钩舌口。

③橡胶支撑：对橡胶垂直支撑固定的 2 个 M_4 螺栓裸露螺纹面进行润滑。

(2) 牵引

①箱体防尘滤网：使用 10mm 棘轮扳手松动两个固定螺栓。换下旧的滤网，并用白抹布将滤网安装架擦拭干净。移开止挡，换上新的滤网，并合上过滤器箱。将过滤器箱按反顺序逐步安装、恢复。更换完成后，确认防尘滤网安装牢靠。

②AB 箱：用清洁工具将箱体外表面进行彻底清洁，清洁等级达到Ⅳ级。检查内部电器元件无水或其他污染，确保箱体内部无任何泄漏迹象。盖板密封良好，无任何老化问题。检查排水过滤器：检查变流器箱底板上的两个排水滤网外观正常。检查充电、分离接触器模块：检查模块内部接线、铜排、触点无损伤。接线状态良好，接线处无松脱、断股情况，模块表面无损坏。清洁中间部分及外部风扇，清洁等级达到Ⅳ级。清洁箱内散热器：用毛刷对散热器表面进行清洁。用压缩空气对散热器缝隙内的灰尘进行吹扫，清洁等级达到Ⅳ级。

2. 1 月均衡修内容（有电作业）

空调及采暖：检查司机室、客室电热外观，外观无损坏，盖板未打开。操作司机室电热、客室电热按钮，用手感觉电热处有热量。

3. 2 月均衡修内容（无电作业）

(1) 受电弓

①钢丝绳：钢丝绳无断股，涂抹锂基润滑脂。钢丝绳损坏更换。

②气囊：接触网无电时进行作业，挂好接地线，110V 升弓后，截断受电弓底架进气

塞门,保证 10min 内受电弓不会降下。测量完成后填写《受电弓数据记录单》。

(2) 空调及采暖

①新风、送风、回风温度传感器:拆下各传感器,用蘸酒精的无纺布擦拭传感器探头,并保证传感器表面清洁、干净、无灰尘,清洁度达到Ⅳ级。

②空气净化装置:拿专用方孔钥匙打开净化装置外壳,用湿的白抹布擦拭外壳。清洁完设备外壳后,从固定夹中取出等离子灯管。处理等离子灯管时,请勿用手触摸等离子灯管的玻璃管。用白抹布和适量的酒精擦拭等离子灯管,清洁后再将等离子灯管放回固定夹。清洁度达到Ⅳ级。

4. 2 月均衡修内容(有电作业)

空调及采暖装置:在冬季检查司机室、客室电热外观,外观无损坏,盖板未打开。操作司机室电热、客室电热按钮,用手感觉电热处有热量。

5. 3 月均衡修内容(无电作业)

3月无电作业均衡修主要对客室门进行检查。

(1) 齿带:关门位置,右侧齿带轮往左 650mm 范围内(贴着机构吊板一侧齿带),开门位置,左侧齿带轮往右 650mm 范围内(贴着机构吊板一侧齿带),把皮带保护剂喷入凹槽,使用前均匀摇晃皮带保护剂。以皮带清洁润滑剂不滴落为佳。喷完皮带清洁润滑剂开关门3次。

(2) 电磁铁铁芯:用软毛刷对电磁铁铁芯(衔铁)表面进行清洁,并喷涂 WD40 清洗剂(WD40 是一种万能防锈润滑剂,具有防锈、除湿、解锈、润滑、清洁和导电等功能),连接插头无损坏。

(3) 复位气缸:检查复位气缸压缩余量。方法是:右手向右拉动电磁铁至最右位置并保持住,左手向上抬锁钩左端,锁钩有活动余量为合格,无活动余量的须松开气缸锁紧螺母,调节气缸压缩余量。喷涂 WD40 清洗剂并清洁,气缸伸缩灵活,无卡滞或不畅现象,清洁度达到Ⅳ级。

(4) 前部密封胶条:开门位置,自上而下检查前密封胶条,确保前密封胶条无裂纹,并自上而下对密封胶条喷涂橡胶保护剂。喷涂前,先用干净的白抹布擦拭密封条上的灰尘和油渍,然后再进行喷涂作业。

(5) 防跳轮:防跳轮上面与上导轨之间的间隙为 0.2~0.5mm。如超出范围,则调整防跳轮。

6. 3 月均衡修内容(有电作业)

(1) 客室门行程开关:触点良好,功能正常。

(2) 司机室门开关门时间为:3±0.5s。使用测试块 30mm(厚)×60mm(宽)测试防挤压功能正常。各开关功能正常,各触点接触良好。

7. 4 月均衡修内容(无电作业)

(1) 制动

①空气滤清器:用 13mm 开口扳手松开空气滤清器下方底罩螺母,拆下底罩。用 13mm 开口扳手拆下空气滤清器芯固定螺母。取下空气滤清器,更换上新品,并用 13mm

开口扳手把滤芯螺栓固定紧。安装底罩,并用13mm开口扳手紧固底罩螺母。

②油过滤器:更换油过滤器之前需要将油过滤器外部清洁干净并排净空压机中的油。将皮带扳手预装至油滤壳体上,向逆时针方向用力,将油滤拆下。用27mm梅花扳手将油滤对丝拆下,检查对丝表面螺纹处有无损伤,检查密封圈有无损伤,若无损伤,则清洁后备用,有损伤则及时更换。用力矩扳手27mm套筒将油滤对丝及密封圈安装到位,力矩(90 ± 10)N·m。油滤的密封圈位置涂少量润滑油,用皮带扳手安装紧固油过滤器。

(2)牵引

①箱体防尘滤网:使用10mm棘轮扳手松动两个M_8固定螺栓。换下旧的滤网,并用白抹布将滤网安装架擦拭干净。移开止挡,换上新的滤网,并合上过滤器箱。将过滤器箱按顺序逐步安装、恢复。更换完成后,确认防尘滤网安装牢靠。

②P箱、PA箱。

清洁箱体,检查外观:用清洁工具对箱体外表面进行彻底清洁。清洁等级达到Ⅳ级。检查内部电气元件无水或其他污染,确保箱体内部无任何泄漏迹象。盖板密封良好、无任何老化问题。

检查排水过滤器:检查变流器箱底板上的两个排水滤网外观正常。

检查充电、分离接触器模块:检查模块内部接线、铜排、触点无损伤。接线状态良好,接线处无松脱、断股情况,模块表面无损坏。

清洁中间部分及外部风扇。

清洁箱内散热器:用毛刷对散热器表面进行清洁,用压缩空气对散热器缝隙内的灰尘进行吹扫。

8. 5月均衡修内容(无电作业)

5月无电作业均衡修主要对车辆的空调及采暖进行检修作业,具体内容如下。

①新风、送风、回风温度传感器:拆下各传感器,用蘸酒精的无纺布擦拭传感器探头,并保证传感器表面清洁、干净,无灰尘。

②蒸发器:打开蒸发器盖板。使用软毛刷蘸上柔性洗涤剂并轻轻洗刷,同时用吸尘器吸灰处理。清洁后无灰尘,翅片表面平整,铝箔无破损。关闭蒸发器盖板。

③冷凝器:打开冷凝单元的维护盖。使用软毛刷蘸上柔性洗涤剂并轻轻洗刷,同时用吸尘器吸灰处理。清洁后保持干净,无灰尘;翅片表面平整,铝箔无破损。关闭冷凝压缩单元的维护盖。

④视液镜:视觉检查视液镜,看是否有污物,如有用干布清洁。检查视液镜显示颜色为绿色,如显示黄色则需更换并上报技术组。

⑤空气净化装置:拿专用方孔工具打开净化装置外壳,用湿白抹布擦拭外壳。清洁完设备外壳后,从固定夹中取出等离子灯管。处理等离子灯管时,请勿用手触摸等离子灯管的玻璃管。用白抹布和适量的酒精抹拭等离子灯管,清洁后再将等离子灯管放回固定夹。

9. 6月均衡修内容(无电作业)

(1)转向架

①牵引电机:打开牵引电机注油嘴帽,将注油枪嘴扣进牵引电机注油嘴,向注油孔分

别打入45g牵引电机油。将注油嘴帽擦拭干净并合上(左右两个注油孔都需要注入)。

②齿轮箱：将放油磁性螺堵(1个，G3/4)旋出来后，取下密封圈进行检查。螺堵面糊状油泥，属正常；若发现金属异物，需进行分析，确定下一步方案。螺堵螺纹损坏更换，同时更换密封垫片。

③构架与轴箱体上面间的垂向距离：用钢板尺测量轴箱体上面和构架侧面止挡的垂向距离，标准距离为(115±5)mm。

④抗侧滚扭杆：抗侧滚扭杆下球头补油。

(2) 客室门

①电磁铁铁芯：用软毛刷对电磁铁动作铁芯(衔铁)表面进行清洁，并喷涂WD40清洗剂，连接插头无损坏。清洁等级达到Ⅳ级。

②复位气缸：检查复位气缸压缩余量。方法是：右手向右拉动电磁铁至最右位置并保持住，左手向上抬锁钩左端，锁钩有活动余量为合格，无活动余量的须松开气缸锁紧螺母，调节气缸压缩余量。喷涂WD40清洗剂并清洁，气缸伸缩灵活，无卡滞或不畅现象。

(3) 间壁门

①开门功能及折页：开关门动作顺畅，开关到位，锁闭良好。间壁门折页无破损和脱落，折页销轴无窜动。

②玻璃窗周边密封胶条：密封胶条完好无损坏，密封性能可靠。

③间壁门紧急锁：紧急解锁装置功能正常，动作灵活，保护盖完好；拉断紧急解锁铅封，间壁门能自动打开。

10. 6月均衡修内容(有电作业)

(1) 司机室门：开关门时间为(3±0.5)s。使用测试块30mm(厚)×60mm(宽)测试防挤压，防挤压功能正常。

(2) 紧急疏散门：行程开关完好无损坏；搬动门解锁把手，HMI上能正常显示司机室疏散门的状态。

(3) 间壁门：触发间壁门紧急解锁，HMI屏显示该门被解锁。

(4) 空调及采暖：操作HMI屏，打开空调全冷功能，检查HMI空调2界面，压缩机、冷凝机、通风机显示蓝色，检查客室有冷风。

11. 7月均衡修内容(无电作业)

7月无电作业均衡修主要对车辆牵引系统完成检查作业，具体内容如下。

①更换箱体防尘滤网：使用10mm棘轮扳手松动两个固定螺栓。换下旧的滤网，并用白抹布将滤网安装架擦拭干净。移开止挡，换上新的滤网，并合上过滤器箱。将过滤器箱按顺序逐步安装恢复。更换完成后，确认防尘滤网安装牢靠。

②清洁PH箱体，检查外观：用清洁工具将箱体外表面进行彻底清洁。清洁等级达到Ⅳ级。检查内部电气元件无水或其他污染，确保箱体内部无任何泄漏迹象。盖板密封良好、无任何老化问题。

③检查PH箱排水过滤器：检查变流器箱底板上的两个排水滤网外观正常。

④检查 PH 箱充电、分离接触器模块：检查模块内部接线、铜排、触点无损伤。接线状态良好，接线处无松脱、断股情况，模块表面无损坏。

⑤清洁 PH 箱中间部分及外部风扇。

⑥清洁 PH 箱内散热器：用毛刷对散热器表面进行清洁，用压缩空气对散热器缝隙内的灰尘进行吹扫。

⑦检查 PH 箱高速断路器。

⑧清洁车间电源插座，检查外观及连接线缆：用斜口钳剪开扎带，打开车间电源锁，打开车间电源盖板。清洁盖板内部与外部，用毛刷清洁接触针及接触块，用白抹布清洁车间电源插座表面。检查外观是否损坏、掉漆；检查连接螺钉(4 个 M80)是否紧固；用干布除去持久的污垢时，检查可见的损坏，如果损坏，须更换。如果在检查过程中，车间电源进行更换，对连接紧固件需进行更换。检查连接电缆未损坏，无裂缝或变色的零件。

⑨检查车间电源的灭弧罩外观并清洁：用工具拆下灭弧罩部分。灭弧罩表面无烧灼、无积垢、无裂纹、无损坏，内部管道畅通，灭弧罩清洁。

⑩对车间电源主触点动作距离进行检查：用数显游标卡尺测量主触点动作距离，主触点动作距离 $C = (0.9 \pm 0.1)$ mm；最小 55V 电源下确认触点能够闭合。

12. 7 月均衡修内容(有电作业)

(1) 空调及采暖：操作 HMI 屏打开空调全冷功能，检查 HMI 空调 2 界面，压缩机、冷凝机、通风机显蓝色，检查客室有冷风。

(2) 牵引：用直流电源柜连接车间电源，检查车间电源能正常供电。

13. 8 月均衡修内容(无电作业)

(1) 贯通道

①踏板：踏板上表面平整，未出现凸凹不平。检查铰链转动灵活，不灵活时涂油脂或喷润滑油，严重的进行修理。检查踏板磨耗条，磨耗条无破损，磨耗条铆钉头无磨损。当上踏板磨耗条铆钉头与下踏板发生摩擦时或当磨耗条大面积破损时进行更换。

②侧护板：侧护板外观良好，橡胶挡板未损坏；如有损坏，更换橡胶挡板。检查侧护板转轴机构安装牢固、贴合，必要时涂润滑脂。检查侧护板转轴机构体内的弹簧张紧情况，必要时由供应商进行弹簧调整。检查盖板的关合及锁闭正常和折页转动灵活。

③折棚：拆下侧护板，翻起踏板和渡板，清除折棚下部区域的污垢和垃圾，必要时使用工业吸尘器清洁。

(2) 受电弓

气囊：接触网无电时进行作业，挂好接地线，110V 升弓后，截断受电弓底架进气塞门，保证受电弓不会降下。

(3) 空调及采暖

①新风、送风、回风温度传感器：拆下各传感器，用蘸酒精的无纺布擦拭传感器探头，并保证传感器表面清洁、干净、无灰尘。

②空气净化器：拿专用方孔工具打开净化装置外壳，用湿的白抹布擦拭外壳。清洁完

设备外壳后,从固定夹中取出等离子灯管。处理等离子灯管时,请勿用手触摸等离子灯管的玻璃管。用白抹布和适量的酒精擦拭等离子灯管,清洁后再将等离子灯管放回固定夹。

14. 8月均衡修内容(有电作业)

空调及采暖:检查空调的功能,操作HMI屏打开空调全冷功能,检查HMI空调2界面,压缩机、冷凝机、通风机显蓝色,检查客室有冷风。

15. 9月均衡修内容(无电作业)

(1) 客室门

①电磁铁铁芯:用软毛刷对电磁铁动作铁芯(衔铁)表面进行清洁,并喷涂WD40清洗剂,连接插头无损坏。

②复位气缸:检查复位气缸压缩余量。方法是:右手向右拉动电磁铁至最右位置并保持住,左手向上抬锁钩左端,锁钩有活动余量为合格,无余量的须松开气缸锁紧螺母,调节气缸压缩余量。喷涂WD40清洗剂并清洁,气缸伸缩灵活,无卡滞或不畅现象,清洁等级达到Ⅳ级。

③前部密封胶条:开门位置,自上而下检查前密封胶条,确保前密封胶条无裂纹,并自上而下地对密封胶条喷涂橡胶保护剂。喷涂前,先用干净的白抹布擦拭密封条上的灰尘和油渍,然后进行喷涂作业。

(2) 司机室门

①行程开关:各行程开关外观良好,接线牢固。

②前密封和周边密封:由上至下检查前密封和周边密封,如有破裂、切口、老化现象,需更换。

③门页:门页关闭后,四周密封良好,则门页功能正常。

④稳定器与端挡:稳定器和端挡完好。当门打开时,车门应紧靠端挡。

⑤内外解锁钢丝绳:当车门关闭并锁止时,解锁钢丝绳应保持不松弛,略微张紧的状态,马达上的端挡应与止挡接触。解锁正常,钢丝绳外观无磨损断股现象,用开口扳手检查钢丝绳接头无松动。

⑥同步带及张紧装置:齿带表面无磨损或断裂,如有则更换。机械式张力计的刻度值20~25为合格。

⑦锁紧挡块:锁紧挡块无损坏,如损坏则更换。

⑧塞拉端挡:塞拉端挡功能完好。开门时,当塞拉运动结束时,塞拉端挡被挤压1~1.5mm。

⑨滑道挡块:滑道挡块无损坏,如损坏则更换。

⑩开门端挡:开门端挡无损坏,如损坏则更换。

⑪弹性球推进装置:用干净的抹布擦去原来的油污,把SKF LGLT2润滑油涂在弹性球,推进装置的钢球上和滑轨的驱动凸轮上。

⑫支架装置及座:打开门并用毛刷把润滑油涂在座和组装前伸出的支撑杆上。关闭车门,用毛刷把SKF LGLT2润滑油涂在座组装后伸出的支撑杆上。用毛刷把SKF LGLT2润滑油涂在扭簧上。

⑬滑轨：手动打开门。用一块干净的抹布和安全的各向同性的溶剂擦拭滑轨。用毛刷把 SKF LGLT2 润滑油涂抹在滑轨的滚珠导轨上。手动打开并关闭车门 5 次，使润滑油分布均匀。用一块干净的干布擦去多余的润滑油。

（3）蓄电池

①蓄电池单体：绝缘电阻 >1 兆欧。单体电压与平均电压之差在 ±50mV 之间，蓄电池单体标准电压大于 1.29V，总蓄电池电压不小于 100.62V。

②蓄电池箱：通风孔通畅、清洁干净。排水通畅、不阻塞。密封条完整不松动，密封性能良好。

16. 9 月均衡修内容（有电作业）

司机室的门：开关门时间为 (3±0.5)s。使用测试块 30mm（厚）×60mm（宽）测试防挤压功能正常。各开关功能正常，各触点接触良好。

17. 10 月均衡修内容（无电作业）

（1）制动

①空气滤清器：用 13mm 开口扳手松开空气滤清器下方底罩螺母，拆下底罩。用 13mm 开口扳手拆下空气滤清器芯固定螺母，取下空气滤清器的滤芯并更换上新品，并用 13mm 开口扳手把滤芯螺栓固定紧。安装底罩，并用 13mm 开口扳手紧固底罩螺母。

②油过滤器：更换油过滤器之前需要将油过滤器外部清洁干净并排净空压机中的油。将皮带扳手预装至油滤壳体上，向逆时针方向用力，将油滤拆下。用 27mm 梅花扳手将油滤对丝拆下，检查对丝表面螺纹处有无损伤，检查密封圈有无损伤；若无损伤，则清洁后备用，有损伤则及时更换。用力矩扳手 27mm 套筒将油滤对丝及密封圈安装到位，力矩 (90±10)N·m。油滤的密封圈位置涂少量润滑油，用皮带扳手安装、紧固油过滤器。

③精密过滤器滤芯：打开过滤器的小锁。拧开过滤器下壳体，取出滤芯，更换滤芯和 O 形垫圈，O 形垫圈涂润滑脂。

④更换空气过滤器滤芯。

⑤空压机润滑油：更换空压机润滑油。

⑥油细分离器滤芯：更换油细分离器滤芯，更换后安装牢固，管路无漏气。

⑦凝聚过滤器滤芯：拧下凝聚过滤器上的 4 个螺栓，取下过滤器上盖。更换新的滤芯和 O 形垫圈，O 形垫圈上涂抹润滑脂。用力矩扳手拧紧 4 个螺栓，力矩为 25N·m。

⑧颗粒过滤器滤芯：拧下颗粒过滤器上的 4 个螺栓，取下过滤器上盖。更换新的滤芯和 O 形垫圈，O 形垫圈上涂抹润滑脂。用力矩扳手拧紧 4 个螺栓，力矩为 25N·m。更换后安装牢固，管路无漏气。

⑨中间继电器：用四角钥匙打开电器控制箱。用螺丝刀拆卸线插固定螺钉，拆卸完毕后，用食指和中指按住继电器上端，垂直向下用力，拇指向上抬起，拆下接触式继电器。更换后安装牢固，功能正常。

⑩冷却器：清洁空压机冷却器。

⑪总风压力开关：在拆卸压力开关之前先将压力开关所在列车的制动隔离塞门切断。

用十字螺丝刀将压力开关接线插上的螺钉卸下。卸下接线插后,用内六角棘轮扳手将压力开关上的两个内六角螺钉拆下。更换压力开关,并将内六角螺栓紧固,用十字螺丝刀将接线插紧固,并恢复制动隔离塞门。

⑫压力表:检查压力表校准在有效日期内。用38件套拆下压力表面板,拔下指示灯插口,更换指示灯,更换后安装牢固,功能正常。

⑬截断塞门:外部清洁,检查是否有损坏或磨损的迹象。

⑭防寒保护:检查空压机防寒保护安装牢固,无破损。空压机加热棒电阻进行测量,阻值正常在 70~85Ω 范围内。

(2)牵引

更换箱体防尘滤网:使用 10mm 棘轮扳手松动两个固定螺栓。换下旧的滤网,并用白抹布将滤网安装架擦拭干净。移开止挡,换上新的滤网,并合上过滤器箱,将过滤器箱按顺序逐步安装恢复。更换完成后,确认防尘滤网安装牢靠。

18. 10 月均衡修内容(有电作业)

(1)制动

①空压机安全阀:操作强迫供风按钮,确认空压机安全阀在 10bar 动作。

②截断塞门:手动操作常用制动、停放制动、全制动截断塞门,手柄活动畅通不卡涩,没有泄漏。操作塞门时,确认 HMI 屏显示相应位置被隔离。检查必须在有压力的情况下进行。最后确保截断塞门所有内部件都恢复到原有状态。

③总风压力开关:打开总风隔离塞门或储风缸排水阀,使电客车气压下降,电客车压力降到 0.7bar 以下时启动空压机,下降到 0.6bar 时,牵引安全环路断开。

(2)空调及采暖

司机室、客室电热:检查司机室、客室电热外观,打开电热盖板检查内部,外观良好无损坏,闭合盖板锁闭牢固。操作司机室电热、客室电热按钮,用手感觉电热处有热量。

19. 11 月均衡修内容(无电作业)

(1)车体

①电器连接器:拆下电器连接器,检查电器连接器插座无烧灼痕迹、无损坏,插孔不松动,重新连接电器连接器并画线。

②高、低压接线箱:打开接线箱下部盖板,检查接线箱内部线缆连接紧固,无松动。

(2)制动电阻箱

制动电阻箱:对制动电阻箱风机格栅进行拆卸,拆卸 6 个 M_6 螺栓(此螺栓可正常拆卸,拆卸后无须更换),清洁安装后做好防松标记。格栅拆卸后,对风机叶轮表面叶轮轮毂进行清洁,清洁后要求以手擦拭,手上无污染。建议不要用压缩空气,以防止灰尘进入电阻排,保证电阻片内清洁。检查导管、格兰和密封有无损坏,如损坏,进行更换。叶轮的轮毂和叶片、电机外表面无明显积灰。用高精度兆欧表测量电阻。

(3)空调及采暖

①新风、送风、回风温度传感器:拆下各传感器,用蘸酒精的无纺布擦拭传感器探

头,并保证传感器表面清洁、干净、无灰尘。

②清洁空气净化装置:拿专用方孔工具打开净化装置外壳,用湿的白抹布擦拭外壳。清洁完设备外壳后,从固定夹中取出等离子灯管。处理等离子灯管时,请勿用手触摸等离子灯管的玻璃管。用白抹布和适量的酒精抹拭等离子灯管,清洁后再将等离子灯管放回固定夹。

20. 11月均衡修内容(有电作业)

检查司机室、客室电热外观,外观无损坏,盖板未打开。操作司机室电热、客室电热按钮,用手感觉电热处有热量。

21. 12月均衡修内容(无电作业)

(1) 转向架

抗侧滚扭杆:抗侧滚扭杆下球头补油。

(2) 客室门

①电磁铁铁芯:用软毛刷对电磁铁动作铁芯(衔铁)表面进行清洁,并喷涂WD40清洗剂,连接插头无损坏。

②复位气缸:检查复位气缸压缩余量。方法是:右手向右拉动电磁铁至最右位置并保持住,左手向上抬锁钩左端,锁钩有活动余量为合格,无余量的须松开气缸锁紧螺母,调节气缸压缩余量。喷涂WD40清洗剂并清洁,气缸伸缩灵活,无卡滞或不畅现象,清洁等级达到Ⅳ级。

(3) PIS

①CCTV主机:用白抹布清洁CCTV主机的外面板。用软毛刷清除连接主机插头上的灰尘。随时清除机柜、设备或附件上的水或其他液体。

②硬盘:拉出硬盘外壳拔下硬盘与主机的连接线插。拆卸、安装时注意硬盘与主机的滑道连接是否对准。CCTV主机硬盘共有4枚减振架螺钉,两侧各分布有两个。用大十字螺丝刀拆卸安装螺钉。CCTV硬盘两侧各有三个螺钉与CCTV硬盘外壳连接。用大十字螺丝刀进行拆卸,并取下旧品,更换新品,功能正常。

③广播控制盒:用抹布擦拭广播控制盒。

④动态地图:打开侧顶板,拆下动态地图,用白抹布轻轻擦拭表面。清洁后清洁等级达到Ⅲ级。

(4) 客室内装

客室间壁柜:用压缩空气和电气清洁剂清洁间壁柜内部,清洁等级达到Ⅲ级。各部件安装紧固件,无松动,线号清洁无丢失。

22. 12月均衡修内容(有电作业)

(1) 司机室门:开关门时间为(3±0.5)s。使用测试块30mm(厚)×60mm(宽)测试防挤压,防挤压功能正常。

(2) 司机室、客室电热:检查司机室、客室电热外观,外观无损坏,盖板未打开。操作司机室电热、客室电热按钮,用手感觉电热处有热量。

二、城市轨道交通车辆的临修

(一) 概述

1. 车辆临修的概念

车辆临修是指在本次正常计划修程的规定时间内或正常检修力量配备下无法完成，并且超越该修程法定项目内容范围或超越本次修程计划成本的检修任务以及正线运营列车非正常下线产生的检修任务。

2. 车辆临修的认定及组织实施流程

（1）车辆临修的认定

临修是由正常计划修程派生出来的检修任务。车辆检修项目在满足以下条件之一的情况下被认定为临修任务：

①该检修任务超出本次法定修程内容范围。

②如果实施该检修项目将超出本次修程计划成本。

③如果实施该检修项目将使本次修程无法在规定时间内完成。

④正线运营列车非正常下线产生的检修。

（2）车辆临修的分类

根据采用的检修线，车辆临修可分为一般临修和重大临修。可以在一般检修线上实施，不需要使用架车机、镟床、行车、铲车等大型设备就能完成的临修任务，称为一般临修；必须在专用检修线上实施，并且要借助架车机、镟床、行车、铲车等大型设备完成的临修任务，称为重大临修。

根据运营情况及计划修程，车辆临修可分为直接临修与超计划临修。正线运营车辆由于列车故障而掉线、清客、救援回库，由计划部门直接安排相关部门对其实施临修，称为直接临修；地铁车辆常规修程一般包括日检和均衡修。如果在实施上述常规计划修程的过程中发现超计划维修检修项目，称为超计划临修。

(二) 由日检而产生的临修

由日检而产生的临修大多数为一般临修。每天地铁列车运营结束，检修人员必须对所有列车实施日检。日检人员依据"日检技术规程"对车辆进行检查，同时根据运转部门的"司机报单"对当日正线运营的故障列车进行重点检查，并且对所有运营列车的中央控制单元（Central Control Unit，CCU）、牵引控制单元（Traction Control Unit，TCU）、制动控制单元（Brake Control Unit，BCU）、辅助控制单元（Auxiliary Control Unit，ACU）以及盘形制动单元（Disc Brake Unit，DBU）故障进行读取并存盘保存。日检人员对故障进行初步分析，对影响或可能影响第二天车辆运营的故障列车立刻填报"故障列车临修单"，报送计划部门安排扣车临修，同时计划部门及时通知运转部门调整第二天的运营列车。

另外，日检人员在正常检修时如果发现不符合规程技术要求的异常现象，而该故障在本次日检中又无法排除，特殊情况下（如轮对踏面擦伤、剥离超限、转向架裂纹等），日检人员同样要填报"故障列车临修单",由质检人员确认后报送计划部门安排扣车,转为重大临修。

1. 日检故障统计分析

日检人员在每天的日检作业时对所有当日运营车辆读取的CCU、TCU、BCU、ACU以及DBU故障通过各种途径传递到各相关部门或单位,各相关部门或单位的专业人员对故障内容进行分析研究。

日检人员每天读取的车辆故障有两种:一种是直接影响正线车辆运营的故障,此类故障直接转为临修;另一种是绝大多数的故障并未影响当天的正线车辆的运行,将其归纳为三类故障——第一类是CCU中的BCU故障,第二类是高速开关(高速断路器,High Speed Circuit Breaker,HSCB)故障(如CCU/B车高速开关故障、C车高速开关故障等),第三类是联络故障(如CCU/TCU联络失败、BCU联络失败、显示屏无法联络、TCU/与CCU无法联络、与其他TCU无法联络、与BCU无法联络等)。每天对每列车发生的三类故障次数进行统计累加,一段时间后,重点对发生次数多的列车进行检查分析,必要时填报"故障列车临修单"由计划部门及时安排扣车,组织有关部门进行临修作业。

2. 客室车门临修

由于地铁车辆正线运营站距短、车门开启频繁。门控电、气动零部件由于长期超负荷运转造成故障,正线运营结束而实施日检的车辆经常会发生车门临修。

移动门和塞拉门各有特点。移动门较易受车体变形影响而发生故障,塞拉门不存在此问题。双叶内藏式移动门开、关门动作的动力为压缩空气,车门的开、关动作由压缩空气推动气缸活塞,再由活塞杆带动钢丝绳、滑轮等机构使两门叶同步反向移动完成。车门机械装置主要的特点是:气缸的尾座是铰接连接,而活塞杆的头部是球铰连接,因此整个气缸处于浮动状态,不会因车体变形而产生活塞在气缸内卡死的现象。每扇门叶的顶部装有4个尼龙轮,吊嵌在C字形的导轨内,只要准确地调整好尼龙轮与导轨的间隙,就可使门叶平稳地灵活滑动。尼龙轮(上轮)与导轨的间隙一般在车辆两端的车门为0.3mm,而在中间车门为0.5mm。若门叶在运动时有跳动,则可适当减小其间隙,但要保证车体在承受最大载荷时,即车体有一定挠度时,车门也能正常开关。

正线运营时,由于车辆客室某扇门不能正常启闭而将该门切除,运行结束后回库检查,车门开启或关闭又往往恢复正常。其原因是正线运营列车往往满载荷或超载,此时车体变形量大。移动式车门各部件都有严格尺寸标准范围,如尼龙轮(上轮)与导轨的间隙尺寸应调整为:两端头4扇门为0.2~0.3mm、中间2扇门为0.4~0.5mm、其余4扇门为0.3~0.4mm;车门门钩板与两门板上的两个锁钩销之间的间隙应调整为1.0~1.5mm;两门护指橡胶侧边的间距:上端84mm、下端82mm,上下间距差为2mm。由于车辆运行时不断振动,车门各尺寸都有可能变化而超标或者原来尺寸根本就未调整在标准范围内,那么列车在正线满载或超载运营的情况下,车门就不能正常开启或关闭,而运营结束回库,车辆是空载,客室车门启闭就又会恢复正常。因此对于此类车门故障的临修,首先就要求运行司机必须准确填报当天运营报表,明确故障车门位置。因为每列车有60扇(B型车48扇)客室车门,日检人员不可能对每扇车门都进行检查,只有通过"司机运转报表"准确获取故障车门信息,才能快速针对该车门进行临修。日检人员尤其要注重各尺寸的检查复测,发现某项尺寸超标必须重新调整至技术规程所规定的范围。

车门另一类故障为门控或传动零部件的损坏,车门驱动气缸损坏、关门按钮故障、护指橡胶条脱落、各行程开关故障、门钩气缸损坏、车门传动钢丝绳断裂等都会导致车门无法正常开关,因此此类车门的临修必须及时更换相关故障零部件。有时根据实际情况,对车门易损零部件严格检查,甚至稍有异常就必须提前更换(如钢丝绳虽然未断但起毛刺、气缸异声等),以最大限度地杜绝正线运营车辆的车门故障。对于塞拉式车门,由于其传动是靠直流电机驱动螺杆或齿条再驱动门叶移动,因此与移动式车门相比,塞拉门的各传动零部件位置没有严格的尺寸要求。车门很少由于车体变形而产生故障,塞拉门受车体变形的影响发生故障的概率较之移动式车门要少得多。但塞拉门也有弱点,由于靠电机转动而驱动开关门,因此一旦正线运营时客流量大,乘客由里向外顶住车门,关门数次后仍未关上,那么电机停转,即关门驱动力消失,关门动作就停滞;另外,在关门时碰到障碍物后,有时门控电脑系统会死机,这样就会影响车辆的正常运行。针对塞拉门此类特有故障的临修,可以通过适当调整门控电脑软件的方法加以避免,如适当加大关门压力(调控电机转速)、增加车门受阻后的再关门次数以及调整最后一次车门受阻后的受控状态(最后一次关门受阻后,通过电脑程序控制电机,使驱动电机不停止动作:停→转→停→转……从而使关门动作不停止)。车门气动控制原理如图3-1所示。

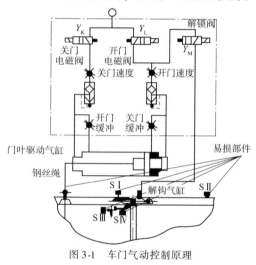

图3-1 车门气动控制原理

3. 空调临修

在高温季节,空调故障由日检人员检查发现并填报"临修单",由计划部门统一安排临修。空调故障临修一般包括以下几类:

第一类是"空调冷凝水滴入客室"问题,此类问题主要是由于机组内冷凝水排放不畅而引起的,只要疏通排水即可解决。

第二类是"制冷剂泄漏"问题,制冷剂泄漏会引起空调制冷量不足或不制冷,严重影响正线运营车辆的舒适度。此类故障的临修难度较大,检修人员要先寻找制冷回路的泄漏部位。首先是阀类部件泄漏,一般是压缩机排出口或吸入口的截止阀,由于排出口压力高,绝大多数阀类泄漏来自压缩机高压排出口的截止阀(图3-2中的截止阀1)。临修处理方法是:首先是对其法兰连接处进行检查,更换密封圈,紧固连接螺栓;其次是铜管破裂而导致制冷剂泄漏,一般来自冷凝器原连接弯管焊接处,临修方法就是对泄漏处重新烧焊。只有找到泄漏处,并对其处理以后才能对机组补充制冷剂。为方便维修,在压缩机低压吸入口及高压排出口各设置了一个截止阀，以便进行压缩机的更换。地铁车辆空调制冷回路原理如图3-2所示。

第三类是针对空调零部件损坏的临修。通风电机、冷凝风扇电机、各温度传感器、压缩机保护单元等部件损坏频率较高，检修人员可根据ACU的故障代码显示，对具体受损部件进行修理或更换。

对于上述空调的第二类、第三类故障，有的可以直接在车顶处理解决，而有的故障分析查找原因比较困难或者处理时间相对较

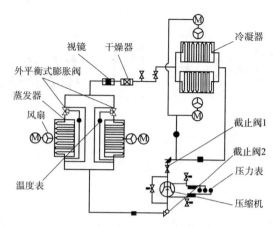

图3-2　地铁车辆空调制冷回路原理

长，检修人员可直接更换机组总成，将车上有故障的空调机组总成换下后进行临修处理，此类临修为重大临修。

(三) 由均衡修而产生的临修

由均衡修而产生的临修很多属于重大临修，而重大临修多数为机械部分的维修作业。

1. 各类尺寸超标的临修

均衡修按技术规程必须对车辆各类尺寸进行全面检查测量，尤其是车辆走行部分的各类部件及尺寸都要严格测量。对轮对各类尺寸：轮对内侧距、轮径尺寸（D）、轮缘高度厚度综合值（S_h、S_w、Q_r）踏面磨耗情况等的测量，技术标准为：直径>770mm，28mm≤S_w≤32mm，Q_r=6.5~13.5mm，28 mm≤S_h≤34mm，同一轮对轮径偏差≤2mm，同一转向架轮径偏差≤4mm。如有尺寸超标或踏面严重擦伤或剥离，即填报"故障临修单"送计划部门，计划部门等待均衡修完成后使用"不落轮镟床"对超标轮对进行镟削修正。地铁车辆轮缘内侧距规定：(1353±2)mm，检查发现轮对内侧距超标，车辆应转为重大临修，更换轮对。

地铁车辆运行，一般情况下轮对擦伤、剥离不会很多。对由于司机操作（紧急制动）或ATP、ATC系统故障而引发的轮对擦伤剥离超标，只要对擦伤剥离超标车辆轮对进行镟轮修正即可；而如果运营车辆经常发生轮对擦伤、剥离或沟槽等非正常磨耗现象，那么就必须深入地分析其原因。

2. 车辆走行部主要部件的临修

对车辆走行部的状态检查以及制动系统的全面检查是均衡修的重要内容，如发现轮对车轴裂纹、构架裂纹、橡胶联轴节裂纹超标、一系橡胶簧裂纹超标、电机受损、空压机异声等严重威胁运营安全的隐患，该车辆必须立即转入专用临修线，启用架车机、行车、铲车等大型设备，对发生裂纹的转向架、橡胶联轴节、受损电机、故障空压机等部件进行更换。此类临修属于重大临修。

在均衡修作业时，还必须对车下各机械部件润滑情况是否良好、是否漏油进行检查。牵引电机轴承、轴箱轴承、刚性联轴节、齿轮箱、横向垂向减振器、空压机等部件如有缺油及漏油现象，必须立即找出原因并进行一般临修。

项目四 转向架的检修

项目描述

转向架是城市轨道交通车辆非常重要的组成部件之一,它是保证车辆运行品质、动力性能和行车安全的关键部件。转向架安装在车体与轨道之间、用来牵引和引导车辆沿着轨道行驶、承受与传递来自车体及线路的各种载荷,并可缓和其动力作用。转向架在运用过程中会发生各种损伤,需要进行日常维修和定期检修。因此,转向架的分解、组装、试验和各部件的检修质量将直接影响城市轨道交通车辆运行的安全性和可靠性。本项目主要介绍转向架的结构、各部分的作用、日常保养、检修的工艺流程、检修转向架相关工具的使用。

任务一 转向架的结构组成

任务目标

1. 掌握转向架的结构组成、作用。
2. 能判断转向架的类型。
3. 能指认转向架各部件的名称和位置。

教学环境

理实一体化教室或轨道交通实训中心。

建议学时

2学时

基础知识

转向架的结构总体

一、转向架的组成

转向架的类型较多,结构各异,但它们的基本组成和主要功能是相同的。转向架是由构架、轮对轴箱装置、弹性悬挂装置（一系悬挂和二系悬挂）、基础制动装置、牵引电机与齿轮变速传动装置等部分组成的。

1. 构架

构架是转向架的基础，它把转向架的各个零部件组成一个整体。它不仅承受、传递各种载荷及作用力，而且它的结构、形状尺寸都应满足各零部件组装的要求。

2. 轮对轴箱装置

轴箱与轴承装置是联系构架和轮对的活动关节，它使轮对的滚动转化为车体沿着轨道的平动。轮对沿钢轨的滚动，除传递车辆的质量外，还传递轮轨之间的各种作用力。

3. 弹性悬挂装置

为了保证轮对与构架、转向架与车体之间连接，同时减少线路的不平顺和轮对运动对车体的影响，在轮对与构架、转向架与车体之间装设有弹性悬挂装置。轮对与构架弹性悬挂装置又叫一系悬挂装置，转向架与车体间弹性悬挂装置又叫二系悬挂装置。弹性悬挂装置包括弹簧、减振器及轴箱定位装置。

4. 基础制动装置

为使运行中的车辆在规定的距离范围内停车，必须安装制动装置，其作用是传递和扩大制动缸的制动力，使闸瓦与车轮或闸片与制动盘之间的转向架内摩擦力转换为轮轨之间的外摩擦力(制动力)，产生制动效果。一般城市轨道交通车辆转向架采用单侧踏面制动单元(闸瓦制动) 或单元制动夹钳装置(盘型制动)。

5. 牵引电动机与齿轮传动装置

动力转向架上设有牵引电动机与齿轮传动装置。它使牵引电动机的扭矩转化为轮对或车轮上的转矩，利用轮轨之间的黏着作用，驱动车辆沿着钢轨运行。以下是我国几种典型城市轨道交通列车转向架的结构。

二、几种典型的城市轨道交通车辆转向架

查一查

我国各主要地铁公司各使用什么形式的转向架，各型转向架各有什么特点？

（一）ZMA080 型转向架

1. ZMA080 型转向架的特点

（1）构架采用"H"形、侧梁带有导框，无摇枕，全焊接结构。

（2）一系悬挂采用人字形金属橡胶弹簧，二系悬挂采用空气弹簧结构。

（3）动车转向架牵引电机架悬在构架横梁上，每个构架反对称地布置两台牵引电机；驱动装置由电机、联轴节、齿轮箱等组成。

（4）牵引装置采用无磨耗的中心销、Z 字形拉杆牵引方式。

（5）基础制动装置采用踏面制动单元。

(6) 动车转向架、拖车转向架可互换，所有转向架的构架可完全互换。

2. ZMA080 型转向架的组成

ZMA080 型转向架主要由构架、驱动单元（动车转向架）、轮对轴箱、中心牵引装置、一系悬挂、二系悬挂、垂向减振器、转向架空气管路、基础制动装置、抗侧滚扭杆、转向架电器装置、ATC 装置（拖车转向架）等部件构成。转向架的结构如图 4-1 所示。

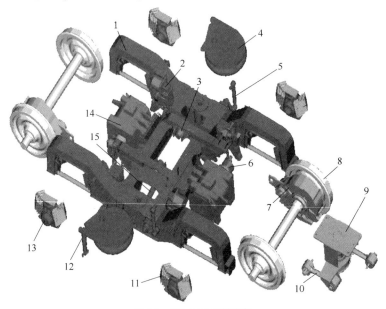

图 4-1 ZMA080 型转向架

1-构架；2-基础制动装置；3-横向橡胶缓冲挡；4-空气弹簧；5-抗侧滚扭杆；6-联轴节；7-齿轮减速箱；8-轮对；9-中央牵引装置；10-Z 字形拉杆；11-叠层橡胶弹簧；12-垂向液压减振器；13-轴箱轴承装置；14-牵引电动机；15-横向液压减振器

（二）CW2100（D）型转向架

1. CW2100（D）型转向架的特点

（1）采用锥形橡胶套定位，一系为锥形橡胶套。

（2）二系采用空气弹簧，每个转向架设两个垂向油压减振器，一个横向油压减振器、一套抗侧滚扭杆。

（3）中央牵引装置采用中心销和单牵引杆结构，结构简单，易于检修；中心销两侧设横向止挡。

（4）牵引电动机为交流驱动电动机，齿轮箱为一级减速。

（5）采用机械联轴节，齿轮箱吊杆长度不可调，台架试验时加垫片调整。

（6）每辆车的两个转向架分别设两个高度阀。

2. CW2100（D）型转向架的组成

CW2100（D）型转向架共分为三种类型，其中动车转向架一种，拖车转向架两种。转向架主要由构架组成、轮对轴箱定位装置、二系悬挂装置、牵引装置、基础制动装置、驱动装置、天线梁等部件组成。转向架的结构如图 4-2 所示。动车转向架安装有牵引传动装置(牵引电机、齿轮箱、联轴器)等。

拖车转向架（1）与拖车转向架（2）的区别：转向架（1）上安装有排障器装置，列车自动保护（Automatic Train Protection，ATP）天线及天线梁，车地双向通信系统（Train Wayside Communiction，TWC）天线，转向架（2）上没有安装，其余结构完全相同。

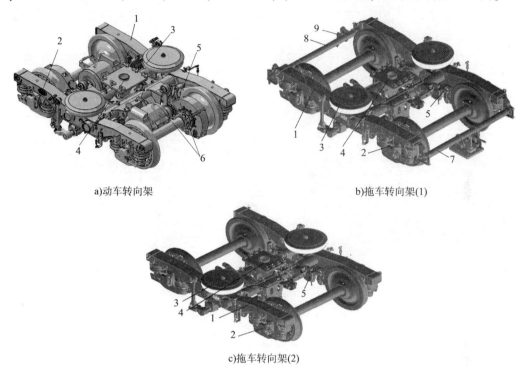

图 4-2　CW2100(D)型动车转向架

1-构架组成；2-轮对轴箱装置；3-二系悬挂装置；4-中央牵引装置；5-基础制动装置；6-驱动装置；7-TWC 天线梁；8-ATP 天线梁；9-排障器

(三) SDB-140 型转向架

1. SDB-140 型转向架的特点

（1）基础制动采用轮盘式制动，制动盘独立承担摩擦制动热负荷，与踏面制动相比，极大地改善了车轮工作环境，降低了车轮踏面异常磨耗的概率，大大提高了车轮使用寿命。

（2）一系采用转臂式轴箱定位结构，具有较大的水平定位刚度，提高车辆的临界速度，同时具有较低的垂向刚度，可以保证较好的垂向舒适性，降低车辆轮重减载率和脱轨系数，提高运行安全性。

（3）采用小刚度、大柔度的空气弹簧来改善车辆乘坐舒适性，空气弹簧气囊下的紧急弹簧(橡胶堆)具有较低的垂向和横向刚度，可以保证空气弹簧失效的紧急工况下，车辆仍能按照正常运营速度安全运行。

（4）牵引装置采用 Z 字形全弹性无间隙牵引装置，通过优化牵引刚度，隔离转向架纵向伸缩振动，通过中心销向车体弯曲模态振动传递。

（5）采用在地铁车辆及电气化铁道系统中经过运用验证的进口双列圆柱滚子轴承，自密封结构，不漏油。轴承规格为 $\varphi120 \times \varphi215 \times 146$。轴承的检修周期为 6 年或 80 万 km，寿命大于 200 万 km。

（6）二系设置过充止挡，既有防止空气弹簧垂向过充功能，又实现了整体起吊功能，吊起车体时能够将转向架一起吊起。

（7）构架进行防腐处理。内部腔体灌涂防腐液，隔绝空气起到防腐的效果。

2. SDB-140 型转向架的组成

SDB-140 动车转向架结构如图 4-3 所示。

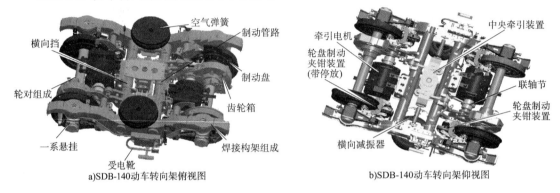

图 4-3　SDB-140 动车转向架结构

（四）CW6500 型转向架

1. CW6500 型转向架的特点

该型转向架采用轻量化、低噪声、低成本的设计原则，为无摇枕结构转向架。采用 H 型钢板焊接构架、横梁采用无缝钢管；一系转臂定位采用钢圆弹簧和油压减振器结构，中央悬挂大柔度空气弹簧，直接支撑车体；基础制动采用轮盘制动形式；牵引电机为架悬结构。CW6500 型转向架如图 4-4 所示。

2. CW6500 型转向架的组成

（1）构架

转向架构架主要由侧梁、横梁以及各种吊座组成，侧梁采用钢板焊接结构，由上盖板、下盖板和立板焊接成箱形结构。横梁采用无缝钢管结构，主要由小纵向梁、牵引拉杆座和横向减振器座等组成。动车转向架构架带有电机吊座、齿轮箱吊座等。

（2）轮对轴箱装置

轮对主要由车轴、车轮和制动盘等组成，采用直辐板整体辗钢车轮，辐板上安装制动盘。轴箱、轴承采用进口产品，轴承为双列圆柱形滚子、自密封结构，轴箱外开设计。

（3）一系悬挂和定位装置

一系悬挂系统包括轴箱橡胶转臂节点、一系钢圆弹簧、橡胶垫、一系垂向油压减振器及调整垫等。

项目四 转向架的检修

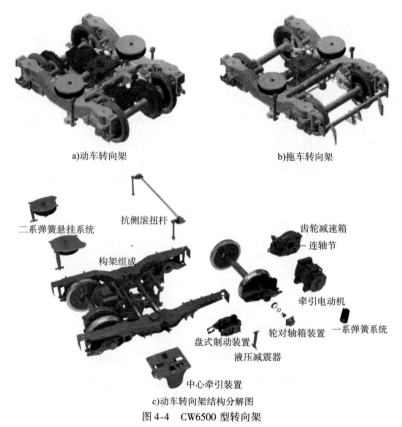

a) 动车转向架　　　　　　b) 拖车转向架

c) 动车转向架结构分解图

图 4-4　CW6500 型转向架

(4) 二系悬挂和牵引装置

二系悬挂装置由空气弹簧、二系横向油压减振器、横向缓冲器、抗侧滚扭杆等组成。空气弹簧采用欧式大胶囊结构形式。转向架安装了抗侧滚扭杆组成。牵引装置主要包含中心销、中心销套、牵引梁、牵引拉杆等。

(5) 基础制动装置

转向架基础制动装置采用轮装盘式单元制动。单元制动缸内均设有闸片间隙自动调整器。

(6) 牵引电动机和齿轮传动装置

牵引电动机采用架悬式,通过定位键和 4 个安装螺栓安装在构架的电机吊座上。齿轮传动装置主要由齿轮箱、齿轮、轴承、润滑油等部分组成。

任务二　转向架的分解与组装

任务目标

1. 了解转向架的检修工具、检修工装设备的使用方法。
2. 掌握转向架分解组装的作业过程和检修方法。

3. 能够按检修作业规程检修转向架、正确使用专用检测工具。

工具设备

1. 工具准备：数字压力计、压杆式油枪、金属直尺、扭矩扳手、LLJ–4D 型车辆车轮检查器、轮径尺、轮对内侧距离检查尺、轮缘垂直磨耗检查尺、轴承拆装专用工装等。

2. 所需设备：移动式架车机、不落轮镟床、超声波探伤机、磁粉探伤机、转向架试验各种专用设备等。

3. 物品准备：清洁剂、铁鞋或止轮器、压缩空气、润滑脂、清漆、干净抹布、开口销等。

教学环境

理实一体化教室或轨道交通实训中心。

建议学时

2 学时

基础知识

转向架的分解与组装就是从转向架构架上将轮对、驱动装置、一系弹簧装置、二系弹簧装置等部件卸下来，对各部件检修合格后，再重新装配到构架上的过程。

一、作业过程中应注意以下事项

1. 切除车辆所有电源，关闭压缩空气系统的截止阀门，确认转向架管路中没有残余压力。

2. 用铁鞋或止轮器挡住轮对，防止作业时转向架的移动造成对人身或设备的伤害。

3. 转向架上的部件必须经过检测或维修合格后，才能装配到构架上。

4. 各种紧固件连接应严格按照扭力要求紧固，并进行扭力校核，同时，可以画上防松线，以便于日常检修过程中判断连接件是否松动。下面以 CW2100(D) 型转向架为例说明转向架的分解与组装要求。

二、转向架与车体的分解

分解转向架与车体时，必须将列车停靠在带有地沟的平直轨道上，车轮处加铁鞋，防止车辆运动。轨道两侧需有合适的起车设备，以便吊起车体。

1. 二系悬挂装置与车体连接的分解（图 4-5）

(1) 拆卸高度阀调整杆。

(2) 拆卸安全吊链的安装螺栓 M_{12}（件 4），拆下安全吊链。

(3) 拆卸调整杆（件 3）与水平杆（件 1）之间的螺栓 M_{10}（件 2）连接。

(4) 拆卸调整杆（件 3）与构架安装板之间的螺栓 M_{12}（件 5）连接。

(5) 取下调整杆。

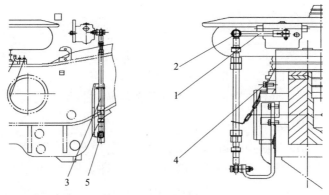

图 4-5 高度调整阀示意图

1-水平杆(连杆)；2-M_{10}螺栓；3-调整杆(连杆套筒)；4、5-M_{12}螺栓

2. 中央牵引装置与车体连接的分解

中央牵引装置与车体连接的分解需先分解中心销与牵引梁的连接，待起车后再分解中心销与车体的连接，中央牵引装置的结构如图 4-6 所示。

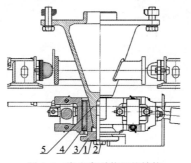

图 4-6 中央牵引装置的结构

1-防松片；2-大螺栓；3-下盖；4-中心销套；5-中心销

牵引装置与车体
连接的分解

中心销与牵引梁端的分解步骤如下：

（1）将防松片(件 1) 已翻折至紧贴螺栓头的两个舌片翻折回去。

（2）用扳手将大螺栓 $M_{36 \times 140}$(件 2)拆下。

（3）将下盖(件 3) 取下(可轻轻敲打)。

（4）用专用工具 M_{90} 拧进中心销套(件 4) 内圈的螺纹中，使中心销套与中心销(件 5)的配合脱开，这样就可以起车了。

3. 附属设备与车体连接的分解

（1）分解安装在轴箱上的各种传感器电缆与车体的连接端，包括防滑传感器、ATP 传感器等。

（2）分解制动风管、停放制动风管与车体空气软管的连接。

（3）分解牵引电机电缆。

（4）分解接地装置与车上连接电缆。

附属设备与车体
连接的分解

在确认车体与转向架之间的连接完全分解之后，使用大型架车机分离车体和转向架。

注意：在起落车时工作区域内应当确认无其他操作者在工作。

三、转向架各部件的分解

转向架分解时,应按部件进行,应准确记录分解零部件的状态、数量和序列号等信息,特别是要记清调整垫的数量,以方便后续的组装。

转向架的分解应按照如下步骤进行,否则可能导致意想不到的后果。

1. 二系悬挂装置的分解

如图 4-7 所示,高度调整阀的拆卸主要分为三步:首先拆卸高度调整阀与列车风管的螺纹连接,然后拆卸高度调整阀与空气弹簧风管的螺纹连接,最后拆卸高度调整阀与车体边梁座板的螺栓($M_{10×2}$)连接。卸连接牵引电动机和齿轮箱之间的齿式联轴器的半联轴节连接螺栓 M_{10},数量 $12×2=24$ 个。如图 4-8 所示。

图 4-7 高度调整阀

1-连杆;2-调整阀体;3-连杆套筒

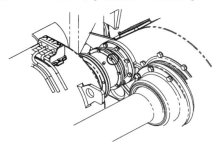

图 4-8 齿式联轴节

2. 驱动装置与构架的分解

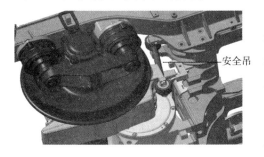

图 4-9 齿轮箱安全吊安装情况

在齿轮箱下面安设支撑架,支撑住齿轮箱吊杆侧,使齿轮箱不会绕车轴转动。然后拆卸齿轮箱吊杆上部的螺栓、螺母。注意对齿轮箱吊杆固定,以防损伤到其他件。拆卸构架横梁齿轮箱吊座下端的安全吊,如图 4-9 所示。

拆卸牵引电机的安装螺栓(M_{24}),数量 $4×2=8$ 个;然后起吊牵引电机,数量 2 个。如图 4-10 所示。

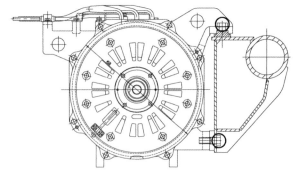

图 4-10 牵引电动机安装情况

3. 中央牵引装置的分解

(1) 拆卸横向减振器,螺栓 M_{16},数量 4 个。

(2) 用天车或其他起吊设备吊住牵引梁,然后从构架上拆卸牵引拉杆,螺栓 M_{20},数量 $2 \times 2 = 4$ 个。

(3) 从牵引梁上拆卸牵引拉杆,螺栓 M_{20},数量 $2 \times 2 = 4$ 个。

(4) 从构架上拆卸横向挡组成,螺栓 M_{16},数量 $2 \times 2 = 4$ 个。

(5) 从车体枕梁上拆卸中心销组成,螺栓 M_{36},数量 6 个。

(6) 用挡圈专用钳子将牵引梁内孔中的挡圈取出,然后用专用工装将中心销套从牵引梁中压出。

4. 基础制动装置的分解(图 4-11)

(1) 分解空气软管和单元制动缸之间的连接,共 6 处。

(2) 拆卸用于固定制动配管的单管卡组成,双管卡组成,螺母 M_8、M_{10},从而将制动配管和空气软管从构架上拆下。

(3) 拆卸手制动缓解拉链(2 个)的安装螺栓。

(4) 从构架上拆下单元制动缸 4 个,螺栓 M_{20},数量 $4 \times 4 = 16$ 个,拖车还有踏面清扫器 M_{12},数量 $4 \times 4 = 16$ 个。

(5) 分解制动配管和空气软管的连接。

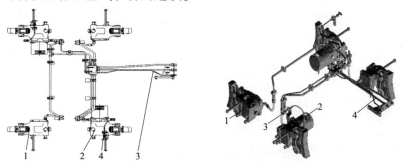

图 4-11 动车基础制动装置
1-单元制动缸;2-带停放的单元制动缸;3-手动缓解拉链;4-制动配管

四、转向架各部件的组装

1. 部件组装应注意的事项

(1) 组装顺序:按分解时的反向顺序。

(2) 零部件的确认。

作为一般原则:组装使用的零部件应与分解以前在同样的位置上使用。

注意:因为调整垫数量决定于加工阶段的调整尺寸,所以如果可能应尽量使每一零件的尺寸与它们被分解前调整过的状态保持一致。

(3) 准备工作。

所有待组装零部件,经表面清理后,进行涂刷底漆和面漆,干后方可进行组装。图纸上要求防腐处理零部件(如镀锌等)必须确定无误,方可上车。

所有螺纹连接件，均需按技术条件涂螺纹锁固胶，擦净螺纹油污均匀涂胶，并按紧固力矩要求操作。

（4）将涂好油漆的构架空气簧面朝下吊放到支撑台位上，确保稳固。

（5）用 M_{10} 螺栓和弹簧垫圈将差压阀安装在构架上。

（6）确认构架附加气室螺堵已紧固好，并用钢丝锁紧。

2. 基础制动装置的组装

基础制动装置包括单元制动缸、制动配管和手动缓解拉链等，组装前先将构架空气簧面朝下放置到支撑台位上。

（1）单元制动缸组装（图 4-12）。

图 4-12 单元制动缸组装

先将单元制动缸上的螺孔丝堵用锥子挑出，并把单元制动缸上的防腐油和构架托板组成表面的油污清除干净，然后用天车吊起单元制动缸与构架进行组装，并用制动单元自带的 M_{20} 螺栓进行预紧，然后再均匀紧固，紧固力矩踏面制动缸为 535N·m。

（2）制动配管组装。这一步是在转向架落成以后进行的（将构架落在轮对轴箱装置上）。

注意：管子在组装前须用 600kPa 的压力空气吹净管内污物，然后通过滑动螺栓、单管卡和双管卡，将折弯好的管路按图纸安装在构架组成上。先用螺栓将管卡带上，然后重新调整好各管子相对位置，再紧固。配管组装好后，再连接空气软管。

（3）分别对制动管路和带停放制动管路采用 800kPa 压力空气进行检测，要求 10min 内不许泄漏。

3. 轴箱弹簧的组装（图 4-13）

将轴箱弹簧座孔及其端面上均匀涂上润滑脂后，吊放到构架一系弹簧座上，分左右对正后与弹簧座凸台进行组装，用 M_{16} 螺栓进行紧固，紧固力矩 150N·m。同一转向架要使用颜色标记相同的弹簧。

图 4-13 锥形橡胶轴箱弹簧的组装

4. 中央牵引装置的组装

（1）将横向止挡安装在构架小纵梁上，螺栓 $M_{16\times45}$，紧固力矩 150N·m。

（2）安装牵引梁组成（图 4-14）。

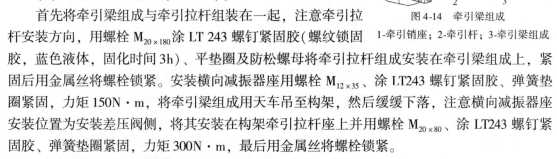

图 4-14 牵引梁组成

1-牵引销座；2-牵引杆；3-牵引梁组成

首先将牵引梁组成与牵引拉杆装在一起，注意牵引拉杆安装方向，用螺栓 $M_{20\times180}$ 涂 LT 243 螺钉紧固胶（螺纹锁固胶，蓝色液体，固化时间 3h）、平垫圈及防松螺母将牵引拉杆组成安装在牵引梁组成上，紧固后用金属丝将螺栓锁紧。安装横向减振器座用螺栓 $M_{12\times35}$、涂 LT243 螺钉紧固胶、弹簧垫圈紧固，力矩 150N·m，将牵引梁组成用天车吊至构架，然后缓缓下落，注意横向减振器座安装位置为安装差压阀侧，将其安装在构架牵引拉杆座上并用螺栓 $M_{20\times80}$、涂 LT243 螺钉紧固胶、弹簧垫圈紧固，力矩 300N·m，最后用金属丝将螺栓锁紧。

（3）用螺栓 M_{16} 组装横向减振器，注意该减振器和螺栓的安装方向，紧固力矩为 150N·m。

5. 轮对轴箱装置的组装

轴承采用进口 NSK 公司产品，该结构均为圆柱滚子轴承组。圆柱滚子轴承组由以下各件组成：滚子、保持架、外圈组成的外圈单元、内圈、内置金属密封罩。这种圆柱滚子轴承组在制造厂已填充了润滑脂，不能再添加润滑脂。密封罩能够把润滑脂封闭在轴承组里并防止污物进入。

轴承在使用前不得拆开包装箱和起保护作用的包装纸。组装工作场地必须清洁，不能潮湿，不能有灰尘及金属粉末。轴承不得分解，轴箱组成零件应保证清洗干净。

使用的夹具、工具也必须干净。当清洗轴箱组成零件时（特别是在组装前）使用汽油或煤油。

6. 构架组成与轮对组成落装

（1）将装配好的带有齿轮箱和由轴箱组成的轮对推到转向架落成台位上，轮对间距按 2200mm 摆放好，用铁鞋将车轮固定，将齿轮箱的吊杆端垫起，保持小轴与大轴基本水平即可。落成前需将单元制动缸行程调到最小，以便于构架与轮对的落成。

注意： 需按不同车种设备配置图的列车编组及设备配置情况来进行转向架的总组成。

（2）用吊带吊起构架组成缓缓移动到摆好轮对的正上方。在轴箱弹簧座孔内放入适当的调整垫后，并保证构架上的轴箱弹簧对正轮对轴箱弹簧孔的情况下，构架组成缓缓落下，待完全将构架落下后，检查各部位应落实。

（3）检查轮对外侧与构架之间的间隙不得小于 10mm。

（4）进行闸瓦间隙调整。

（5）向停放制动管路通入 700kPa 的压力空气，使停放制动缓解。

（6）用扳手转动制动缸前部的闸瓦间隙调整螺母，将闸瓦与踏面之间的间隙调整为 10mm。也可多次向空气制动管路通入 350kPa 压力空气的方法，使闸瓦与踏面间隙自动调整到 5mm 至 10mm。

（7）安装吊杆螺栓。详见齿轮驱动装置。

(8) 将组装好的半联轴节的牵引电机吊到构架上方，对正构架电机吊座上的安装座后，缓缓落下，然后用螺栓 M_{24} 将电机紧固在构架电机吊座上，紧固力矩为 675N·m。

(9) 吊起空气弹簧，缓缓落在空气簧孔的上方，检查空气弹簧下簧脐的密封胶圈是否正位及完好，并将其表面清洁干净后均匀涂二硫化钼油膏后，对正构架空气簧孔，将空气簧落在构架上。

注意： 空气簧落成后，其上簧脐需进行密封保护。

7. 车体组装

(1) 将中心销安装在车体的枕梁上，并使用螺栓 $M_{24 \times 100}$ 固定（图4-15）。

(2) 将装配好的转向架推到落成台位上，转向架中心距按车辆定距12600mm摆放好，用铁鞋将车轮固定。

注意： 需按不同车种设备配置图的列车编组及设备配置情况来摆放转向架。

(3) 吊起车体组成缓缓移动到摆好的转向架正上方。在保证牵引梁中心筒和车体枕梁上中心销组成、空气弹簧的上簧脐和枕梁两侧空气弹簧座对正的情况下，将车体组成缓缓落下，待完全落下后，检查各部位是否落实。

(4) 安装牵引装置中的螺栓（M_{36}）、下盖以及防松片。（图4-16）

图4-15 牵引装置

图4-16 安装牵引装置螺栓

(5) 将防松片折起。

五、转向架台架试验

转向架组装完成后、落车前，按试验要求进行台架试验，试验在转向架试验台上进行。台架试验的主要测量项目有车轮轮载、车轴平行度及构架至轨面的距离。

1. 车轮轮载

(1) 台架试验的工况

台架试验的工况包括：零荷载、AW_0工况、AW_1工况、AW_2工况、AW_3工况、卸载后的零荷载。

注意： AW是表征列车载客量的参数。AW_0表示列车空载，AW_1表示满座的情况，AW_2表示满载（按6人/m^2计算）的情况，AW_3表示超载（按9人/m^2计算）的情况。

(2) 测量结果

在上述工况下分别测量每个车轮的轮载，进而分别计算出轴重、轮载偏差、轴重差。

(3) 评定标准

在任何工况下，轮载偏差、轴重差均不超出技术要求范围。

（4）技术要求

①若超出技术要求范围，将转向架调转 180°，重复上述内容。

②若仍然超出范围，则需对一系弹簧按技术要求进行调整。

2. 车轴平行度

（1）台架试验的工况

台架试验的工况包括：零荷载、AW_0 工况、AW_1 工况、AW_2 工况、AW_3 工况、卸载后的零荷载。

（2）测量结果

在上述工况下分别测量每个车轮的轮载，进而分别计算出轴距和每个车轮的位移变化量。

（3）评定标准

在任何工况下，轴距、车轮的位移变化量均不超出技术要求范围。

（4）技术要求

①若超出技术要求范围，将转向架调转 180°，重复上述内容。

②若仍然超出范围，则需对一系弹簧按技术要求进行调整。

3. 构架至轨面的距离

（1）台架试验的工况

台架试验的工况包括：AW_0 工况。

（2）测量结果

在 AW_0 工况下测量每侧构架至轨面的距离，计算两侧高度差。

（3）评定标准

构架至轨面的距离，两侧高度差不超出技术要求范围。

（4）技术要求

①若超出技术要求范围，将转向架调转 180°，重复上述内容。

②若仍然超出范围，则需对一系弹簧按技术要求进行调整。

4. 齿轮箱吊杆高度调整

在加载 AW_0 荷载的条件下，对动车转向架的齿轮箱吊杆高度进行调整。对可调式吊杆，通过调整螺筒调整到合适长度；对固定式吊杆，通过加垫片调整到合适长度。

查一查

ZMA080 型转向架分解组装的要点是什么？

任务三　构架及附件的检修

任务目标

1. 了解构架及附件检修工具设备的使用方法。

2. 了解构架的常见故障和检修方法。

3. 掌握构架及附件的结构组成、作用。

4. 能够按检修作业规程要求检修测量构架。

工具设备

1. 工具准备：压杆式油枪、金属直尺、扭矩扳手。
2. 所需设备：移动式架车机、超声波探伤机、磁粉探伤机、转向架试验各种专用设备等。
3. 物品准备：清洁剂、铁鞋或止轮器、压缩空气、润滑脂、清漆、干净抹布、开口销等。

建议学时

2 学时

教学环境

理实一体化教室或轨道交通综合实训场。

基础知识

一、构架的检修

1. 构架的清洗

用转向架清洗机和清洁剂清洗构架，要求清洁干净，构架无积垢，无油污，清洗后要晾干或烘干，便于构架的进一步检修。清洗前必要的孔眼用塑料闷头封闭。

2. 构架检查

（1）清洁后检查构架，在构架翻转机上先目测检查，重点检查构架电动机悬挂座、牵引拉杆座、一系弹簧座等受力部位及焊缝。要求无裂纹、无腐蚀、无变形、无冲击损伤。

（2）采用内视镜聚光灯检查横梁是否腐蚀和有无裂纹。

（3）堵塞器（塑料闷头）检查。

①目视检查转向架构架的所有开口是否堵塞。

②若塞子损坏，在重新封堵之前，排出所有残留水。

③在安装时，若怀疑任何塞子有问题，要更新塞子。

构架的检修

3. 构架探伤

使用涡流探伤仪和渗透探伤剂进行无损探伤，检查构架重点受力部位和关键焊缝。

4. 尺寸检查

（1）检查构架中心线到两侧梁中心线的距离，以此来判断两构架是否出现平行。

（2）检查构架两对角线的距离，以此来判断转向架是否出现平行四边形。

（3）检查构架两侧一系弹簧座的距离，即每一侧的外侧与外侧一系弹簧安装座的距离和内侧与内侧一系弹簧安装座的距离，以此来判断一系弹簧安装位置是否变形，保证转向架组装后的两条轮对相互平行，一般可用靠模来检测。

5. 维修

在车辆架修、大修期或车辆发生重大冲击、脱轨后，应对构架进行全面检查，并对损伤部位进行修复，对于细小的变形可以进行修正，对裂纹进行补焊、腐蚀等损伤采用相应的方法维修。

6. 油漆、涂油、涂保护蜡

对构架在一系簧座与构架拱形结构间涂保护蜡；扭力杆、套管内保护层如有缺损，补涂保护蜡。对构架进行重新油漆或对脱漆部位进行补漆，不能油漆的部位应涂符合要求的防锈油。

7. 记录

对检修好的构架记录有关信息，包括检修内容、检查数据，一般有登记入档和做数据库两种方式。

二、构架附件的检修

构架的附件视转向架的不同而有所区别，有轴箱拉杆、轴箱转臂、起吊装置、调整垫片、紧固件等。轴箱拉杆、长套筒和垫圈用中性洗涤剂清洗后目测检查，并在拉杆上涂一层保护蜡，主要受力部件检修内容与构架相同，紧固件全部更新。

任务四　弹性悬挂装置、中央牵引装置、动力驱动装置的检修

任务目标

1. 了解弹性悬挂装置、中央牵引装置、动力驱动装置的检修工具、设备的使用方法。
2. 了解弹性悬挂装置、中央牵引装置、动力驱动装置的常见故障和检修方法。
3. 掌握弹性悬挂装置、中央牵引装置、动力驱动装置的结构组成、作用。
4. 能够按检修作业规程要求检修转向架相关部件。

工具设备

1. 工具准备：压杆式油枪、金属直尺、扭矩扳手等。
2. 所需设备：专用单臂吊、超声波探伤机、磁粉探伤机等。
3. 物品准备：清洁剂、压缩空气、润滑脂、清漆、干净抹布、开口销等。

教学环境

理实一体化教室或轨道交通综合实训场。

建议学时

2 学时

基础知识

一、弹性悬挂装置的检修

弹性悬挂装置包括轴箱悬挂装置和中央悬挂装置，也叫一系悬挂和二系悬挂。按弹簧的作用不同可分为三类：一类主要起缓冲作用的弹簧装置，如空气弹簧、轴箱弹簧、橡胶垫等；二类主要起衰减振动作用的减振装置，如垂向、横向、纵向的油压减振装置等；三类主要起弹性约束作用的定位装置，如橡胶堆和人字弹簧轴箱定位的锥形橡胶和人字橡胶、转臂式轴箱定位的弹性节点和圆弹簧等。

1. 一系悬挂装置的检修

1）人字橡胶弹簧的寿命

人字橡胶由四层钢板、四层橡胶、一层铝合金组成。人字弹簧寿命为8~10年，存放时间不超过一年，其寿命能满足一个大修期的要求。在5年架修时，需对人字弹簧重新进行选配，使用10年后全部报废。

一系悬挂装置结构与受力

2）人字弹簧编号及检查

要求橡胶与金属件之间无严重剥离。5年架修时，应将分解下来的人字弹簧进行编号并检查，若无脱胶、变形、裂纹，或有裂纹但符合如下条件，人字弹簧可继续使用。

（1）一条深度小于16mm的裂纹。

（2）多条深度小于8mm的裂纹。

（3）一条深度小于8mm的整个周向裂纹。

3）人字弹簧的刚度试验

由于动车与拖车本身自重不同，所以人字弹簧的刚度也不同。架修时应根据人字弹簧的性能进行抽检试验，试验前需要将人字弹簧放在恒定温度下一定时间，测量人字弹簧垂向刚度时一般成对进行。超出刚度范围的人字弹簧作废。

人字簧的刚度必须符合($1\,150\pm6\%$) N/mm(动车)、($1\,050-8\%$) N/mm(拖车)。

4）人字弹簧的选配

架修时应根据人字弹簧的性能逐件对人字弹簧的变形量进行试验测量。试验前也需将人字弹簧放置在恒定温度下一定时间，再测量人字弹簧的变形量。变形量的测量需逐件进行，并根据变形量进行分组、配对、标识。超出变形量范围的人字弹簧报废。

5）锥形橡胶轴箱定位转向架的一系悬挂检修

锥形橡胶外形如图4-17所示，其裂纹部位如图4-18所示。锥形橡胶弹簧检修与人字橡胶弹簧检修基本相同，架修时，需对弹簧进行变形量测量及重新选配。

6）转臂式轴箱定位转向架的圆弹簧和弹性节点的检修

轴箱节点定位套、横向缓冲器橡胶套须无明显开胶、裂损、老化现象，有下列情况之一者更换：

（1）橡胶与金属件结合面之间产生开裂且长度超过1/4圆周，深度超过5mm时。

（2）橡胶表面产生周向裂纹且长度超过1/4圆周，深度超过5mm时。

（3）橡胶表面产生贯通裂纹且深度超过 3mm 时。
（4）橡胶表面产生溶胶现象且有明显的块状橡胶脱出时。

图 4-17　锥形橡胶外形

图 4-18　锥形橡胶裂纹部位

螺旋圆弹簧容易出现的损伤为裂纹、折损、衰弱、磨蚀及磨耗，需要对弹簧进行检查、探伤、变形量及压力试验。

（1）裂纹和折损

钢圆弹簧的裂纹和折损容易发生在弹簧两端 1.5~2 圈内，裂纹一般在簧条内侧开始。产生裂纹和折损的原因首先是运用中经受大的冲击、超载或偏载过大，超出弹簧的负荷能力。其次是在弹簧制造或维修时，未能达到工艺要求造成的。目视检查弹簧是否有裂纹或折损，并进行电磁探伤检查。发现弹簧裂纹和折损，则必须更换。

（2）弹簧衰弱

弹簧衰弱的主要原因是由于长期使用中承受负荷过大或弹簧腐蚀、磨耗后截面积减小而成为最薄弱的一环，弹簧在维修调螺距的过程中，热处理后弹簧表面氧化脱碳而降低了弹簧的强度极限。在检查时要测量自由高度，对自由高度的圆弹簧需要进行热处理，恢复自由高度。

（3）腐蚀和磨耗

圆弹簧的腐蚀主要表现为簧条直径减小，弹簧腐蚀超过簧条直径 6% 时更换。

2. 二系悬挂装置的检修

城市轨道交通车辆的二系悬挂都是空气弹簧。空气弹簧主要由上盖组成、胶囊、橡胶堆、吊装板、摩擦板和扣环等组成，如图 4-19 和图 4-20 所示。空气弹簧还有高度阀、差压阀等附件，保持车辆地板面高度和保证同一转向架两侧空气弹簧压差在规定范围内。

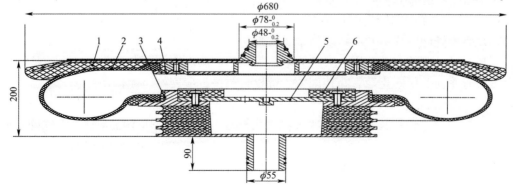
图 4-19　SYS_{540H} 型空气弹簧结构组成（尺寸单位：mm）
1-上盖组成；2-胶囊；3-橡胶锥；4-扣环；5-节流板；6-摩擦板

图4-20 空气弹簧外形

1）空气弹簧的寿命

空气弹簧的寿命能达到10年大修的要求。在运用60万km左右时，除日常检修内容和表面清洁外，二系弹簧不需要进一步维护。在5年架修时，需对空气弹簧进行检修；使用120万km以上（10年）后橡胶件报废，部分结构件可继续使用。

2）空气弹簧的检修

（1）空气弹簧的检查与维护。

检查空气弹簧紧固件，要求连接紧固、无松动。用清水清洗空气弹簧后，检查空气弹簧胶囊体内、外表面，要求无严重损伤、裂纹和刀痕，无金属丝暴露在外的现象，叠层弹簧表面不得有深度大于2mm的疲劳裂纹或大于5mm深的橡胶与金属松弛的现象。

（2）空气弹簧各零部件更换判定的标准。

①胶囊龟裂：露帘线。

②胶囊磨损：深度超过1mm。

③胶囊裂纹：深度超过1mm。

④胶囊鼓泡：局部表面的鼓泡，用针扎破鼓泡部位，作500kPa持续20min的保压试验，如果没有空气泄漏，则可以继续使用。

⑤底座锈蚀：锈蚀超过2mm。

⑥橡胶锥：橡胶锥的橡胶和金属件的粘连部裂纹超过6mm；橡胶的裂纹超过30%，深度超过6mm。

（3）应急弹簧与磨耗板的检修。

检修时，对应急弹簧进行外观检查、尺寸检查及性能试验。要求外观无脱胶、裂纹深度不超标、无老化破损；尺寸不超过范围；垂向、水平刚度不超出技术要求，则应急弹簧可继续使用。若在两层之间出现任何黏着松动、橡胶和金属之间分离、疲劳或变形，应更换应急弹簧。磨耗板要求无偏磨，尺寸符合要求，否则需更换。

（4）空气弹簧结构件的检修。

检修时，需对空气弹簧结构件进行清洗、检查、探伤、补漆。

（5）空气弹簧系统附件的检修。

①检查高度阀，要求完好、无松动、无损伤。

②检查高度阀的联结装置，要求完好、无损伤。高度阀调节杆应垂直，不准倾斜。

③检查垂向及横向止挡、止挡间隙、螺栓、衬垫，应完好、无损伤。

（6）气密性试验和刚度检查。

①空气弹簧-40℃低温气密性试验：在0.5MPa压力下保压10min时，空气弹簧压力下降量小于3kPa，符合设计要求。

②测试组装后空气弹簧的水平、垂直刚度需符合要求。

3. 抗侧滚扭杆装置的检修

抗侧滚扭杆装置的作用是提高车辆运行的平稳性和抗侧滚能力。抗侧滚扭杆装置由一根扭杆、两根扭臂、两根连杆和 2 个支承座组成，如图 4-21 所示。扭杆通过聚四氟乙烯关节轴承固定在构架侧梁下部的两个安装座上，安装座与扭杆可以相对转动，并且有一个安装座中的轴承可以轴向窜动。扭臂安装在扭杆上安装座的外部，扭杆与扭臂为直齿渐开线花键连接，两端各一个。

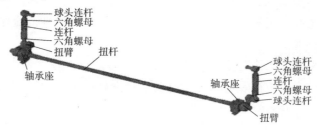

图 4-21 抗侧滚扭杆装置

（1）扭杆的检修。

抗侧滚扭杆分解后，对扭杆进行清洗，对扭杆变形测量，扭杆变形超标则报废。扭杆是重要的受力部件，最后需进行电磁探伤检查。

（2）支撑座包括座体、关节轴承、轴承盖、密封圈、紧固件等。对座体进行外观检查、内孔测量、补漆等检修。关节轴承 10 年大修时更换。对轴承盖进行外观检查、补漆处理。密封圈 5 年架修时更换。

（3）扭臂的检修。

扭臂需清洗后，探伤检查，最后油漆。

（4）连杆的检修。

对球铰架修时彻底进行密封和性能检查，对与调节套筒连接的螺纹部分进行检查。对调节套筒进行螺纹检查。

（5）组装与记录。

对部件进行检修、预组装，并记录。

二、中央牵引连接装置的检修

中央牵引连接装置为车体和转向架之间提供合适的纵向刚度，减少牵引中心销牵引和制动时的冲击，使列车运行平稳。

1. 架修与大修时对中心销系统的检修

（1）中心销清洁、检查并探伤。检修内容：中心销无变形、裂纹，螺纹无损伤。

（2）中心销座清洁、检查和探伤。检修内容：中心销座应无裂纹，与横向止挡的接触部位应无严重撞伤和变形。

（3）复合弹簧清洁、外观检查，测量尺寸和刚度。检修内容：表面橡胶无损伤、无铁件外露，尺寸和刚度均符合规定的技术要求，可继续使用。检修内容：大修时全部进行更换。

（4）上心盘座清洗、检查、探伤，检修内容：对撞击部位的凹坑进行修补并补漆。

（5）其他结构件清洗、检查，对重要受力部件进行探伤。若无损伤，结构件可继续使用。

（6）紧固件全部进行更换。

（7）检修好的牵引连接装置及相关部件有关信息要做好记录。

2. 牵引拉杆的检修

（1）架修时需对牵引拉杆进行清洗、检查，大修时还要进行探伤、油漆。

（2）牵引拉杆橡胶套架修时无须拆卸，只对牵引拉杆总成进行检查和刚度试验。大修时橡胶套全部更换。

（3）紧固件在架修、大修时全部更换。

（4）对检修好的牵引拉杆及其部件的有关信息做好记录。

3. 横向缓冲装置的检修

横向缓冲装置是指横向橡胶止挡和横向止挡座，其检修标准按照橡胶件的要求进行，并完成性能测试。对横向止挡进行检查时，若符合要求一般可继续使用。

三、动力驱动装置的检修

动力驱动装置是指动车转向架传动系统传来的能量最后有效地传给轮对或车轮的执行装置。一般驱动装置包括联轴节、齿轮箱、齿轮箱吊杆等部件。

1. 联轴节的检修

联轴节的作用是传递扭矩，产生牵引力和制动力，同时具有调整电动机与齿轮轴同轴度的作用。联轴节有机械联轴节和橡胶联轴节两种，目前一般动力转向架都用机械联轴节。

（1）机械联轴节在架修时应进行清洗、检查、更换油脂；在大修时应分解联轴节，对零部件进行彻底检查。

（2）橡胶联轴节在架修和大修时均应更换，在其他低修程中要重点检查。

（3）检查完了要进行预组装，登记相关信息。

更换齿轮箱润滑油作业

2. 齿轮箱检修

齿轮箱是一种减速装置，其作用是传递牵引力和制动力。齿轮箱及悬挂装置是由齿轮箱体、大齿轮、小齿轮、轴承、密封件、紧固件等组成的，也有个别有中齿轮。

架修时只对齿轮箱进行检查、清洁，更换齿轮箱润滑油，最后组装调整。大修时需对齿轮箱进行分解，并按如下内容进行检修：

（1）齿轮箱在动力轮对上分解。

分解前应先排放润滑油，并对箱体进行检查、清洁、编号，大、小齿轮要成对编号放置，组装时不得混淆。

（2）齿轮箱检修。

①清洗齿轮箱体，检查油塞、回油孔、透气装置、密封件等，并对密封件进行更换。

②检查齿轮箱紧急止挡及螺栓，要求紧急止挡无损伤、无裂纹，螺栓无松动。对新装齿轮箱在磨合 20 000km 时应进行一次换油。

（3）大齿轮检修（在大修时进行）。

①清洁大齿轮上的油污，目测并用模板检查齿轮各齿的磨损情况，不符合技术要求的

进行修复，对大齿轮进行探伤。

②加热、退火齿轮，加热时间及温度需严格控制。

③检查大齿轮内孔尺寸及拉伤情况，对拉毛及擦伤部位进行修复。

④对大齿轮内孔部位进行探伤检查。

⑤将完好的大齿轮热套在车轴上。

⑥对大齿轮进行防锈处理。

（4）小齿轮检修。

①清洗、分解小齿轮和小齿轮轴整体、轴承、密封件等部位。

②检查小齿轮和小齿轮轴整体，更换密封件和紧固件。

（5）轴承检修（大修时进行）。

对齿轮箱轴承按轴箱轴承检修要求进行检修。

（6）组装齿轮箱。

①检查、清洁经过检修的大齿轮箱各部件。

②将小齿轮、轴承、密封件等部件组装在齿轮箱体上。

③在齿轮箱分合面上涂密封胶，将齿轮箱体组装在动轮对上。

④调整各部件，按要求加油。

⑤对加油孔、透气孔、检查孔等进行密封。

⑥对组装好的齿轮箱进行磨合试验，检查振动、异声情况。

（7）记录。

记录齿轮箱检修信息。

3. 齿轮箱吊杆的检修

齿轮箱吊杆有多种类型，如可调式吊杆、固定吊杆、"C"形支座等，但都是由橡胶件和结构件组成的。其作用是承受齿轮箱作用于构架的交变载荷，起缓冲作用，可避免齿轮箱脱落。

（1）对可调吊杆架修和大修时，全部更换。

（2）对固定吊杆，架修需清洁、检查橡胶件，测试分解吊杆的刚度，符合技术要求者可继续使用；大修时需分解吊杆，对结构件进行磁粉探伤，有裂纹者更换，并更换橡胶件。

（3）对"C"形支座的检修按固定吊杆的检修原则进行。

任务五　轮对、轴承、轴箱装置的检修

任务目标

1. 了解轮对、轴承、轴箱装置的检修工具设备的使用方法。
2. 了解轮对、轴承、轴箱装置的常见故障和检修方法。
3. 掌握轮对、轴承、轴箱装置的结构组成、作用。

工具设备

1. 工具准备：数字压力计、压杆式油枪、金属直尺、扭矩扳手、第四种检查器、轮径尺、轮对内侧距离检查尺、轮缘垂直磨耗检查尺、轴承拆装专用工装等。
2. 所需设备：移动式架车机、不落轮镟床、超声波探伤机、磁粉探伤机、转向架试验各种专用设备等。
3. 物品准备：清洁剂、铁鞋或止轮器、压缩空气、润滑脂、清漆、干净抹布、开口销等。

教学环境

理实一体化教室或轨道交通综合实训场。

建议学时

2 学时

基础知识

轮对由一根车轴和两个车轮组成，组装时采用过盈配合，在轮轴顶压机上将两个车轮压装于车轴的两端。架修、大修时均须对轮对进行全面细致的检查。

一、轮对的故障及检修

1. 车轴的故障及检修

1) 车轴的故障

城市轨道交通车辆车轴有动力车轴和非动力车轴。

车轴的损伤主要有车轴裂纹、车轴碰伤、磨伤、车轴弯曲等。这些故障能导致切轴事故，进而造成车辆脱轨、颠覆事故。尤其是车轴发生横裂纹时，其危害性更大。

车轴常见的故障现象及检修

（1）车轴裂纹。

车轴裂纹分为横裂纹和纵裂纹。裂纹与车轴中心线夹角大于45°时称为横裂纹，小于45°时称为纵裂纹。车轴的横裂纹将减小车轴的有效截面，对车轴强度影响最大，容易发展引起断轴事故，危害性极大。车轴发生横裂纹的部位和原因：车轴各过渡圆弧处，原因是应力集中；轮座两端向内 10～30mm 处，原因是疲劳；轮座后肩向轴身350mm的范围内，原因是锻造重皮、外物击打、磨伤等；轴颈后肩向外轴颈20～100mm的范围内，原因是组装配合间隙不良、燃轴等，动力车轴的齿轮箱座或齿轮箱轴承座，原因是疲劳或磨伤。

车轴断裂的主要原因是疲劳断裂，大多数车轴的断裂是疲劳裂纹逐渐发展的结果。车轴在交变载荷的作用下，使用年久都可能产生疲劳裂纹，一般车轴发生疲劳裂纹的时间是在使用后 12 年左右。有些车轴过早地产生疲劳裂纹，原因通常是车轴材质不好，或制造和使用中在车轴的表面造成伤痕，使疲劳极限下降。车轴裂纹至折断要经过一个较长的时间，如果及时检查处理是可以防止车轴断裂的。车轴裂纹发展的过程中，金属的组织结构发生变化，然后发展成裂纹，所以裂纹末端的金属虽未产生裂纹但已受到影响。发现车轴裂纹时应将裂纹锪去后，经磁粉探伤检查确认无裂纹时，再锪去一定深度的影响层（一般加锪 0.5mm 深），如果剩余直径符合限度可以继续使用。当裂纹深度超过标准时，车轴不得继续使用。

车轴裂纹和内部缺陷需要进行电磁探伤或超声波探伤检查，车轮装在车轴上时，一次探采用电磁探伤检查，二次探采用超声波探伤检查；车轮退卸后，车轴应脱漆，用荧光磁粉探伤机进行全面探伤。

（2）车轴磨伤。

①车轴磨伤包括轴颈、防尘板座上的纵、横向划痕，凹痕，擦伤，锈蚀，磨伤，等等。

②轴身的磨伤、磕碰伤。由于转向架上零部件安装不当，与车轴接触造成磨伤与磕碰伤。磨伤及磕碰伤处容易引起应力集中，造成车轴裂纹。

（3）车轴弯曲。

车辆重车脱轨，车轴受到剧烈冲击会引起车轴弯曲。车轴弯曲时，车辆运行振动增大，能造成轴箱发热、轮缘偏磨，甚至引起脱轨事故。

2）车轴的检修

（1）车轴外观检查如图 4-22 所示。

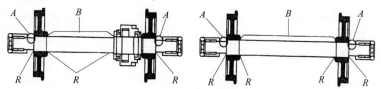

图 4-22　车轴外观检查

检查车轴可见区域 A、B 的腐蚀、凹痕和刻痕，检查车轴的各过渡圆弧 R 处。

（2）车轴故障检查维修。

在车轴轴身上小于 1mm 深度的凹痕可用 120 目以上的砂纸打磨去除，注意按纵向方向打磨。打磨后用磁粉探伤检查，不得有裂纹。

①如果发现在车轴轴身上的磕碰印痕超过 1mm 深则更换轮对。

②在过渡圆弧 R 处不允许出现磕碰或裂纹，如有磕碰或裂纹应更换轮对。

③车轴内部的缺陷，须进行超声波探伤检查，发现有缺陷应更换轮对。

④轴身轮座若有拉毛或损伤，应打磨去除。

⑤其他轴身如有必要则进行表面修复。

⑥对车轴进行补漆、防锈处理，并标识。

⑦记录有关数据信息。

车轮常见的故障现象（1）

2. 车轮的故障及检修

在车轮的故障中，有踏面磨耗、轮缘磨耗、踏面擦伤与剥离、车轮裂纹等，它们都直接威胁着行车安全。因此，必须认真检查，及时发现，妥善处理。

1）车轮踏面圆周磨耗

踏面圆周磨耗是由于长期运行与钢轨摩擦造成的踏面圆周磨耗深度应≤8mm。

踏面圆周磨耗有以下危害：

(1) 它破坏了踏面的标准外形，使踏面与钢轨经常接触部分的锥度变大，使轮对蛇行运动的波长减小，频率增高，影响车辆运行的平稳性。

(2) 踏面磨耗使轮缘增高，轮缘过高时，会压坏钢轨连接螺栓，引起脱轨。

(3) 踏面磨耗严重时，会使踏面外侧下垂，当通过道岔时，踏面外侧会陷入基本轨和尖轨之间，把基本轨推开，造成脱轨。

(4) 增大运行阻力。

2）轮辋过薄

当车轮踏面磨耗超过限度或因其他故障镟修车轮后，车轮轮辋厚度随之变薄。轮辋过薄时，其强度减弱，容易发生裂纹；同时，车轮直径变小会使转向架等高度下降，影响各部分配合关系。

车轮常见的故障现象（2）

3）轮缘磨耗

(1) 轮缘厚度磨耗。

轮缘厚度磨耗的正常原因是车轮做蛇行运动时，轮缘经常与钢轨内侧面发生冲撞磨耗。还有在曲线上由于离心力的作用，外侧车轮轮缘与外轨内侧面经常发生摩擦而造成磨耗。这样的磨耗虽然不可避免，但并不严重。轮缘加剧磨耗的原因主要是转向架两侧固定轴距差过大，承重中心将偏向轴距较小的一侧，使其轮缘与钢轨贴近，加剧磨耗。

轮缘厚度原型为 32mm，磨耗的限度大修或架修 30mm、定修 26mm，轮缘最小厚度不得小于 23mm。

轮缘厚度磨耗过限的危害：使轮轨间横向游隙增加，在通过曲线时减小了车轮在内侧钢轨上的搭载量，容易脱轨；在通过直线时，增加了车辆的横动量，使运行平稳性变差；轮缘根部易产生裂纹，进而造成轮缘缺损，影响行车安全。

(2) 轮缘垂直磨耗。

轮缘垂直磨耗是轮缘外侧面被磨耗成与水平面垂直的状态。其产生的原因基本上与轮缘厚度加剧磨耗的原因相同，但横向力更大些。

轮缘高度原型为 27mm，轮缘垂直磨耗的限度是由根部向轮缘顶点方向垂直磨耗 15mm 为到限。

轮缘垂直磨耗的危害：当车轮通过道岔时，轮缘可能爬上尖轨，造成挤岔或脱轨。

4）踏面擦伤和局部凹下

踏面擦伤是由于车轮在钢轨上滑行，而把踏面磨成一块或数块平面，或者擦伤后在滚动运行中又经磨耗形成局部凹陷的现象。

踏面擦伤的主要原因：制动力过强、车轮抱闸滑行或缓解不良等。局部凹下的主要原因是材质不良，有局部缩孔、软点、硬度不足，经滚动磨耗后，会造成局部凹下。

踏面擦伤达到以下限度时，需要镟修加工或更换轮对，可以用钢皮尺沿踏面圆周方向测量。

踏面擦伤和局部凹下的限度：一处以上为大于 75mm，两处以上为 50~75mm，四处以上为 25~50mm，深度大于 0.8mm。

车轮的镟修作业

踏面擦伤和局部凹下超限危害：会使车轮滚动圆周不圆，加剧振动、冲击，造成车辆配件损伤，甚至会导致燃轴事故等。

5）踏面剥离

踏面剥离是车轮踏面的表面金属成片状剥落而形成的小凹坑。

踏面剥离产生的原因：主要是材质不良，有夹渣，在运行中经反复辗压，材质疲劳而出现鳞片状剥落，称为疲劳剥离；另外，由于制动抱闸产生高温，在冬天又急剧冷却，经常反复热胀冷缩，金属组织也不断地发生变化，在表面上产生细小的裂纹，经辗压使金属剥落下来。

踏面剥离超限的危害：会使车辆振动加剧，造成车辆配件损伤以及导致燃轴事故。

踏面剥离限度：滚动轴承剥离一处时，每处不得大于30mm，剥离有两处时，每处不得大于20mm。剥离深度不得大于1mm。

测量车轮踏面剥离长度时，沿车轮圆周方向测量其最长处的尺寸，即为踏面剥离长度。

列检测量时规定如下（图4-23）。

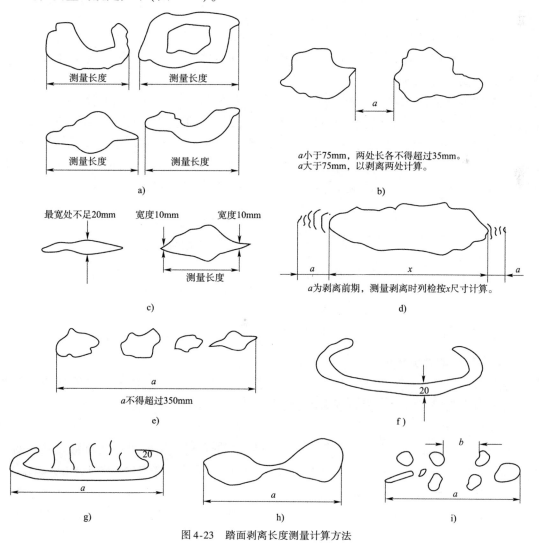

图4-23 踏面剥离长度测量计算方法

(1) 两边宽度不足10mm的剥离尖端部分不计算在内,如图4-23a)所示。

(2) 长条状剥离最宽处 a 不足20mm者可不计算,如图4-23b)所示。

(3) 两处剥离边缘相距 $a<75$mm 时,每处长不得超过30mm; $a>75$mm 时,按两处计算,如图4-23c)所示。

(4) 剥离前期未脱落的部分 a,列检可不计算,只按 x 计算,如图4-23d)所示。

(5) 连续剥离,其剥离总长度 a 不得超过350mm,如图4-23e)所示。

(6) 弯形剥离最宽处不超过20mm,按长条剥离办理,不计算长度,如图4-23f)所示。

(7) 在弯形的内部有剥离前期的疲劳裂纹时,日检不计算长度,而均衡修时按长度 a 计算,如图4-23g)所示。

(8) 两处相连的剥离按一处计算,如图4-23h)所示。

(9) 连续多处剥离,相邻两处相距最宽处不超过10mm,按一处计算,如图4-23i)所示。

6) 车轮轮缘缺损或踏面缺损

车轮钢材存在缺陷,如辗轧时金属的皱折(重皮)、铸造的熔渣等,经运行中撞击或压辗作用会造成车轮缺损。

轮缘的刃口(图4-24中从A010到Aq0区域)。如果发现金属凹口和撕开:深度小于1mm,车轮可继续使用,深度大于1mm,须对车轮进行镟修处理或更换轮对。

轮缘的非刃口面(图4-24中从Aq0到 B 区域)。如果发现金属凹口和撕开:深度小于2.5mm,把尖锐部分展平到其周围,车轮可继续使用;深度大于2.5mm,须对车轮进行镟修处理或更换车轮。踏面外侧缺损影响到车轮在钢轨上的安全搭载量。

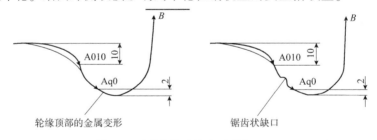

图4-24 车轮轮缘破损(尺寸单位:mm)

7) 车轮轮辋外侧辗宽

这种故障是车轮材质过软引起的。轮辋外侧辗宽的危害与踏面磨耗的情况相似,过道岔时辗宽部分会挤压基本轨而造成车辆脱轨。

8) 车轮裂纹

车轮裂纹主要产生在踏面、轮缘根部、整体车轮轮辋与辐板交界处及辐板孔附近部位。车轮踏面裂纹的主要原因是制动抱闸后激热激冷和部分轮辋厚度过薄及转向架横向力过大;整体车轮轮辋与辐板交界处及辐板孔裂纹,主要原因是材质不良和应力集中。车轮裂纹后,对车辆运行有着极大的危害,因为车轮裂纹会造成车轮破碎,造成行车重大事故。车轮出现裂纹必须更换车轮。

车轮裂纹主要靠外观检查并借助检车锤敲打的音响来判断。声音清脆一般为良好的象征，声音闷哑有可能为裂纹象征。此外，有透油黑线、透锈道痕、铁粉附着等迹象时都为裂纹象征。

3. 轮对组装（大修时进行）

1）车轴检查

（1）目测车轴轮座表面，不得有任何影响车轮安装或通过手工操作留下的损伤，如金属磕碰、裂纹、冲击痕迹或脏物等。

（2）检查轮座表面粗糙度应符合要求。

（3）表面很浅的缺损可以用磨石消除。

（4）当车轴表面有更大的破损发生时，为确保车轴仍可使用，可以通过轮座进行机加工来去除表面的任何损坏。机加工后，轮座应符合规定的尺寸要求。

（5）在精密的车床上转动车轴，检查车轴轴颈及车轴中心圆周跳动，如果圆周跳动大于 0.5mm，车轴应报废。

2）车轮组装

（1）轮座直径提供了一个介于 0.298mm 和 0.345mm 之间的过盈量。

（2）检查两个车轮的直径，同一车轴上的车轮轮径之差不得超过 0.5mm。

（3）清理毛刺，如有必要，用压力空气吹除任何颗粒杂质。

（4）清洁和检查车轴轮座和车轮轮毂孔的状况。测量和记录车轮轮孔直径 d，测量和记录车轴轮座直径 D；计算轮轴过盈量（$D-d$），过盈量必须在 0.298mm 和 0.345mm 之间。

（5）确保轮毂孔和轮座清洁，在轮轴配合面涂抹一薄层动物油脂。

（6）用聚酯衬套或相似手段保护轴颈。

（7）把车轮推入压装设备上的车轮保护装置，车轮的残余静不平衡标记的方向应一致。

（8）在轮对压装机上安装支撑套筒。

（9）根据车轮压装程序把车轮压装在车轴上。

（10）检查车轮压装过程，压力荷载平稳上升，其压力应保持在 600～1 110kN 范围内。在压装结束后，最小压力应为 600kN，最大压力不超过 1 110kN。

（11）根据图 4-25 所示的外形轮廓和表 4-1 的要求进行轮对尺寸检查。

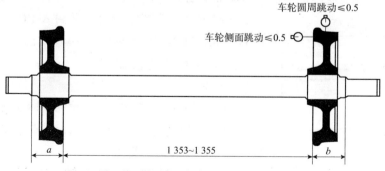

图 4-25 轮对外形轮廓（尺寸单位：mm）

轮对尺寸检查标准　　　　　　　　　　表 4-1

轮对内侧距离测量四点	1 353～1 355mm	a、b 差值	≤1mm
车轮侧面跳动	≤0.5mm	电阻测试（在两个车轮踏面间进行电阻测试）	<0.01Ω
车轮圆周跳动	≤0.5mm		

? 想一想

轮对有哪些故障？怎样进行检查维修轮对？

知识链接

地铁车辆转向架车轮降噪的方式

地铁车辆的噪声主要是转向架传递至车体的振动及车轮和钢轨的撞击和摩擦激发的振动所产生的辐射噪声。减小轮轨噪声有效的方法有采用弹性车轮、降噪车轮或橡胶车轮以及在车轮上安装降噪阻尼装置四种。弹性车轮是在轮缘和轮辐之间加装黏弹性橡胶衬垫。降噪车轮是在不改变车轮结构的情况下，在车轮表面敷设黏弹性材料。橡胶车轮也可显著降低噪声。车轮上安装降噪阻尼装置，在车轮上安装降噪阻尼装置后，车轮的振动会传递给降噪阻尼装置，引起降噪阻尼装置的谐振，阻尼装置将吸收车轮振动的能量，从而达到降低噪声的目的。降噪阻尼装置主要有两种：一种是降噪阻尼环，它是特殊材料制成的开口圆环结构，通过压缩安装在车轮轮辋内侧槽内，圆环通过本身弹性紧贴轮辋，并采用特殊设计的高阻尼弹性连接件或焊接封闭其接口，确保阻尼环在长时间使用周期下的良好降噪性能。另一种是降噪阻尼片，阻尼片由多层金属板和阻尼胶片叠加而成。地铁车辆转向架普遍安装有降噪阻尼装置，并且种类较多，但弹性车轮及橡胶轮国内很少采用，主要是出于成本和运营维护考虑；阻尼环具有组装、拆卸方便，使用寿命长的特点，目前地铁车辆上应用得较多。

二、轴承的检修

目前，城市轨道交通车辆上普遍使用 RCC 成套轴承，与原来的轴承相比，具有返厂维护周期延长、安装方便等优点。

1. RCC 轴承

RCC 轴承，即地铁用车轴密封圆柱滚子轴承，为在双列带挡边圆柱滚子轴承的外圈两端处直接安装迷宫式密封圈，并封入 RCC 专用润滑脂的密封式成套轴承。构造如图 4-26 所示。

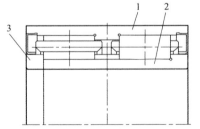

图 4-26　RCC 轴承构造
1-外圈；2-内圈；3-挡边环

2. 使用操作注意事项

1）防尘

（1）轴承的安装作业要尽可能选择清洁场所。

（2）要保持作业台清洁，需要铺置油纸、塑料布、聚乙烯膜等防止尘土附着。

（3）安装时使用的工具车轴、轴承箱及其他部件要与轴承同样保持清洁。

（4）轴承是经过充分清洗，然后涂抹防锈剂包装的，尽可能不要在使用前打开包装。

2）防锈

如果轴承生锈，其产生硬状颗粒会像研磨剂一样使轴承出现磨损。有湿气、氧、盐分等，人手上的汗液，润滑剂中的水分等都是轴承生锈的重要起因，所以部件安装作业时，必须戴干净的手套以防止生锈。

（1）直接用手接触轴承是轴承生锈的原因之一，所以当必须要徒手安装作业时，请将手充分洗净，并涂上优质矿油，再进行作业。

（2）空气中的水分（湿气）也是生锈的原因之一，所以轴承要保管在干燥、没有潮气处。

3）防击

（1）安装作业中，必须要对轴承敲击时，要注意避免对轴承强力敲打。敲打时，要在轴承端面处施加同等的力，促使轴承正确滑入并安装完成。

（2）要使用塑料锤，而尽可能不要使用钢锤。

（3）使用钢锤时，尽量不要直接敲击轴承，必须垫加非铁制的垫板。

（4）无论任何场合都不能敲击保持架。

4）清洗

使用中性洗涤剂在专用清洗机清洗该轴承。没有条件使用清洗机时，要在专用油槽清洗。

（1）清洗油槽要准备粗清洗和安装前洗净用 2 个油槽。油槽容积要尽可能大，清洗油要充足，中央部要铺设可沉淀灰尘的金属网。另外，清洗油要选择精制煤油。

（2）用清洗油槽中清洗轴承时，可使用毛刷或者尼龙绸刷，不能使用金属刷。无论什么场合都不要采用喷射清洗的形式。

（3）清洗后擦拭轴承时请采用没有线头的棉布等。

（4）清洗后，如果不加以处置地将轴承放置，轴承会马上生锈，所以清洗后要做充分的防锈处理。

注意： 轴承制造工厂在轴承制造完成后，对轴承进行充分清洗后封入润滑脂，最后将成套轴承捆包。新成套轴承打开包装后可直接使用。

5）保存

新出厂的 RCC 轴承已充分清洗，封入润滑脂，捆包完好，在使用之前不要打开包装。轴承保管还要注意以下事项：

（1）务必将轴承放置在避免潮湿的场所。

（2）保管环境要保持清洁干燥、换气条件好并避免阳光直接照射场所。

（3）仓库中，轴承的放置高度最少距离地面 30cm，并不得垒置。

（4）包装箱要保证由上到下的正确放置方向。

6）其他

（1）要高度保持安装使用工具的清洁。

（2）要保证车轴以及相关部件与轴承同样的清洁。

3. 车轴的检查

对新制车轴，其测量记录要与轴承检查成绩书的记录对照，尽可能接近平均过盈值，对车轴与轴承内圈选配。

（1）轴颈部直径尺寸，使用千分尺。

（2）确认车轴的根部有无明显的刀痕残余以及其他伤痕等。

（3）轴端有螺钉扣时要检查轴端螺钉扣。

（4）按图 4-27 测量位置的尺寸和精度，其精度车轴直径 $\phi 120 p6 \left(^{+0.059}_{+0.037} \right)$，圆度与圆柱度小于 0.015。

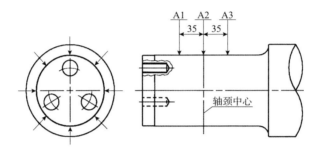

图 4-27 车轴尺寸（尺寸单位：mm）

4. 成套轴承的分解

（1）卸下轴端的固定部件。

（2）成套轴承可按照如下顺序拆下。

①拆下外圈组件部分（图 4-28）。

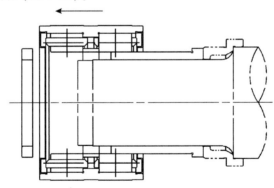

图 4-28 拆下外圈组件

在外圈外径上缠上布带或者皮革带，用起重机或者滑轮将其吊起，从内圈拔出；使用手动起重功能的转向架从下面托起也可。这时，挡环也可以同时拔出。

注意：作业时，请注意不要使外圈组件及挡环掉到地下。

②拆下内圈和防尘挡圈。

轴承分解时，不一定必须将内圈以及车轮侧的部件从车轴上拆下。不拆卸内圈及防尘挡圈的场合，可通过观察内圈外观确认有无异常发生。

③拆下轴承组成总成和防尘挡圈（图 4-29）。

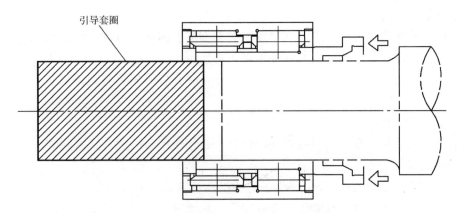

图4-29 拆下轴承组成总成和防尘挡圈

也可以安装引导套圈后将成套轴承和防尘挡圈同时拔下。

（3）迷宫式密封圈的拆卸（图4-30）。

①把外圈组件装在轴承支撑物上。

②上侧滚子端面处，使用拆卸迷宫式密封圈的工具。

③用拆卸迷宫式密封圈的专用撬棒，圆周方向3～4个点处边撬边拆卸。如图4-30a）所示。

④单侧的滚子保持架组件以及间隔圈可以分解，然后拆下。

⑤反转外圈组件，同上面的步骤一样，可以取出反侧的迷宫式密封圈。如图4-30b）所示。

⑥与④相同，反侧的滚子保持架组件可以分解，然后拆下。

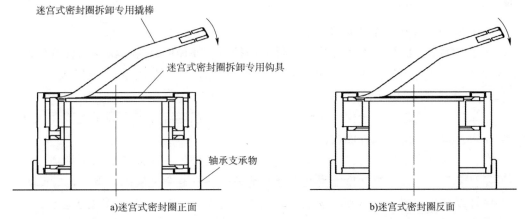

a）迷宫式密封圈正面　　　　b）迷宫式密封圈反面

图4-30 拆卸迷宫式密封圈

注意：使用专用撬棒时，不要伤及保持架。

5. 轴承部件的检查

为了保证轴承部件（内圈、外圈、滚子、保持架组装件、挡边环和间隔圈）清洗后可再使用，必须确认其有无有害性的缺陷或者异常磨损。如轴承中任何一个部件被确认有异常不可再使用时，该套轴承应报废。

1) 轴承表面损伤的检查

根据轴承部件的使用状况，可观察轴承有无剥离、擦伤、电蚀、挡边面卡伤、缺损等表面损伤，通过该外观检查可以判断轴承可否再使用。

注意：外圈的迷宫式密封圈配合部，是否有迷宫式密封圈拔出时的残留须线，如果有要清除。

2) 迷宫式密封圈

从轴承上拆下的迷宫式密封圈要全部废弃，必须使用新的迷宫式密封圈。

3) 润滑脂的检查

轴承清洗前，要对轴承各部位(滚子附近以及迷宫式密封圈部的空间处)的润滑脂进行检查，如发现润滑脂颜色有变化或者黏度等与其他轴承比较有异常时，请做详细检查。

4) 游隙的检查

轴承在受到异常高温时，会发生因温度升高使轴承游隙减少，当其值在规定值以下时，轴承不可以使用。

5) 挡边环的检查

要确认轴承挡边环的内径、挡面等的异常磨损、卡伤、锈蚀等有无异常情况。

6) 其他

要确认轴承间隔圈的挡面等异常磨损、卡伤、锈蚀等有无异常情况。

要确认车轴上是否有蠕动磨损、锈蚀、打滑擦伤等发生，如果有可用精磨砂纸，用油石磨除，以钝化尖角部分。

6. 成套轴承的组装、装入顺序

1) 成套轴承的组装顺序

(1) 将润滑脂涂抹于滚子保持架上。

均匀地将润滑脂涂抹在滚子保持架组件的内径面、外径面，旋转滚子，使润滑脂进入滚子与保持架之间。另外，滚子端面处也须涂抹润滑脂。润滑脂用量：1 列 90g。

(2) 迷宫式密封圈的压入安装。

①把涂抹过润滑脂的滚子保持架组件装入外圈后，把迷宫式密封圈用组装环从外圈上端开始压入，最后全部压入外圈(图 4-31)。

注意：压入迷宫密封圈时，注意不要使迷宫密封圈偏斜。若倾斜压入，则会使迷宫式密封圈发生变形，可能导致润滑脂发生泄漏。此外，还应避免过度压入造成密封圈变形。

②将外圈反转并置于轴承支撑物上，插入挡边间隔圈，在挡边间隔圈的缝隙处大致均匀地涂抹润滑脂。润滑脂用量：20g。

在挡边间隔圈封入润滑脂后，将涂抹润滑脂的单侧滚子保持架组件置入插入外圈，再如①所述压入迷宫式密封圈(图 4-32)。

2) 成套轴承的装入顺序

(1) 准备检查合格的车轴，轴与轴承温度要相同。

轴承内圈与车轴配合的过盈量：0.037~0.079mm。

(2) 清洗车轴，在车轴的 R 部涂抹不含铅化合物的速干防锈涂料。

图 4-31　从外圈一侧压入密封圈

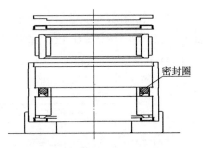

图 4-32　从外圈另一侧压入密封圈

（3）为使轴承顺利压入，在与车轴的配合部均匀涂抹润滑剂。（推荐：粉末二硫化钼或是膏状二硫化钼润滑剂）涂抹范围至轴承安装位置（图 4-33）。

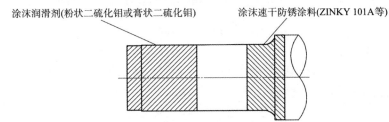

图 4-33　涂抹润滑剂和速干防锈涂料

（4）将引导套圈螺栓锁紧至车轴端面。（图 4-34）

引导套圈推荐尺寸：外径为（$\phi 119.5 \pm 0.05$）mm。

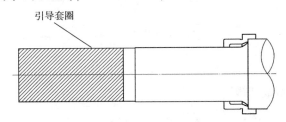

图 4-34　引导套圈锁紧至车轴

（5）成套轴承的挡边环侧靠近轴端侧，装至引导套圈上。（图 4-35）

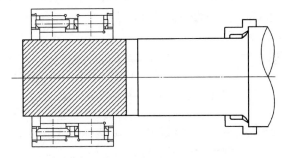

图 4-35　轴承装至引导轴承

（6）装入组装套圈后，将成套轴承压入。

装卸装置的最大压力施加至最终增压力时，要注意压入过程中的压力表是否活动，压力的最大值要记录保存。

另外,为了使车轮侧防尘挡圈和车轴挡肩充分接触,要施加至最终增压力值。压入力:52~111kN,摩擦系数 $u=0.12$,最终增压力为167kN。(图4-36)(以上不含防尘挡圈)

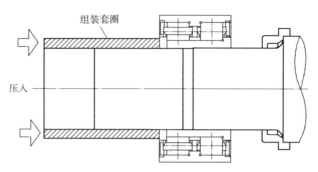

图4-36 压入轴承

组装套圈推荐尺寸:

外径:ϕ150mm(与迷宫式密封圈不接触);内径:$\phi 120.2_0^{+0.3}$mm。

(7)将组装套圈和引导套圈取出。(图4-37)

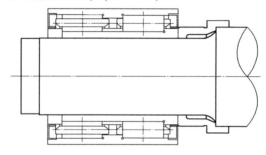

图4-37 取出套圈和引导套圈

(8)安装车轴端固定部件。

(9)圆周方向旋转外圈,确认旋转顺畅与否。

轴向移动外圈,确认轴向游隙。

参考轴向游隙:0.55~1.10mm。

确认有异常时,按照成套轴承的分解顺序准备、拆下成套轴承。检查轴承与车轴并确认没有异常时,再进行安装。

7. 轴承的维修检查

1)试运转时

(1)轴承温度确认。

试运转时,首先要注意轴承温度变化,特别是轴承有无异常温度上升情况。轴承部的温度为运转停止后,立即测量轴承箱表面温度。

(2)润滑脂泄漏确认。

运转初期,从迷宫式密封圈周围可能有少量润滑脂泄漏(但不能连续渗漏),并非异常现象,无须担心。

2）定期入厂检查时

（1）轴承检查。

密封滚子轴承发生电蚀后，长期不分解检查是不行的。因此，特别是车辆定期入厂检查时，建议抽样检查轴承内部情况。

（2）润滑脂更换。

为了润滑脂保持良好状态，一定期间的走行后需要进行润滑脂更换，润滑脂更换时，必须把迷宫式密封圈取下。

（3）电气焊接。

安装上轴承的转向架或者在车辆上必须进行电气焊接时，注意与要焊接的部件是否过于接近、该部件是否有接地线，不要让电流通过轴承。

三、轴箱的检修

轴箱组成主要由轴箱体、轴箱轴承、轴箱前盖、轴端压板、轴箱后盖、防尘挡圈和O型密封圈等组成。如图4-38所示。轴箱的作用是支撑构架、轮对与一系悬挂的连接纽带，人字簧的下部支座传递牵引力，制动力及车体的重量。

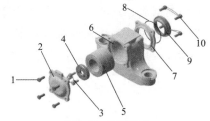

图4-38 轴箱组成

1-轴箱前盖紧固件；2-轴箱前盖；3-防松片；4-轴端压板；5-轴承；6-轴箱体；7-轴箱后盖；8-O型圈；9-防尘挡圈；10-轴箱后盖紧固件

1. 轴箱体的检修

人字橡胶定位导框式转向架轴箱体的材料是铝合金，常见的轴箱体的材料一般为碳钢、合金钢。对轴箱体的检修包括清洗、外观检查、尺寸检查、探伤、油漆等内容。

2. 轴箱盖检修

对轴箱盖等结构件的检修按清洗、检查、探伤(大修时)、补漆的要求进行。

3. 迷宫环、密封圈及层叠环检修

对密封件的检修除结构件外，大修时均要求更新。

4. 各类传感器检修

轴箱内装有测速传感器、防滑传感器等各类传感器，对传感器的拆卸与组装需根据技术要求进行。

5. 组装与记录

在大齿轮热套、轮对压装完成后，按与拆卸相反的顺序组装轴箱，并对检修好的轴箱记录相关信息。

> **知识扩展**

锂基脂的分类及性能

滚动轴承润滑脂一般使用Ⅳ型锂基脂，Ⅳ润滑脂是高级脂肪酸锂-钙皂稠化精制的矿物润滑脂，并加入多种添加剂调制而成。

锂基脂分为通用锂基脂、极压锂基脂、二硫化钼锂基脂、复合锂基脂等。

极压锂基脂：润滑脂由羟基脂肪酸锂皂稠化矿物油并加入抗氧、防锈、防腐等多种极压抗磨添加剂调制而成。极压锂基脂具有优良的抗水性、机械安定性、耐极压抗磨性能、防水性和泵送性、防锈性和氧化安定性。锂基润滑脂在极端恶劣的操作条件下，还能发挥其超卓的润滑效能。产品的持久使用温度范围为 $-20 \sim 160℃$。

极压复合锂基脂是由高级脂肪酸复合锂皂稠化矿物油，并加入抗氧、防锈防腐等多种极压添加剂，采用先进的接触器循环制脂新工艺调制而成的高性能产品，具有优秀的抗磨损，抗极压和耐高温的优良性能。同时，产品的抗水性、胶体安定性增色良好。极压复合锂基润滑脂具有优良的抗水性、机械安定性、防锈性和耐高温氧化安定性。极压复合锂基润滑脂在极端恶劣的操作条件下，还能发挥其超卓的润滑效能，极压复合锂基润滑脂可取代钙基、钙钠混合基等润滑脂产品。产品的持久使用温度范围为 $-30 \sim 210℃$。间歇操作的最高温度可达 $220℃$。

二硫化钼锂基脂是羟基脂肪酸锂皂稠化矿物油并加有抗磨抗极压性能良好的二硫化钼添加剂制成。产品具有优秀的抗磨损性能和机械安定性，加入二硫化钼添加剂，这样可以减少轴承因较高压强以及冲击荷载造成的各种磨损。产品的持久使用温度范围为 $-20 \sim 150℃$。间歇操作的最高温度可达 $180℃$。

项目五 车体和内装的检修

项目描述

车体是车辆结构的主体，是乘客乘坐的空间和司机驾驶列车的地方，也是安装、吊装其他设备的基础。因此，车辆车体、客室及司机室是车辆的重要组成部分，对于车辆的安全性和舒适性等各种性能都有着很高的要求。车体是由底架、端墙、侧墙、车顶、司机室等部分组成的。车体部件需要更换，须进行架修或大修或返厂修理，在维修前应根据具体损坏的程度制订相应的维修方案。对于车辆的运用、检修或制造来说，车体及内装的检修至关重要。本项目主要介绍车体和内装的结构及检修。

任务一 车体的检修

任务目标

1. 了解车体检修工具设备的使用方法。
2. 了解车体的常见故障及检修方法。
3. 掌握车体的结构组成、作用。
4. 能够按检修规程对车体部分进行检修。

工具设备

城市轨道交通车辆常用车体（含内部设施）模型 1 个，城市轨道交通车辆一节、架车机、车体及内部设施检测检修常用工具和专业设备若干套、多媒体设备课件、图片、示教板、计算机多媒体设备等。

建议学时

2 学时

教学环境

理实一体化教室或轨道交通综合实训场。

基础知识

车体是城市轨道交通车辆重要的组成部件之一，坐落在转向架上。除了载客之外，几乎所有的机械、电气、电子等设备都安装在车体的上部、内部及下部，司机室也设置在车体中。车体一般是由底架、侧墙、端墙、车顶等组成的。车体要有隔音、减振、隔热、防火以及在事故状态下尽可能保证乘客安全的逃生门等设施。

一、车体的分类

按车体使用材料分为：普通碳素钢车体、高耐候结构钢车体、不锈钢车体、铝合金车体。

按车体结构有无司机室分为：带司机室车体和无司机室车体两种。

按车体尺寸可分为：A型车车体、B型车车体和C型车车体等。

按车体各部件的连接工艺分为：焊接、铆接、螺栓钉联结或混合连接四种类型。我国和日本大多数采用焊接结构，焊接-铆接或焊接-螺栓钉连接在欧洲应用较多。

按车体组成方式分为：一体化设计和模块化设计。

同时安全、轻量化已成为现代化城市轨道交通的重要标志，要做到轻量化最好的办法就是减轻车体的自重，采用铝合金材料是减轻车体自重的有效措施，生产制造铝合金车体已是城市轨道交通车辆发展的必然趋势。目前我国各地铁公司使用铝合金车体材料的较多，车体的底架、侧墙、车顶及端墙均采用大型薄壁中空挤压型材组焊而成的整体承载结构。本任务以铝合金车体为例加以介绍。

车体的模块化结构组成

二、铝合金车体结构

车体采用整体承载结构，由底架、侧墙、端墙、车顶和司机室（仅Tc车）组成。拖车车体结构如图5-1所示，动车车体结构如图5-2所示。

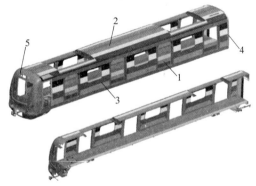

图5-1 拖车车体结构
1-底架；2-车顶；3-侧墙；4-端墙；5-司机室

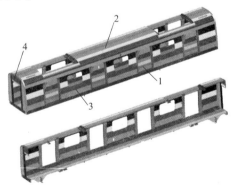

图5-2 动车车体结构
1-底架；2-车顶；3-侧墙；4-端墙

1. 底架

底架采用无中梁结构，由牵引梁、枕梁、缓冲梁、边梁、横梁、地板等组成。底架两侧为两根铝合金型材边梁,在它们之间布置 5 块铝合金型材地板。底架的两端是由缓冲梁、牵引梁和枕梁组成的端部底架,底架的中部设有 5 根横梁。靠近底架的枕梁处设有 8 处顶车垫板,以满足车辆的检修、吊运和救援作业的需要,同时在车体上做指导作业的标记。

拖车(T_C 车)底架如图 5-3 所示,动车(M 车)底架如图 5-4 所示。

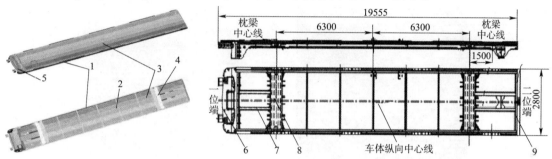

图 5-3 拖车(T_C 车)底架(尺寸单位:mm)

1-边梁(侧梁);2-横梁;3-地板;4-端部底架;5-前端底架;6-止挡梁;7-牵引梁;8-枕梁;9-缓冲梁

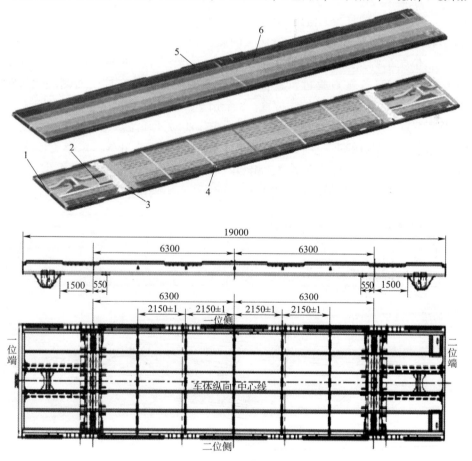

图 5-4 动车(M 车)底架(尺寸单位:mm)

1-缓冲梁;2-牵引梁;3-枕梁;4-横梁;5-边梁(侧梁);6-地板

拖车底架司机室处设有防爬吸能装置和吸能区。防爬吸能装置由防爬器和后端的吸能元件组成，防爬器可以防止车辆意外撞击时互相爬叠，保证冲击力沿车体纵向传递，吸能元件在车体撞击过程中能够产生有序的塑性变形吸收撞击能量。在拖车司机室端车钩安装结构前端还设有专门的吸能区，在撞击时吸能区也会产生大塑性变形吸收撞击能量。拖车前端防爬器和吸能装置如图5-5所示。

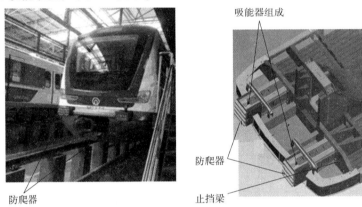

图5-5 拖车前端防爬器和吸能装置

在拖车和动车底架下方的一、二位枕梁两侧各设2个吊车/架车位；每车共8个位置，同时在一、二位端车钩安装座下方设2个顶车位。底架架车点布置如图5-6a）所示。

图5-6所示的③④⑤⑥点是进行正常抬车作业的位置，设在枕内两侧底架边梁底部；①②⑦⑧点是脱轨紧急救援时的抬车位置。8个抬车位置均设有抬车垫板，同时在车钩安装座的底部设顶车点⑨⑩。使用③④⑤⑥点进行抬车作业时，须注意4处抬车点应尽量处于同一平面，前、后端抬车点的垂直高度差不得超过50mm，并同步升降，以避免车体发生扭转、倾斜或滑移。如果多辆车同时抬升检修，相邻两辆车间最大垂直高度差不得超过90mm。

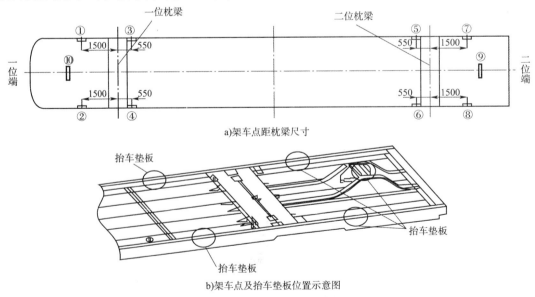

图5-6 底架架车点的布置（尺寸单位：mm）

2. 车顶

车顶由型材车顶板、空调平台等组焊组成。型材车顶板由 7 块型材拼接而成，型材内外两层焊缝采用自动焊，如图 5-7 所示。最外侧型材自带车顶排水槽，防止车顶雨水直接流到车门区域，淋湿乘客；两块型材内部自带滑槽，用于内装设备安装。空调平台是由两侧型材及两端压型铝板形成的框架结构，整体受力良好。空调安装时压紧车顶预设的密封胶条，保证密封。

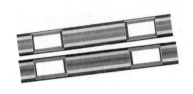 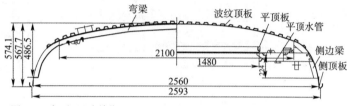

图 5-7　车顶(尺寸单位：mm)

3. 侧墙

侧墙采用中空铝合金拉伸型材结构，每个单元拼接完成后，与侧墙上边梁组焊，保证门口宽度尺寸，再将该侧墙半成品放置于加工平台整体加工窗口和其他缺口，最后将预先组好的门框安装在门口预留部位，周圈满焊确保密封不渗漏。拖车侧墙如图 5-8a) 所示，动车侧墙如图 5-8b) 所示。

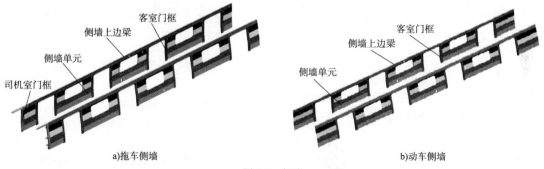

图 5-8　侧墙

4. 端墙

端墙结构把车顶、侧墙、底架结合成一体，共同承受车体所受的各种载荷，主要由端角柱、端门立柱、端墙板等组成。在端墙设计时，充分考虑贯通道安装以及门开口对车辆整体强度的减弱，设计了风挡立柱和风挡横梁，加强了端角柱和端门立柱结构。端角柱、端门立柱、外墙板均采用 EN AW-6005A-T6 铝合金挤压型材，通过表面喷漆进行防腐保护，通过焊接将各个部件组成整体承载结构。如图 5-9 所示。

5. 内门立柱

内门立柱位于客室门口两侧，每一个门口两侧各一个，用来遮挡车门和安装内装墙板。下部通过螺栓与底架连接，上部通过螺栓与车顶连接，既能增强车体的刚度又能当内装板使用，减轻了车体的质量。内门立柱上安装有橡胶条，用来调整内门立柱与车门之间的间隙，提高美观效果。如图 5-10 所示。

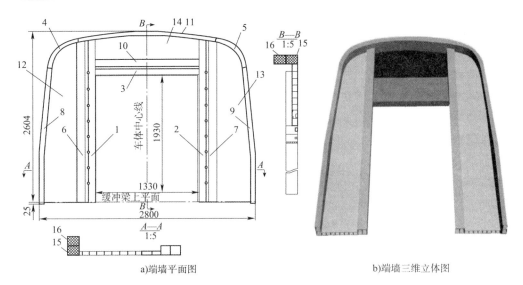

a)端墙平面图　　　　　　b)端墙三维立体图

图5-9　车辆端墙(尺寸单位：mm)

1、2-门口立柱；3-门上横梁；4、5-侧顶弯梁；6、7-风档立柱；8、9-端角柱；10-风挡横梁；11-端顶弯梁；12、13、14-端墙板；15、16-隔热材

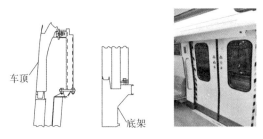

图5-10　客室门立柱结构

6. 空调冷凝水管内部安装

冷凝水管内部主要位于客室内部，上部与空调平台下部伸出的冷凝水管焊接，下部与底架边梁焊接，中部通过管卡座固定在侧墙型材内侧的滑道上，保证排水管的牢固。(图5-11)

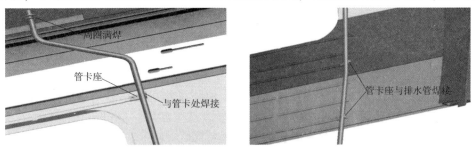

图5-11　空调冷凝水管内部安装结构

三、车体的试验

1. 试验的目的、荷载及要求

（1）试验的目的是鉴定车体及其主要零、部件的强度、刚度和稳定性。

（2）试验加载应最大限度地模拟试件实际运用时的受力状态。

（3）试验荷载应不小于基本作用载荷值，但鉴定标准仍按基本作用荷载换算。

（4）试验对象的制造质量应具有代表性。其机械性能、化学成分、金相组织、铸件壁厚、外形尺寸及铆焊质量等技术均应符合有关图纸及技术文件的规定。

2. 城市轨道交通车辆结构强度试验条件

车体强度对车辆的安全运行十分重要，需满足极端条件下动载荷、静载荷的要求。在架车、起吊、救援、调车、连挂和多车编组回送作业时，车体结构应力不超过材料的许用应力，不得产生永久变形及损坏；当超过最大载荷时，不得发生车体压溃的现象；在使用寿命内，不得产生疲劳失效。

车体结构的刚度应在正常荷载和自然频率下，车体的变形不超过运行条件所决定的极限值，应能确保在各种荷载下车门运动不受阻。

（1）静强度设计及荷载要求。

《地铁车辆通用技术条件》（GB/T 7928—2003）对车体试验用纵向静荷载值的规定为：如果用户和制造商在合同中没有特殊规定，建议 A 型车不低于 0.8MN，B 型车不低于 0.49MN。

此前没有明确的标准规定，使用中存在很大差异。例如，上海、广州 A 型车的技术条件要求车体静压缩强度为 1.18MN，与铁路客车的强度要求相同，但实际上地铁车辆与铁路客车不同，属动力分散型列车，承受的牵引力要小得多，纵向动力作用也明显减少。不同型号的车体要求也不一样，如天津滨海轻轨车辆 B 型车体的纵向压缩荷载为 0.8MN，拉伸荷载为 0.64MN，我国出口伊朗的地铁车辆按日本 JIS 标准采用了 0.49MN 的纵向试验静压力，而长春 Q6W-2 型轻轨车辆为不编组车辆，纵向压缩荷载取 300kN，拉伸荷载取 100kN。

（2）作用于车体的机械能量吸收要求。

对于列车的纵向冲动，其能量应优先由车钩及缓冲器系统起能量吸收作用。定义列车无乘客（空载）为 AW0，座客载荷为 AW1，定员载荷（6 人/m²）为 AW2，超员载荷（9 人/m²）为 AW3。假设列车（AW0）与制动的列车（AW0）相撞，当速度为 8km/h 时，车钩及缓冲器系统可吸收产生的冲击能量，并且任何部件都不能损坏。

（3）作用于车体的机械能量吸收要求。

当速度为 15 km/h 时，车钩及缓冲器系统可吸收产生的冲击能量，除车体不能损坏外，还应满足以下要求：

不得导致下列主要部件的损坏：转向架、车钩与车体连接件、贯通道、设备柜及其支承。在发生事故后，必须对车辆进行检查，尤其是电气、机械连接部分。

列车应能通过自身的动力或是由另一机车牵引，顺利通过区间和车辆段内条件最不利的轨道，以到达维修地点。

对于速度大于 15 km/h 的冲击，在自动车钩系统上设有过载保护措施。此外，通过适当地设计边梁的刚度，使司机室部位的底架结构首先产生变形而起吸收冲击能量的作用，从而保护客室部位的底架结构。

（4）设计寿命。

在正常运用条件下，预期运用至少 30 年，对车体结构件无须重修或加固。30 年后车辆重新装配可进一步运用。

（5）车体挠度要求。

要求在各种荷载下其挠度值须保证所有客室和司机室门操作自如。

（6）车顶要求。

车顶板在 $200cm^2$ 的面积上能承受 1000N 的垂直荷载。

车顶板能在间距为 500mm 的两个 $400cm^2$ 面积上分别承受 1000N 的垂直荷载。

车顶结构在承载空调单元部位必须加固，并保证空调排水通畅。

（7）底架要求：

底架可承受 AW3 的乘客荷载。

提供所有底架安装设备的支撑。

设吊、架车支撑点。

（8）设备支承及布置。

设备布置要求：车辆电气设备安装在车体底架的设备箱或客室的电气柜中，电气设备的位置根据其电气要求选定。设备箱的布置和设计应考虑设备的尺寸、重心位置及车重的分配，应提供质量计算。

设备安装结构应能承受 $30m/s^2$ 减速度的冲击力，符合城市轨道交通车辆强度设计规范 VDV 152：2016（德国交通企业协会标准）或等同国际标准的要求。

（9）车体与转向架的连接。

车体与转向架的连接部位在减速度为 $30m/s^2$ 的作用力的作用下，不会发生永久变形；在减速度为 $5m/s^2$ 的作用力的作用下，不被损坏。当车体吊起时，其连接应能同时吊起转向架。

（10）架车支承。

底架模块的设计应考虑吊车和架车支撑点。

在底架边梁上靠近转向架的位置设 4 个支撑点。在两端的车钩横梁中央分别设 1 个架车支承点，做复轨用，在车钩横梁下方架车应能抬起空载整车的一端；在车辆的四角处设 4 个起吊点，用于紧急情况下的架车。

架车、吊车、复轨用的架车支承点可满足车辆拆卸、组装、检修、吊运和救援作业的需要。车体的垂向强度应满足在使用任何一对架车点架车时，不使车体结构的任何部位发生屈服变形。每个架车支承点处设有定位点，架、吊车点处有标记，以指导作业。

（11）防爬装置。

防爬装置为可拆卸型，采用低合金、高强度钢制造，可承受 100kN 的任一方向垂向力与 1000kN 水平力的合力。在发生事故的情况下，两列车相撞时车体上最先接触的部位应该是防爬装置，因此，应在每个带司机室的车前端设置防爬装置。

（12）应力分析。

利用动态、静态有限元分析法进行车体的设计，设计后进行试验验证，分析结果和有关性能，并采用 FEA 系统对车体进行强度分析。

3. 试验内容

各运营商对城市轨道交通车辆的技术要求可能会不一样，这里我们以地铁 A 型车车体

为例。对车体结构应进行合格鉴定,包括强度分析、强度试验和疲劳试验等,需进行以下项目的试验:

(1) 模拟运行条件试验(垂向加载试验)。

通过液压油缸对车体施加静载荷,用电阻式应变仪测定应力,测量出变形量确定垂向挠度。应按照AW0及AW3载荷条件施加试验作用力。

(2) 静压试验(纵向加载试验)。

静压(挤压)试验应在首辆生产的A型车车体上进行,按照3种形式车辆中的最大质量(AW3)条件进行。试验作用力约为1 180kN,以水平方向作用在车钩安装座上。

(3) 冲击试验。

按A、B各型车不同的车重,以15km/h基准速度产生的力做计算机模拟冲击试验。

(4) 动态试验及疲劳试验。

按各型车不同的车重、载荷作计算机模拟动态试验和疲劳试验。设计方案需经历疲劳试验,相当于30年的工作寿命。

(5) 模拟架车试验。

垂向架车试验:在靠近车钩横梁4个架车点位置,升起空车(模拟AW0状态车体载荷,不包括转向架引起的荷重),测定底架的应力。

对角架车试验:模拟AW0状态车体载荷,不包括转向架的载荷。在靠近车钩横梁4个架车点位置升起车体后,下降一个支承点,直至该点的垂向载荷为零,然后测出应力、支承力和变形量。在这种状态下,车体结构各部位的应力不得超过许用应力,不得产生永久变形。

复轨试验:模拟AW0载荷的车体的一端支承在转向架上(转向架固定在轨道上),车体的另一端在车钩梁中央的架车点位置处提升。在车体的提升端应模拟一台转向架的荷重,该项试验应由计算机模拟来完成。

(6) 挠度测试。

在进行模拟运行条件试验时,应测量各项挠度,确定车体固有频率。在AW0载荷条件下,车体固有频率与转向架的固有频率之差不小于2Hz。

四、车体修理与更换

1. 车体表面油漆修补

1) 表面油漆缺陷

车辆运行中会出现表面划痕、撞击等损伤油漆表面的现象,如表面油漆出现缺陷应处理。

应该用相同质量的油漆进行涂装修饰,应该遵守油漆供货商的技术数据单的建议,使用的所有油漆产品都应经相关设计人员及工艺人员批准。

可能出现的两种缺陷:一种是只影响面漆的缺陷,另一种是影响各层油漆和金属面板的缺陷。

2) 油漆修补

(1) 修理第一种缺陷。

用适当的溶剂清除油脂。溶剂可采用汽油、丙酮、二甲苯、200号溶剂油等常用有机溶剂。车体大表面采用擦拭法；车体小零部件可采用浸洗法。

用 300 目的砂纸打磨缺陷周围的区域，用化学清洁剂清除灰尘，用相同颜色和型号的聚氨酯面漆涂敷。

如果缺陷太大，可以涂中间漆，每层油漆要覆盖原来涂的一层，以达到整体的效果。

（2）修理第二种缺陷。

用适当的溶剂清除油脂，用 80 目的砂纸打磨缺陷周围的区域；用相同型号的底漆涂敷，如果干燥时间多于 24 小时，用砂纸打磨面漆，在干燥之后如果需要，涂一层腻子并用砂纸打磨；用相同型号的中间漆涂敷，在干燥 14 小时之后用 300 目的砂纸打磨中间漆；用相同颜色和型号的聚氨酯面漆涂敷。

出于美观的要求，对于小的缺陷，必要时可以用油漆涂装整个表面，但在这种情况下，只在金属裸露的表面涂底漆，每层油漆要求覆盖原来涂的一层，以达到整体的效果。

2. 车体整修

1）车体整修方法

用合适的溶剂清除整个表面的油脂，用 80 目的砂纸打磨面漆。

2）大缺陷影响区域的整修方法

用相同型号的底漆涂敷；如果干燥时间多于 24 小时，用砂纸打磨面漆；在干燥之后如果需要，涂抹一层腻子并用砂纸打磨。

3）整个面板的整修方法

用相同型号的中间漆涂敷；在干燥 14 小时之后，用 300 目的砂纸打磨中间漆；用相同颜色和型号的聚氨酯面漆涂敷。

任务二　客室内部设施的检修

任务目标

1. 了解客室内装检修工具设备的使用方法。
2. 掌握客室内装的结构组成和作用。
3. 能够按检修规程对客室内装部分检修。

工具设备

城市轨道交通车辆常用车体(含内部设施)模型 1 个，城市轨道交通车辆一节、架车机、车体及内部设施检测检修常用工具和专业设备若干套、多媒体设备课件、图片、示教板、计算机多媒体设备等。

建议学时

2 学时

教学环境

理实一体化教室或轨道交通综合实训场。

基础知识

车体内部设有照明、通信、空调、车门开闭装置、座椅、扶手或拉杆、拉手等。车辆在编组成列车时，可采用贯通式和非贯通式的连接方式，可使全列车载客部分贯通，能有效地调节各个车辆的载客拥挤度，便于疏散乘客，故得到广泛应用。

一、车窗

（一）技术特性、结构特征

1. 客室车窗

客室侧窗采用单元式固定车窗，车体钢结构开口为 1 450mm ×940mm，车窗规格为 1 482mm ×972mm。客室车窗所采用的车窗结构及其装卸方法，无须现车钻孔攻丝等工序，而是将中空玻璃与窗框预组装成一体结构，并通过螺钉与固定框紧固成一个整体，实现快速、简捷地安装与拆卸更换操作。

客室车窗形式：车窗形式为单元组合式固定车窗。如图 5-12 所示。客室车窗的安装设计能承受所有内部和外部的压力差，包括会车和通过隧道。

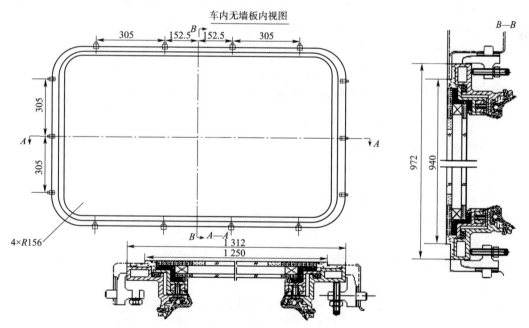

图 5-12　客室车窗(尺寸单位：mm)

所有客室车窗应保证严密、不渗水。客室车窗所使用的安全玻璃上印有安全合格标记，并能从车内看到标记内容(车内看正字)。客室车窗玻璃为双层中空钢化玻璃，厚度为 18mm。窗框采用铝合金挤压型材，按精密级制造。车窗玻璃与型材黏接所选用的结构胶采用进口聚氨酯结构密封胶,其防火性能符合 DIN5510-2:2009(德国轨道车辆防火测试)标准的相应等级。

2. 司机室前窗

司机室前窗为固定式车窗,采用层压式高抗冲击型安全电热玻璃,具有过热保护功能,除霜和密封性能良好,玻璃厚度为 11.3mm。司机室前窗玻璃的安装方式为黏接方式。玻璃周边做丝网印刷处理。如图 5-13 所示。

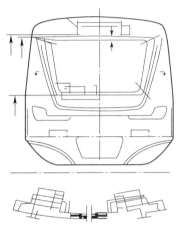

图 5-13 司机室前窗

前窗玻璃抗冲击能力满足 UIC651(国际铁路联盟)标准规定,即 1kg 铝弹以 $V = V\max + 160 \text{km/h}$($V\max$ 为车辆能达到的最高速度)的速度垂直冲击玻璃,要求铝弹不穿透玻璃,而且玻璃没有脱离其固定框架。

前窗玻璃可见光透射比不低于 80%。前窗玻璃的加热功率为 0.06W/cm^2,前窗玻璃的透明区域均为加热区域,电热前窗玻璃加热均匀度不大于 10℃。

(二)车窗计划性维护、保养

1. 日常维护、保养、校准

车窗在长时间不使用时,建议玻璃表面贴膜保护处理,防止玻璃表面划伤受损。

清洁时,维护人员必须戴防护手套。

车窗玻璃定期清洗维护,须用中性清洗剂擦洗。如发现车窗表面有油斑、灰尘或其他污迹,应及时清洁处理。

清洁玻璃表面时,先使用干净、不掉毛的布擦洗干净后,再用玻璃清洁器沿一个方向连续、均匀地擦拭,直至玻璃表面无擦痕。

玻璃表面有结冰现象需清除时,用温水先把冰层融化,再进行清洁。

车窗玻璃表面有硬的物质黏结时,应用刀片轻刮黏结物,保证玻璃表面无划伤痕。

2. 客室车窗

检查车窗玻璃表面有无赃物(如油斑、灰尘或其他污物等),玻璃有无划伤,车窗有无损坏,胶条是否破损、老化等。如发现玻璃有脏物应及时清理,玻璃划伤、胶条老化等影响美观的需及时修理或更换。

当发现胶条损坏或老化时，直接去掉老化的胶条，将新胶条沿胶条槽轻轻敲入，注意胶条留足够余量以防收缩，胶条接头处用乐泰 495 黏接牢靠。

3. 司机室前窗玻璃

检查司机室前窗玻璃表面有无击坑、裂纹，如果发现击坑（深度小于外层玻璃的厚度）、裂纹（长度小于 30mm），需每日跟踪击坑和裂纹，等到击坑深度达到外层玻璃的厚度或裂纹明显且长度大于 30mm 时，更换玻璃。

检查司机室前窗玻璃周边密封胶有无开裂、脱落，如果发现有开裂、脱落现象，及时做补胶处理。

检查司机室前窗玻璃温控器是否工作正常，如果温控器不能正常工作，检修电缆或更换前窗玻璃。

二、车内装饰及设备

整车的内装系统主要分为五大模块，分别是底架内装模块、侧墙内装模块、车顶内装模块、端墙内装模块及司机室内装模块。

内装主要包括扶手及吊环、橡胶地板及地板布（包括司机室及客室）、客室内装墙板（包括车顶、侧墙及端墙）、司机室内装墙板（包括车顶及侧墙）、客室座椅、司机室座椅、客室及司机室照明设备、窗玻璃、防寒材雨刮器及电机、遮阳帘、挡风玻璃和司机室面罩、客室及司机室灭火器。如图 5-14 所示。

图 5-14　客室局部

（一）客室内部布置

1. 扶手、立柱、吊环

客室内所有扶手包括客室中部扶手、门侧扶手、贯通道区扶手、屏风扶手、残疾人区扶手、侧扶手。扶手杆、三通、管座等表面光滑、无毛刺，外表面喷砂后进行电化学处理。

吊环由厂家以组件的形式供应。吊环主要由拉带和拉环组成，拉环采用尼龙工程塑料，拉带采用复合夹芯材料，外部为热塑性聚氨酯（Thermoplastic Urethane，TPU）夹心层采用通用的环保材料——芳香型聚酰胺纤维。

2. 地板布

地板布为 3mm 厚的橡胶材质。沿车体纵向铺至全车，中间的幅面 800mm，两边的幅面 890mm，2 条接缝，采用无缝焊接，既美观，又起到良好的防水性能，客室周边地板布用不锈钢踢脚板压住，在门区处采用防滑踏板压住地板布。

3. 客室座椅

客室座椅有六人座椅、三人座椅及两人座椅，六人座椅分布在各车型窗口下方区域，三人座椅分布在 M1、M2、M3 和 M4 车的一位端，两人座椅在 M1、M2、M3 和 M4 车二位端。

M1、M2、M3 和 M4 车的二位端设有两个残疾人靠座,沿车体中心线对称布置,靠座下部设有扶手,扶手与靠座组成一体。

4. 内装墙板

1)内顶板

客室顶板由车顶骨架、中顶板、通风格栅、侧顶板组成,相对客室纵向中心线左右完全对称。中顶板为平顶结构。顶板采用插接或通过螺栓、螺钉与车顶骨架连接。中顶板和灯罩之间通过通风格栅实现自然过渡;顶板与骨架之间均采用减振材料,以降低车内噪声。为了便于门机构、客室 LED、扬声器等各种设备的检修,侧顶板设计为可旋转的铰接结构。

2)侧墙板

客室侧墙板的结构为铝型材框架结构,侧墙骨架与墙板组成一体。侧墙板窗口处采用整体成型结构,取代窗饰框,与钢结构滑槽间粘贴橡胶垫,使墙板与车体之间形成弹性连接,降低车内噪声;门立柱罩板与其采用插接结构,不外露螺钉。踢脚板上部通过螺钉安装在侧墙内部骨架上。客室侧墙整体采用模块化设计,集成紧急报警器、广告框、LCD 等功能件,同时充分考虑相同侧墙板之间的互换性。

3)端墙板

客室端墙分为一位端墙、二位端墙,分别由端墙板(左)、端墙板(右)和门上板组成。一位端墙处,左右端板由铝蜂窝板组成。二位端墙处,左右端板由铝蜂窝板组成,左右端板上分别开有检查门,以供检修电器设备。门上板由铝型材、铝蜂窝板、钢化玻璃共同组成,钢化玻璃提供乘客信息显示区域。左右端板用螺钉固定在车体结构连接座上,门上头一端同顶板骨架连接,另一端同车体结构外端固定。

5. 灭火器

对于 M 车,客室内设置 4 个 2kg 的干粉灭火器,在三人座椅与一位端墙之间设置一个灭火器箱,内置两个 2kg 的干粉灭火器;此外,还在电气柜上设置两个 2kg 的干粉灭火器,客室两端的灭火器呈对角线布置。

对于 T_C 车,在一位端墙一、二位侧各设置一个 2kg 的干粉灭火器,此外还在二位端墙电气柜上设置了两个 2kg 的干粉灭火器。

6. 客室照明

客室灯带及 LED 平面顶灯为车辆客室内部提供照明光源。客室灯带、LED 平面光源主要由灯体、灯罩、LED 光源板、驱动电源组成。

7. 制动阀罩

制动阀罩分布在各车型二位侧中间六人座椅下。制动阀罩材质为拉丝不锈钢板,中间有检查门,设有门锁,平时检修制动阀时只需打开检查门的门锁,不需要拆罩体。

8. 采暖装置

客室内布置适量的采暖设备,当外界温度为 -14℃ 时,客室内温度不低于 12℃。司机室温度不低于 16℃。

（二）司机室内布置

司机室内装由司机室墙板、顶板、地板以及电气柜间壁组成。司机室内装的主要功能有：一是将车体梁柱及防寒材遮蔽，为司机提供人机界面；二是为电气设备或其他部件提供安装平台及检修空间。顶板和墙板采用聚酯玻璃钢制作，间壁和地板采用铝蜂窝板制作（材料及性能参数与客室端墙及客室地板相同）。司机室墙板由左右墙板、侧门立罩、侧门上罩、窗上墙板、窗下墙板、左右门压条及固定座等组成。窗上墙板带检查门，用于检查目的地显示器。侧门上罩可以翻转，方便对侧门的门机构进行检修。

1. 司机室后端墙系统

司机室后端墙系统由间壁板、门上板和司机室后端门组成。间壁板上设有检查门，用来检修内部电气设备。司机室间壁及检查门厚40mm，由整体不锈钢骨架高温黏结不锈钢面板复合而成，内部填充铝蜂窝。司机室间壁及检查门四周固定一圈铝合金压条，压条中部内凹部分粘贴防火膨胀胶条，遮蔽门板复合时边、角存在的结构缝隙，同时保证司机室后端墙系统具有优异的防火性能。

司机室后端门位于司机室间壁的中央，该门向司机室方向打开满足防火、实用和美观要求。后端门采用铰接式折页；司机室隔门厚40mm，由整体不锈钢骨架高温粘结不锈钢面板复合而成，内部填充铝蜂窝。司机室隔门四周使用铝合金型材边框，通过边框可以遮蔽门板复合时边、角存在的结构缺陷。边框中心的凹槽粘接防火胶条，可以更好地阻挡火焰和烟气的通过。

2. 司机室座椅

1）座椅的位置

司机座椅位于操纵台后方。

2）主要性能

司机座椅为可调式软包座椅，具有前后调节、高度调节、左右旋转调节、靠背倾角调节、悬浮调节等多种功能，通过螺栓固定在车体底架上。座椅要结实耐用，能承受130kg的载荷，转动120°。

3. 司机室照明

LED平面顶灯为司机室提供照明光源。司机室顶灯总功率为16W。司机室灯的电源和控制电源都是借用应急电源供电，在司机台上有司机室灯转换开关，司机室灯转换开关置于"开"位后，司机室双管顶灯亮。

4. 遮阳帘

1）遮阳帘的位置及组成

遮阳帘安装在司机室顶板的前部翻板上，主要由遮阳帘卷布、滑动杆和安装座组成。遮阳帘外形尺寸1 554（宽度）mm×906（高度）mm。

2）主要性能

遮阳帘透光率不低于80%，能有效防止阳光对司机室内的直射。避免阳光影响司机的运营操作。遮阳帘为手动操作装置，能够有效地遮挡阳光对司机眼睛的照射，保证车辆的运行安全。

项目六　车门的检修

项目描述

城市轨道交通车辆车门是电客车的重要部件。因数量多、操作频繁而成为列车故障率最高的部件。车门的形式设计选型、开关机构以及它们的加工制造和控制原理，特别是维修品质的管理都直接影响列车的运行安全和乘客的人身安全，严重时会造成大面积的运营延误。车门的应用及故障处理是车辆应用及检修人员必须掌握的操作技能；运营管理类人员也要能操作车门，并能够协助司机进行简单的故障处理及隔离操作。本项目重点介绍车门的结构与检修作业。

任务一　车门的类型与结构

任务目标

1. 了解车门的类型、车门的功能。
2. 掌握车门的结构组成、作用原理。
3. 会对客室门进行开、关、隔离、紧急解锁、紧急疏散门的打开与回收操作。

工具设备

基本工具：方孔钥匙、十字螺丝刀、直尺、"禁止动车"牌。客室门（B 型车全车 8 个，A 型车全车 10 个）。

教学环境

理实一体化教室或轨道交通综合实训场。

建议学时

4 学时

城市轨道交通车辆，客室侧门数量较多，且经常进行开关门操作，容易产生故障。司机室侧门主要用于司机及工作人员安全出入司机室并能够与外部环境实现物理、热量与声音隔离，保障司机乘务人员的人身安全。因此城市轨道交通车辆在设计和制造时，非常重视车门的安全性和可靠性。

一、车门的类型

（一）按照车门功能分类

车门按功能分类，可分为司机室侧门、司机室后端门、紧急疏散门和客室侧门四类，各类车门的位置如图6-1所示。

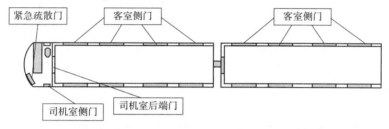

图6-1　各类车门位置示意图

列车车门示意

司机室侧门一般采用一扇单页的手动塞拉车门，每个司机室有两个司机室门，每侧一个两侧对称布置。车门净开度为560mm，净高度为1 830mm。如图6-2所示。

司机室后端门是在司机室后端墙中间（或一侧）设置的一个与客室相通的通道门，如图6-3所示。该门向司机室内部方向打开，采用折页铰接式；能在关闭位置锁定，在打开至全开位时可使用门板下方的磁吸固定；司机室后端门设有门锁，司机室侧为手操作锁，客室侧为钥匙锁。在列车正常行驶时，司机室后端门锁闭，不允许乘客进入司机室。

图6-2　司机室侧门

图6-3　司机室后端门

紧急疏散门（又叫逃生门）设置在带司机室车厢的前端墙上（中间或左侧），如图6-4所示。列车在隧道内运行时一旦发生火灾等危险事故，司机可打开紧急疏散门，释放紧急疏散梯，引导乘客通过紧急疏散梯走向路基中央，然后向两端的车站疏散。

图6-4 列车紧急疏散门

客室侧门如图6-5所示。客室侧门由于使用频率高、安全性、可靠性要求高，一直是城市轨道交通车辆专业的重点研究领域。按照驱动系统的动力来源不同，可将客室侧门分为电动式车门和气动式车门。气动式车门的动力来源是驱动气缸，电动式车门的动力来源是直流电动机或交流电动机。电动门与气动门相比，具有结构简单、易于控制、故障率低、维修少的特点。

图6-5 客室侧门

（二）按照车门的运动轨迹以及车体的安装方式分类

按照车门的运动轨迹以及车体的安装方式分类，可分为内藏式滑移车门、外挂式滑移车门、塞拉车门、外摆式车门四类。

1. 内藏式滑移车门

内藏式滑移车门简称内藏门，如图6-6所示。车辆在开关门时，门页在车辆侧墙的外墙与内护板之间的夹层内移动，传动机构设于车厢内侧车门的顶部，装有导轨的门页可在导轨上移动并与传动装置的钢丝绳或皮带相连，借助风缸或电机驱动传动机构使钢丝绳或皮带带动门页动作。

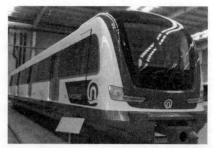

图 6-6　内藏式滑移车门

2. 外挂式滑移车门

外挂式滑移车门的驱动机构和工作原理与内藏式滑移门相同，外挂式滑移车门开关门时，门页均位于车辆侧墙的外侧，如图 6-7 所示。外挂式滑移车门的结构较简单，但由于门机构位于车体外部，密封性能相对较差。

图 6-7　外挂式滑移车门

3. 塞拉车门

塞拉车门借助于车门上端的传动机构和导轨，车门开启状态时，门页贴靠在侧墙的外侧，车门关闭状态时，门页外表面与车体外墙成一平面，如图 6-8 所示。这不仅使车辆外观美观，而且有利于在列车高速行驶时减小空气阻力，车门不会因空气旋流产生噪声，也便于自动洗车装置对车体的清洗。

图 6-8　塞拉门

4. 外摆式车门

外摆式车门在开门时通过转轴和摆杆使车门向外摆出并贴靠在车体外墙板上，门关闭后门翼外表面与车体外墙成一平面，如图 6-9 所示。这种车门结构特点是在开门时具有较大的门翼摆动空间，一般用在轻轨列车或有轨电车上。

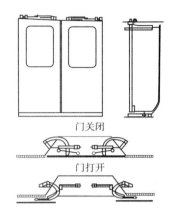

图 6-9 外摆式车门

二、车门的结构

车门可由压缩空气作为开关的动力，也可采用电机驱动。地铁电客车所使用的车门一般采用电机驱动作为开关门的动力。电动门按照车门开启及结构形式主要分为移动门和塞拉门，其中移动门又可分为内藏式滑移门和外挂式滑移门。目前，我国电客车使用电动内藏门的较多。常见的车门传动装置有两种：丝杠、螺母副传动和齿形带与齿带夹传动。下面以这两种传动的内藏门为例介绍客室门。

（一）传动装置为丝杠螺母的客室内藏门

客室车门系统主要结构包括驱动机构、门扇组成、隔离装置、内紧急解锁装置、外紧急解锁装置、门控器，集中分布在每个车门的门口区域，便于维修。客室门系统结构如图 6-10 所示。

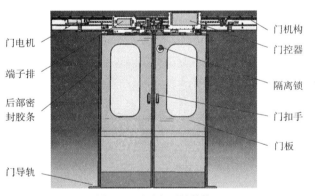

图 6-10 客室门系统结构

客室门系统原理如图 6-11 所示。门控器接收到开关门指令后，命令电机动作，通过联轴节驱动丝杠转动打开锁闭装置，同时通过传动螺母带动携门架运动，由携门架带动门页在上下导轨、摆臂以及平衡轮的配合作用下一起沿长导柱方向运动来实现车门的开关。

1. 驱动机构

驱动机构如图 6-12 所示，包括上导轨、驱动电机、端子排组件、蜂鸣器、门携器、传动螺母、丝杠、门控器组件、端部解锁及其他附件。

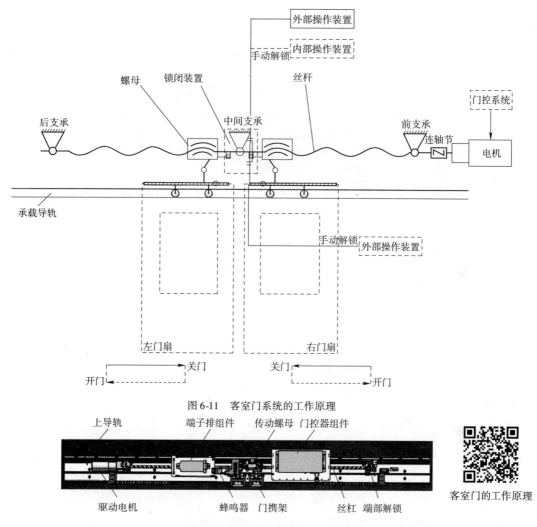

图 6-11 客室门系统的工作原理

图 6-12 客室门驱动机构

（1）支撑导轨

支撑导轨是预装在车门顶部的门驱动机构的悬挂和导向部件，其本身是通过螺栓安装在车体门口上方的上侧梁上。车门其他部件都通过安装座安装到导轨上。

（2）驱动电机

驱动电机位于门口中间线，通过驱动丝杆和关联的滑轮、螺母实现车门的开启和关闭运动。驱动电机采用直流无刷电机，具有长寿命、免维护的特性。

（3）丝杆、丝杆螺母总成

丝杆是采用铝材质的大螺距丝杆，表面有一层耐磨抗氧化层。螺母采用高强度材料，传动效率高、寿命长。门扇的运动通过一半左旋、一半右旋的驱动丝杆实现同步。

（4）锁闭机构

锁闭单元包括锁闭棘爪、锁闭凸轮、锁闭到位检测开关、紧急解锁拉杆和紧急解锁检测开关，如图 6-13 所示。锁闭凸轮只能由电机或连接到内/外紧急解锁的钢丝绳释放。锁闭机构通过弹簧力保持其锁闭/开锁状态。

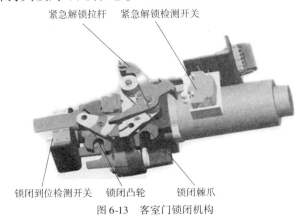

图6-13 客室门锁闭机构

门关闭到位时,锁闭棘爪触发并通过销锁住门扇,同时锁闭凸轮被操作,转动到卡住锁闭棘爪的锁闭位置,并保持锁闭状态;当锁闭凸轮未被释放时,门在锁闭位置;在门打开运动中,首先锁闭凸轮由电机单独一个轴驱动离开锁闭位置,然后锁闭棘爪才能被释放,门才能被打开。在没有电力供应时,门扇依然可以手动锁闭。

2. 门扇组成

门扇为夹心层结构,由铝型材框架、铝蒙皮和铝蜂窝经热粘接而成(图6-14),厚度为32mm。窗玻璃为中空钢化玻璃,通过胶粘接到门板上,外侧与门板外表面平齐。门扇前缘装有防夹手胶条。门扇底部(导轨两侧)集成了低摩擦的非金属耐磨条。

3. 隔离装置

如果车门系统存在无法集控关闭的故障,该车门必须隔离处理。车内和车外均能通过四角钥匙操作。隔离车门时首先关闭车门,然后操作隔离手柄,门被机械隔离,同时隔离杆激活限位开关使门被电气隔离。隔离后,位于客室侧门上方的红色指示灯亮,同时该门在全列车车门锁闭安全回路被旁路,实现门的机械锁闭和电气隔离。为防止误操作,隔离锁设计为门打开状态时不能操作(图6-15)。

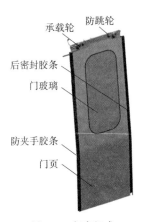

图6-14 门扇组成

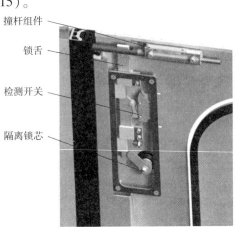

图6-15 隔离装置

4. 内、外部紧急解锁装置

（1）内部紧急解锁装置

每个车门在客室内部侧设置内部紧急解锁装置，该装置安装在一个外部设有盖板的盒子中，内部紧急锁上装有解锁旋钮，旋钮头部带有四角锁芯。转动旋钮时通过钢丝绳使门驱动装置上的解锁装置转动，从而将门解锁，并使门驱动装置上制动装置处的限位开关动作。操作内部解锁装置后，装置将被定位在解锁状态（图6-16）。

（2）外部紧急解锁装置

在车体外墙上装有外操作装置。乘务员使用四方钥匙操作外操作装置的锁芯，通过钢丝绳使门驱动装置上的解锁装置转动，从而将门解锁，并使门驱动装置上制动装置处的限位开关动作。操作外部解锁装置后，装置将被定位在解锁状态。乘务员可以在车外将门手动打开。如果操作了内、外紧急解锁装置，必须在列车重新启动之前通过四方钥匙使之复位。高度为距地板布面200mm、距门中心1 720mm（图6-17）。

a)实物　　　　b)三维结构　　　　　a)实物　　　　b)内部结构

图6-16　内部紧急锁装置　　　　图6-17　外部紧急解锁装置

在满足使用前提的情况下，乘务员、检修人员均可掀开盖板、操作转动解锁旋钮，乘客也可在司机的指引下进行操作。

5. 门控器

每套门设置一个门控器，如图6-18所示。门控器包含可编程逻辑编码器以及电机电源电路，用于驱动电机的控制。每辆车有两个门控器接入车辆总线（Multifunction Vehicle Bus，MVB），其他门控器之间为控制器局域网总线（Controller Area Network，CAN）接口。每个门控器有1个RS-232服务接口。

注意：RS-232是一种常用的串行通信接口标准。RS（Recommended Standard）表示推荐标准，232是标识号。

a)门控器外形　　　　　b)门控器实物

图6-18　门控器

客室车门是由门控器单元来控制的。列车的每节车厢装有 8 套门控器单元(A 型车 10 套)，每侧 4 套，对称分布。根据列车控制信号("开门列车线""关门列车线""零速列车线") 和门驱动机构上电气开关元件发出的信号，门控器单元将门开启或关闭。

门控器单元通过列车总线与列车控制系统进行信息交换。EDCU 可传送门的不同状态信息和诊断信息。可用便携式电脑通过 RS-232 服务接口修改软件程序来满足不同的控制要求。通过 RS-232 服务接口，还可将 EDCU 的状态信息和诊断信息传送给使用诊断软件的便携式电脑，进行地面的故障分析。

（二）传动装置为齿形带与齿带夹的客室内藏门

1. 驱动机构组成（图 6-19）

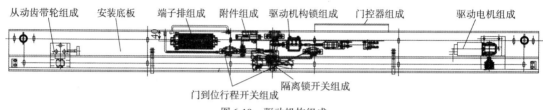

图 6-19 驱动机构组成

（1）安装底板组成。

安装底板组成包括安装底板、定位止挡、附件组成、端子排组成、行程开关组成、门控器组成等元件。

①各种电气开关。

门锁闭开关：检测锁钩是否锁到位的开关，设有常开和常闭两组触点，这两组触点分别提供给门控器和车门锁闭硬线环路。

门板到位开关：检测门板是否到位，分为门板开关 1 和门板开关 2。这两个开关设常开和常闭两组触点，这两组触点分别提供给门控器和车门锁闭硬线环路。

紧急解锁开关：操作紧急解锁后触发的。该开关可以提供两个常开和两个常闭触点。紧急解锁开关动作后一般是给门控器提供一个信号，同时切断车门锁闭硬线环路。

隔离锁开关：操作隔离锁后触发的。该开关设有常开和常闭触点，分别提供给门控器、隔离指示灯和车门锁闭环路。

②电机：驱动电机是带有行星齿轮，锥齿轮减速机的 60 V 直流电机。

（2）门板吊挂部件。

门板吊挂部件主要由左侧门吊板组成、右侧门吊板组成两大部件构成，同样为双扇电控电动内藏门系统导向装置的重要组成之一，如图 6-20 所示。

（3）传动装置。

驱动机构组成的传动装置由驱动电机、齿带、齿带轮、齿带夹(与门吊板组成相连接)共同组成，如图 6-21 所示。齿带采用橡胶半圆形同步带，齿带是整个系统非常重要的部件之一，起连接传动系统的作用。传动齿带为内衬张力钢丝，具有高强度、高抗疲劳性等特点。齿带在将整个传动机构连接在一起后经过调整达到一定的张力，当经过一段运营时间后，需要对齿形带的张力做一定的检测，必要时需要进行调节，使之达到更好的状态。

项目六 车门的检修

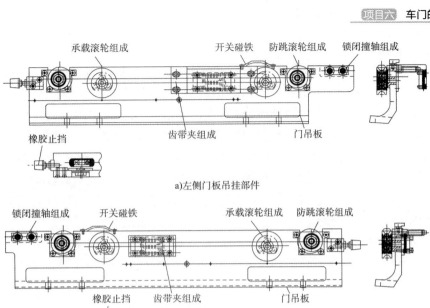

a) 左侧门板吊挂部件

b) 右门板吊挂部件

c) 门板吊挂部件实物

图 6-20 门板吊挂部件

a) 传动装置平面图

b) 传动装置的齿带与齿带夹实物图

图 6-21 传动装置

141

(4) 锁闭解锁装置。

锁闭解锁装置(驱动机构锁组成)安装在安装底板上,组成部件是一套电磁铁组成、一套锁钩组成、一套复位气缸组成等,如图6-22所示。在门关闭的过程中,4个分别位于左、右侧门吊板组成之上的锁闭撞轴组成(每个门吊板组成上有两组锁闭撞轴组成,起二级保护作用),进入锁钩中,锁钩通过复位气缸内部的弹簧可以使之自动复位(保证在供电故障的情况下,车门系统仍能保持锁闭状态),从而使车门系统以这种方式被锁闭,同时门关到位行程开关及锁到位行程开关被触发,提供客室车门系统锁闭到位信号,列车可以开车。电动开门时,通过对电磁铁组成的控制,电磁铁得电吸合,可使锁钩转动,从而释放出锁闭撞轴,客室车门系统以这种方式实现解锁,解锁后车门才可以打开。电磁铁组成的后部可以与紧急解锁装置相连接,通过拉动紧急解锁手柄实现特殊情况下的手动机械解锁,同时触发相应的行程开关,提供客室车门系统被紧急解锁信号。紧急解锁完毕后,通过复位气缸内部的弹簧可以使锁钩自动复位,保证锁钩处于锁闭状态。

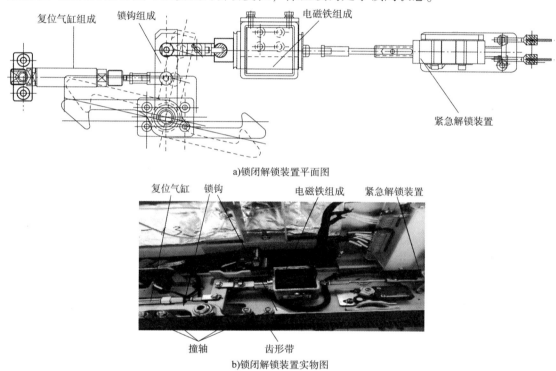

图6-22 锁闭解锁装置

2. 内部紧急解锁装置

为使乘客在轨道客车出现意外危险的情况下可以及时、迅速地疏散,在客室车厢指定车门内部罩板上特配备有内部紧急解锁装置(图6-23)。通过钢丝绳组成将内部紧急解锁装置与紧急解锁装置相连接。当旋转内部紧急解锁装置的解锁扳手时,钢丝绳带动紧急解锁装置旋转,紧急解锁装置旋转带动电磁铁克服复位气缸运动,从而使锁钩旋转打开,将锁闭撞轴释放出来,实现解锁,同时触发相应的行程开关,提供客室车门系统被紧急解锁信号。

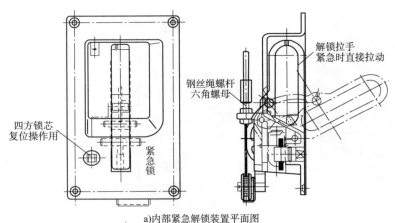

a) 内部紧急解锁装置平面图　　　　　　　b) 内部紧急解锁装置实物图

图6-23　车门内部紧急解锁装置

内部紧急解锁装置有清楚的标记，平时由有机玻璃外罩罩住。日常检修时无须打碎外部保护面罩，被授权人员可以通过专用钥匙（四方钥匙）操作；紧急情况下，乘客可以打碎有机玻璃外罩，操作解锁扳手，实现车门解锁。

3. 隔离锁组成

如果由于个别车门系统因为机械或电气故障而要求某一车门单独退出服务时，首先保证该车门处于关闭状态下，被授权人员才可以用专用钥匙（四方钥匙）打开罩板并转动位于驱动机构组成上的隔离锁组成（图6-24），使驱动机构组成机械锁闭，并同时触发隔离锁行程开关，提供该客室车门系统被隔离锁闭信号，进而隔离该车门系统电路，从而使该车门系统退出服务而其他车门不受其影响。当该车门被隔离后，处于客室内部罩板上的隔离指示灯（红色）亮起，对乘客起到指示作用。隔离锁操作扭矩≤15 N·m。

注意：当车门系统处于隔离状态时，紧急解锁不能将其打开。

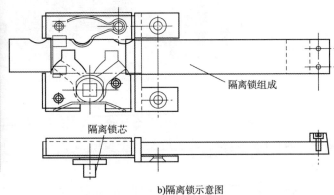

a) 隔离锁实物隔离锁闭状态　　　　　　　b) 隔离锁示意图

图6-24　隔离锁组成

（三）司机室侧门

1. 手动塞拉司机室侧门

司机室侧门的结构如图6-25所示。

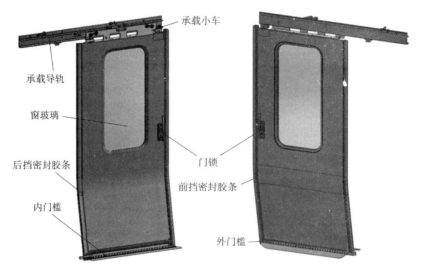

图 6-25 司机室侧门

司机室两侧设手动塞拉车门，司机室侧门系统由顶部机构、门扇和基础部件等组成。门板内、外蒙皮材质为铝合金，门玻璃为活动式，门板结构和客室车门相同，门口设有扶手和脚蹬。车门开、闭灵活，关闭后密封性能良好，并且车门关闭后与车体外表面平齐。司机室侧门未关闭时列车不能牵引。门机构组成如图 6-26 所示。

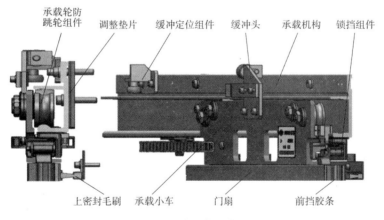

图 6-26 门机构组成

司机室两侧门上的玻璃为安全玻璃，采用外滑型垂向降落窗，窗在关闭位置能牢固地锁紧。窗户滑动灵活，并采取防止振颤噪声的措施和设有耐候性的密封条，挡风、挡尘、挡雨。

门板组成如图 6-27 所示。门板采用夹心层结构，厚度为 32mm。内外蒙板材质与客室门相同；内部填充铝蜂窝；中间为铝框架；门板上有双层固定窗户。携门架通过螺钉与门板连接。

司机室门锁组成如图 6-28 所示。门锁安装在门板上，锁挡安装在上导轨上，通过操作门板的内外把手实现解锁。

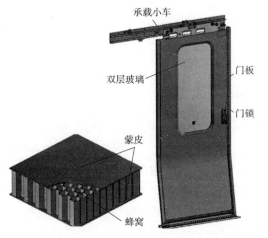
图6-27 门板组成

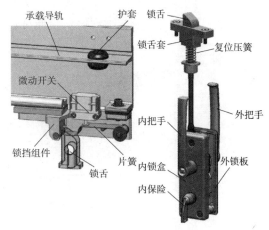
图6-28 司机室门锁组成

2. 单开电动塞拉司机室侧门

车门的电控电动装置采用微处理器控制的电动机驱动装置,具有自诊断功能和故障记录功能,具有与列车总线网络进行通信的功能,并可通过列车总线网络对车门进行控制,如图6-29所示。车门采用硬线控制。

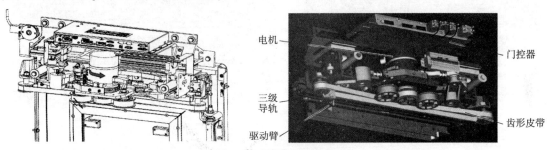
图6-29 司机室侧门组成

传动装置采用齿轮、齿带方式,导向装置、驱动装置和锁闭装置集中为一个紧凑的功能单元,便于安装和维修。

电机组件由一个直流电动机及电机和驱动装置之间的连接装置组成。电机及联轴节在寿命周期内免维护。

(四)紧急疏散门

紧急疏散门又叫逃生门,它是安装在城市轨道交通列车上的一种逃生装备,在紧急或意外情况下,逃生门展开能形成一个人员撤离通道。逃生门一般设置在车辆头部,每列地铁列车设置两套逃生门。

1. 门总成

门总成安装在车头左侧,上部铰链连接在车骨架上,下部门框连接在铝地板上,门框四周与车头玻璃钢之间涂胶密封。门总成由门框、门扇、铰链、锁紧机构、气弹簧等部分组成。

门主体中有两个行程开关,安装在门框上,左右锁点各一个。当门处于锁紧状态时,锁舌触动行程开关的触头,使行程开关的常闭触点导通;当门处于打开状态时,常闭触点断开，行程开关及坡道的状态信号传入列车管理系统。当列车遇到紧急情况时，扳动解锁把手到指定位置，锁舌从门框脱出，向外推动门扇，当门扇绕着铰链转到一定角度，经过气弹簧的死点后，放开解锁把手，这时门扇可在气弹簧推力的作用下自动旋转到打开的极限位置。如图6-30所示。

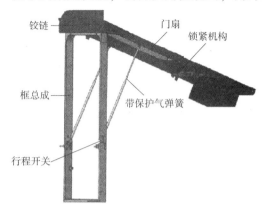

图6-30 门总成打开状态示意图

2. 紧急疏散门的操作

（1）打开

将门解锁把手用力向左扳动，拉断手柄上的安全绳，将手柄扳动90°到解锁位置（注意：红色为门解锁把手，绿色为坡道解锁把手）。然后握住门把手将门向外推出，此后门将自动弹开到打开位置。把梯子放在司机座椅后面，如图6-31所示。

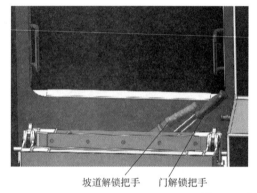 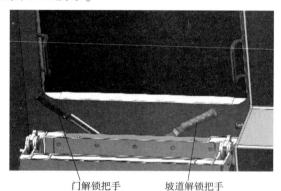

图6-31 逃生装置打开把手位置

门开到位后将坡道解锁把手用力向左扳动90°到解锁位置。向外推出坡道上部位置，此后坡道依靠重力自行展开，如图6-32所示。整个疏散系统完全打开，如图6-33所示。

图6-32 推出坡道　　　　　　　图6-33 逃生门完全打开

（2）回收

从门扇上取下回收装置并展开，将回收布带两挂钩分别挂至门把手上，将布带拴到任意一根气弹簧上，如图6-34所示。

将坡道逐级折叠回收,四节坡道全部折叠完毕后,将坡道限位机构的定位叉放在定位柱上,扳动解锁把手至关位,如图6-35所示。

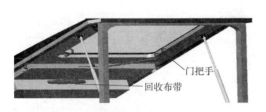
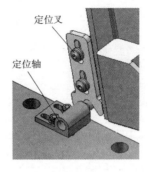

图6-34 回收布带挂钩挂到门把手上　　　图6-35 回收装置和折叠坡道

注意:每节坡道在回收时,该节的斜拉钢丝绳应收回扶手与踏板的空隙之中,且主钢丝绳应收回踏板型材内侧,在回收过程中必须将坡道各钢丝绳梳理整齐,保证位置正确。此步骤非常重要,稍有不当即将导致坡道下次不能顺利展开。

把气弹簧上的旋钮拉出(注意:必须使旋钮保持在拉出状态,否则在关闭门扇时会损坏空气弹簧)并拉动回收装置将门板拉回,直到锁舌滑入锁片,将门解锁把手向右扳动到锁定位置,穿上铅封,如图6-36所示。将门回收装置折叠好放回其原来位置,如图6-37所示。

图6-36 气弹簧及旋钮　　　图6-37 扳回解锁把手并加铅封

任务二　车门的检修

任务目标

1. 了解车门的故障检查与排除方法。
2. 掌握车门维护调整的方法及相关工具的使用。
3. 能够检查、清洁、润滑车门主要部件。

工具设备

1. 基本工具:方孔钥匙、螺丝刀、十字螺丝刀、直尺、"禁止动车"牌、38件套、内六角扳手、顶针弹簧测力计、28mm测试块、钢板尺或卷尺、12mm测试块、扳手(固定、开口)、力矩扳手、"禁止合闸"牌。

2. 所需设备：锁定杆长度量规、DCS测试块和锁定杆测量工具及电机专用工具。

理实一体化教室或轨道交通综合实训场。

4学时

基础知识

为了保证车门的正常运行和使用，保证各部件的稳定性，需要对车门进行日常维修和定期对车门部件进行预防性维修(均衡修)，以保持其有效性和可靠性。

一、车门尺寸的调整

(一) 客室车门

1. 防跳轮的调整

防跳轮检查：检查防跳轮上边缘和上导轨顶部之间的间隙应为(0.1~0.4mm)(图6-38)。

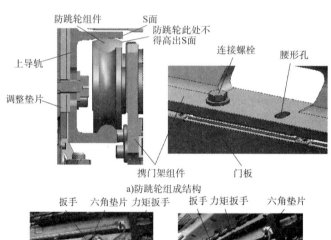

图6-38 防跳轮调整

调整说明：如检查尺寸不能满足上述要求，需调整，则依据《安装调试指南》的要求进行调整：

(1) 转动偏心轮调整防跳轮上边缘和上导轨顶部之间的间隙在接近接触位置。

(2) 手动关门并重新开门，检查门页在导轨中是否轻松运动(目视检查防跳轮是否轻轻转动)。

（3）调整后，用耐油中强度型螺纹锁固胶上紧防跳轮的螺栓。

（4）以规定扭矩上紧防跳轮的螺栓。

（5）在上紧防跳轮螺栓时，使用扳手固定六角垫片的旋转角度，然后使用力矩扳手以规定扭矩拧紧螺母。

2. 客室车门锁钩与锁销检查和调整

（1）检查锁销与锁钩之间的间隙：使用塞尺或者直径 3.1mm 和 4.5mm 的钻头在两个锁销上检查锁销和锁钩之间的间隙。在整个锁销长度上所需间隙符合尺寸(3.8 ± 0.7)mm。

（2）检查锁销端面和锁钩端面之间的尺寸≥2mm。

如检查尺寸不能满足上述要求，则依据《安装调试指南》的要求进行调整；添加或者减少垫片，或者在长圆孔内移动锁销支架，调整完成后需满足其他项目要求(图6-39)。

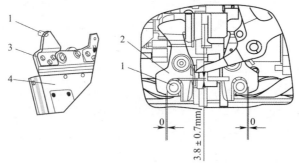

图 6-39 钩锁与锁销检查(尺寸单位：mm)
1-锁销；2-锁钩；3-门角螺母；4-门扇

3. 门扇高度调整

调整左右门扇上的承载轮组件，可以调整门扇的高度。

如果防跳轮和承载组件的调整不足以调整门扇的高度，则可以通过调整携门架组件跟门扇之间的 3 片调整垫片的数量来微调整个门扇的高度(图6-40)。

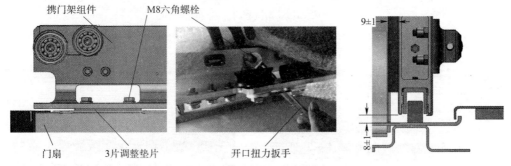

图 6-40 门扇高度调整(尺寸单位：mm)

4. 门扇 V 形调整

整门扇 V 形，要求两页门扇 X_2 比 X_1 大 1mm 到 3mm。

调节防跳轮上的偏心轴，使其与上导轨上的圆弧贴合，间隙为 0.2mm 左右(图6-41)。

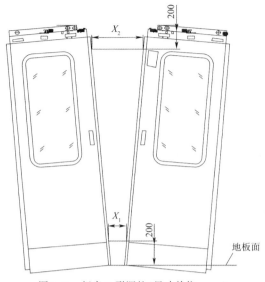

图 6-41 门扇 V 形调整(尺寸单位:mm)

客室车门扇 V 形调节

5. 门扇对中调整

转动丝杆使两扇门同步移动到某个位置,用 5m 钢卷尺测量左右门扇前缘(门板和前缘密封胶条形成的结合线)和左右门框侧面之间的距离 X_1、X_2,要求 $|X_1 - X_2| \leqslant 1.5$mm,测量高度距地板面 1 350mm(图 6-42)。

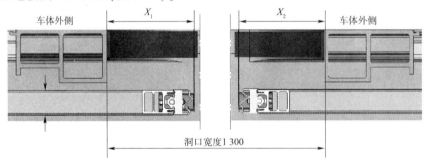

图 6-42 门扇对中调整(尺寸单位:mm)

6. 门扇开度调整

将左右门扇开门到位,用 5m 钢卷尺测量门系统开度(在离地板面 1m 处),开度要求为 $1\,300_{\ 0}^{+4}$mm(图 6-43)。

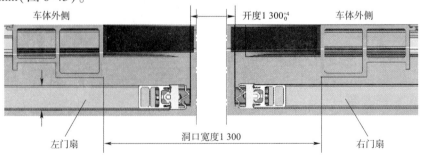

图 6-43 门扇开度调整(尺寸单位:mm)

7. 门密封压紧的调整

调整螺纹套(两螺纹套必须同步调整,否则门的对中会产生变化),然后关门锁闭,再同步调整两螺纹套,使门向中心移动至护指胶条,使护指胶条宽度为 45~50mm(护指胶条宽度建议值为 47mm);左右门扇前缘胶条之间的密封要求上下之间间隙(A、B)之差 $|A-B|≤2mm$,要求:①保证通过淋雨试验;②保证门系统达到手动解锁的力矩要求;③如果护指胶条下部有明显的漏光现象,调整门扇 V 形(图 6-44)。

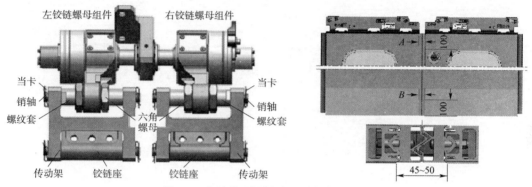

图 6-44 门密封压紧的调整(尺寸单位:mm)

(二) 司机室车门

1. 驱动机构位置调整

(1) 门打开状态下,使用一条铅垂线垂在光杆外沿,使用直角尺测量光杆外沿至门框外沿的水平尺寸 a,使用钢板尺测量光杆下沿至门框下沿的垂向尺寸 b,如图 6-45a) 所示。

(2) 查看尺寸 a 是否满足 $(158±1)$mm,若不符合要求则需进行调整(图 6-45b)。调整时先清洁螺栓及周围,然后用 16 号棘轮扳手松开紧固螺栓(M10×45),依次将六角螺栓、弹簧垫圈、平垫取下,通过减少垫片、减小尺寸、增加垫片、增大尺寸的方式进行调整。调整完毕后,螺栓涂抹螺纹紧固剂,将平垫、弹垫、六角螺栓依次固定,使用棘轮扳手重新紧固螺栓,测量尺寸满足要求,画防松线。

(3) 查看尺寸 b 是否满足 $(58±1)$mm,若不符合要求则需进行调整。(图 6-45c)) 调整时先清洁螺栓及周围,然后用 16 号棘轮扳手松开紧固螺栓(2 个 M10×45),依次将六角螺栓、弹簧垫圈、平垫取下,通过减少垫片、减小尺寸、增加垫片、增大尺寸的方式进行调整。调整完毕后,螺栓涂抹螺纹紧固剂,将平垫、弹垫、六角螺栓依次固定,使用棘轮扳手重新紧固螺栓,测量尺寸满足要求,画防松线。

2. 门扇平行度调整

将司机室侧门打开到最大位置,目视检查司机室侧门是否与车体在同一平面,若不在同一平面则需进行调整。调整时,首先将司机室侧门关闭,然后使用内六角扳手松开长圆孔上的 2 个螺纹销,使用 17 号棘轮扳手转动偏心轮,调整司机室侧门门扇与密封面平行,确保其中一个螺纹销可以水平拧入轴上的螺纹孔,使用清洁剂清洁偏心轴及其周围并画防松线(图 6-46)。

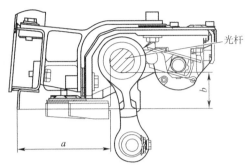

a) 驱动机构位置示意图

b) 调整 a 值实操图

c) 调整 b 值实操图

图 6-45 驱动机构位置调整

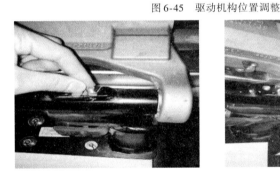

图 6-46 门扇平行度调整

3. 门扇 V 形调整

（1）将门携架①处于垂直位置（车门打开约 100mm），使用钢板尺测量上部距离 X_2、下部距离 X_1，计算 $X_2 - X_1$ 应在 0~2mm 范围内（图 6-47）。

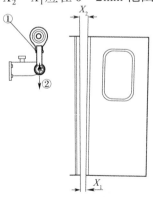

a) 门风扇调整示意图

b) 门风扇调整测量图

图 6-47 门扇 V 形调整

(2)若计算尺寸不符合要求,则需进行调整。用棘轮扳手转动偏心轮,使用钢板尺重新测量计算 V 形,直至符合要求,如图 6-48 所示。

4. 行程开关调整与更换

(1)检查行程开关滚轮中心点位置搭在滑车凸台上,动作灵敏,用塞尺测量,上下有 1~1.5mm 余量(图 6-49)。

图 6-48 门扇 V 形调整操作　　　　图 6-49　行程开关的调整

(2)若安装尺寸不符合要求,则需进行调整。将门扇置于锁闭位置,用棘轮扳手松开行程开关底座的 2 个紧固螺栓,使用清洗剂清洁螺栓、螺母。在长圆孔中移动行程开关支架至滚轮位置,直至符合要求,用棘轮扳手临时紧固行程开关底座的 2 个螺栓。使用塞尺塞入滚轮和门携架之间,检查限位开关的滚轮仍有 1~1.5mm 的余量,将扭力扳手扭矩调整为 9.5N·m,用扭力扳手固定螺栓并画防松线。

(3)更换行程开关

将行程开关两侧的插线拔下,并记下线号。使用一字螺丝刀将固定行程开关的卡扣轻轻拔下,避免大力破坏卡扣,将故障的行程开关取下。拿出新的行程开关,检查行程开关状态良好,将行程开关放在行程开关后座处,并用卡扣固定,按照接线顺序重新接线,开关门测试功能是否正常(图 6-50)。

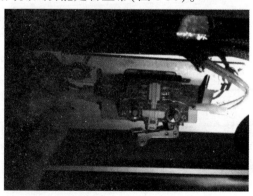

图 6-50　行程开关的更换

5. 支撑滚轮调整

(1)在门关闭位置,用塞尺测量支撑滚轮和门扇硬点之间的间距 $a = (1.5 \pm 0.5)$ mm;

支撑滚轮无抗压车门情况,且无卡滞、可转动。如图 6-51 所示。

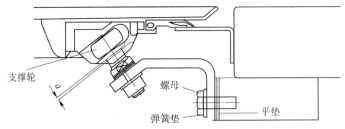

图 6-51　支承轮的调整示意图

(2) 若尺寸 a 不符合要求,则需进行调整。调整方法为:打开上端磁吸防护板,用 16 号棘轮扳手松开支撑滚轮后螺母(M10),并使用清洁剂清洁,通过增减前后垫片调整支撑滚轮位置,保证符合以上尺寸。将扭力扳手调整至 42N·m,使用 16 号套筒固定螺母并涂打防松线。(图 6-52)

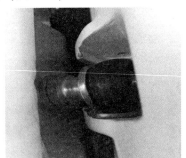

图 6-52　支承轮调整实物

6. 滚轮摇臂调整与更换

(1) 在门关闭位置时,测量导轨与滚轮摇臂之间的最小距离 $c=7$mm;在开门位置时,滚轮会超出导轨底部边缘 $d\geqslant 1$mm;在门携架垂直位置上,滚轮摇臂不应碰到钉头 1 和导轨 2(图 6-53)。

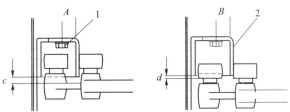

图 6-53　滚轮摇臂调整与更换示意图

(2) 测量尺寸不符合要求则需进行调整,如图 6-54 所示。如滚轮摇臂偏低,首先在滚轮摇臂下方取下卡环,外推门扇将销子取出,从滚轮摇臂顶部拆下垫片并加到底部,测试尺寸符合要求,调整之后依次将销子、卡环装入;反之亦然。

7. 锁钩与锁栓搭接量调整

(1) 门关闭状态下,使用钢板尺测量锁钩与锁栓搭接量,锁钩超过锁栓下沿 0~1mm。

(2) 若不符合要求,则使用棘轮扳手松开 2 个螺栓,将锁栓进行上下调整满足要求后,使用棘轮扳手重新紧固螺栓,清洁螺栓及其周围,重新涂打防松线(图 6-55)。

图 6-54 滚轮摇臂调整与更换实物图

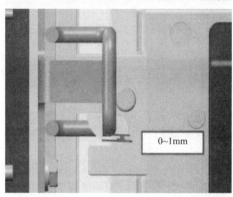

图 6-55 锁钩与锁栓搭接量调整

二、客室门的润滑保养

1. 上导轨润滑

将固体石蜡"道康宁"557 均匀地涂抹在上导轨和承载轮、防跳轮运动接触面上（图 6-56）。

2. 丝杆润滑

润滑前先清洁。必须使用 RM-M 润滑脂对整个丝杆进行润滑。将 RM-M 润滑脂均匀地涂抹在丝杆的表面上（图 6-57）。

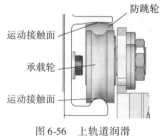

图 6-56 上轨道润滑　　　　图 6-57 丝杆润滑

3. 内滑道润滑

将固体石蜡"道康宁"557 均匀地涂抹在内滑道两侧接触面上（图 6-58）。

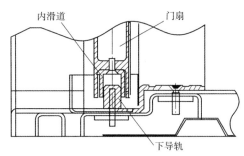

图 6-58 内滑道的润滑

三、车门系统计划性维修

(一) 机械故障及处理

1. 机械尺寸变化引起的故障

在客流量大且集中时,由于车体挠度等因素影响,造成车门相关部件与车体等部位干涉,从而引起车门故障。

出现此类故障时应检查车门的尺寸调整是否在规定的范围内,如 V 形尺寸、车门对中尺寸等;同时应检查车门的各部件是否存在相互干涉等情况。

2. 零部件损坏

零部件损坏通常可以通过更换新件解决,如果同一类零部件损坏率较大,则应当检查是否存在系统设计问题或调整上的失误。

(二) 电气故障及处理

1. 关门位置检测开关故障

(1) 故障现象:为车门打开、按下关门按钮后,单个车门无法关闭,车辆 TCMS 显示屏显示该车门故障。该故障的主要原因是关门行程开关在车门打开过程中出现故障或误动作,在关门过程中,门控器收不到"门关好"信息,门控器将向列车发出"车门故障"信息。

(2) 解决方法:检查该行程开关是否有故障,若有故障,将其更换;检查该行程开关的安装是否过紧,并检查其调整是否满足要求,不符合要求则重新调整。

2. 电子门控单元故障

(1) 故障现象:可能出现的问题包括电子门控单元硬件故障、突然死机等。

(2) 解决方法:检查门控器中软件是否为最新版本,若不是,则更换新软件后重新进行开关车门试验,检查是否正常;检查门控器的接线端子等是否异常,若异常,则重新安装接线端子;若为门控器本身故障,则更换该门控器单元。

3. 车门电机故障

(1) 故障现象:可能出现的现象有车门不动作或动作一段距离后停止运动等。

(2) 解决办法:检查车门电机各接线是否有松动或断裂的情况;若松动,则重新紧固或更换断裂部件;检查车门电机连接件,包括电机、联轴器等是否异常;若出现断裂则更换;以上故障都排除后仍然不能解决该故障,则可能是车门电机本身的故障,可考虑更换车门电机。

四、司机室车门一级检查

1. 门开启后,检查光杆外沿至门框外沿的水平尺寸(158±1)mm。
2. 门开启后,检查光杆下沿至门框下沿的垂向尺寸(58±1)mm。
3. 检查门扇上部塞出动作(56±3)mm。
4. 检查门扇下部塞出动作(56±3)mm。
5. 检查车门V形:门扇开启到驱动摆臂垂直时,测量门扇顶部至门框距离X_1,门扇底部至门框距离X_2,$X_1 \sim X_2$为0~1mm。
6. 门锁闭到位状态下,导轨和滚轮摇臂之间的最小间距为7mm。
7. 调整支撑滚轮,确保滚轮和门扇硬点之间的间距为(1.5±0.5)mm。
8. 门全开到位状态下,车门净开度为(560+5)mm。
9. 检查夹紧条表面与锁栓表面尺寸(23+1)mm。
10. 锁钩磨耗。
11. 锁栓磨耗。
12. 检查门系统各部件润滑情况,具体包括锁栓、锁钩、门保持装置、滑车、防跳轮、上导轨、下导轨。
13. 检查侧门手柄位置正确,手柄轴向无异常窜动,门锁开闭正常。
14. 检查侧门周边无异常,车门胶条无异常挤压,车门周边无抗磨,下摇臂与立罩板不接触,门扇边缘密封不漏光。
15. 检查司机室内部侧门周边玻璃钢罩板无凸起、凹陷等局部形变。
16. 司机室侧门外转动二级锁锁芯,无断裂、空转现象;司机室内部进行二级锁锁闭功能检查,开关顺畅无卡滞,无异音异响。
17. 司机室侧门锁钩、锁栓无异常损坏,门锁闭状态下,锁钩搭接量超过锁栓下沿0~1mm,锁钩内侧面到锁栓外侧板距离为22~25mm。
18. 开关门时门锁拉簧无异常状态,无异响、颤音。
19. 防跳轮无抗压车门情况,且无卡滞、可转动,间隙<1mm。
20. 门锁螺栓防松标记清晰无错位。
21. 检查下导轨滚轮无变形、无损伤,转动无卡滞,开门状态下,导轨不低于滚轮下沿。
22. 打开门罩板,检查安装螺栓防松标记清晰无错位,行程开关滚轮中心点位置搭在滑车凸台上,动作灵敏,并有1~1.5mm余量。
23. 关门状态下,检查车门门扇外表面与门框齐平。
24. 开门至止挡位置静止后无回弹。
25. 车门锁闭后,两个橡胶斜楔不接触、不相抗,间隙≥2mm。
26. 连续操作10次开关门,每次关门均一次到位,且门全关指示灯与TCMS屏显示车门状态保持一致,功能正常。

五、客室车门一级检查

1. 测量开关门阻力,单侧开关门力≤150N。

2. 测量门扇底边与门槛高度为(10±2)mm。

3. 在整个门扇高度上检查车体和门扇之间的尺寸为6~11mm。

4. 检查门扇后缘胶条完全与车体接触。

5. 检查门扇预载(V形)尺寸为1~3mm。

6. 防跳轮检查：检查防跳轮上边缘和上导轨顶部之间的间隙：0.1~0.4mm。

7. 检查锁销与锁钩之间的间隙：使用塞尺或者直径3.1mm和4.5mm的钻头在两个锁销检查锁销和锁钩之间的间隙。在整个锁销长度上所需间隙符合尺寸(3.8±0.7)mm。

8. 检查锁销端面和锁钩端面之间的尺寸≥2mm。

9. 检查净开门宽度为(1 300 +5)mm。

10. 所有螺栓防松线清晰无错位。

11. 检查障碍物探测功能。

12. 连续操作10次开关门，门全关指示灯与TCMS屏显示车门状态保持一致，功能正常。

13. 目视检查客室车门外观、橡胶密封条和门页玻璃完好整洁，无损坏。

14. 目视检查确认门槛槽内无异物，门槛槽无变形挤压痕迹，门槛槽安装螺栓紧固无松动。

15. 用无纺布清洁上导轨及承载轮。标记清晰，无松动。

16. 目视检查车门电气连接(包括接线端子、电气插头、行程开关等)接线良好、安装牢固。

17. 手动开闭车门，检测行程开关动作灵活、无卡滞。

18. 检查门页吊挂螺栓，门板固定及防跳轮螺栓紧固无松动，防松标记清晰无错位。

19. 目视检查内、外紧急解锁装置安装牢固，安装螺栓紧固无松动。

20. 旋转内、外紧急解锁装置，动作灵活无卡滞，车门可顺利解锁。检查行程开关动作灵敏，并有1~1.5mm余量。

21. 手动开闭车门，检查锁闭棘爪动作灵活无卡滞。检查行程开关动作灵敏，并有1~1.5mm余量。

22. 手动拨动紧急解锁拨叉，检查拨叉动作灵活无卡滞，可顺利自行恢复原位。

23. 手动关闭车门，使用四角钥匙将车门隔离，检查车门隔离锁闭杆与锁舌配合正常；隔离装置操作顺畅，灵活无卡滞。

24. 目视检查客室门的橡胶止挡，无损坏；安装螺栓防松标记清晰，无松动。

六、司机室车门二级检查

1. 检查侧门手柄位置正确，手柄轴向无异常窜动，门锁开闭正常。

2. 检查侧门周边无异常，车门胶条无异常挤压，车门周边无抗磨，下摇臂与立罩板不接触，门扇边缘密封不漏光。

3. 检查司机室内部侧门周边玻璃钢罩板无凸起、凹陷等局部形变。

4. 司机室侧门外转动二级锁锁芯，无断裂、空转现象；司机室内部进行二级锁锁闭功能检查，开关顺畅无卡滞，无异音异响。

5. 司机室侧门锁钩、锁栓无异常损坏，门锁闭状态下，锁钩搭接量超过锁栓下沿0～1mm，锁钩内侧面到锁栓外侧板距离为(23±1)mm。

6. 开关门时门锁拉簧无异常状态，无异响、颤音。

7. 支撑滚轮无抗压车门情况，且无卡滞、可转动，间隙＜1mm。

8. 门锁螺栓防松标记清晰无错位。

9. 检查下导轨滚轮无变形、无损伤，转动无卡滞，开门状态下，导轨高于滚轮下沿。

10. 打开门罩板，检查安装螺栓防松标记清晰无错位，行程开关滚轮中心点位置搭在滑车凸台上，动作灵敏。

11. 关门状态下，检查车门门扇外表面与门框齐平。

12. 开门至止挡位置静止后无回弹。

13. 车门锁闭后，两个橡胶斜楔不接触、不相抗，间隙≥2mm。

14. 连续操作10次开关门，每次关门均一次到位，且门全关指示灯与TCMS屏显示车门状态保持一致，功能正常。

七、客室车门二级检查

1. 目视检查客室车门外观、橡胶密封条和门页玻璃，完好整洁，无损坏。

2. 目视检查确认门槛槽内无异物，门槛槽无变形挤压痕迹，门槛槽安装螺栓紧固无松动。

3. 目视检查机构上导轨及承载轮无异物。

4. 目视检查车门电气连接（包括接线端子、电气插头、行程开关等）接线良好、安装牢固。

5. 手动开闭车门，检测行程开关动作灵活、无卡滞。

6. 检查门页吊挂螺栓，门板固定及防跳轮螺栓紧固无松动，防松标记清晰无错位。

7. 目视检查内、外紧急解锁装置安装牢固，安装螺栓紧固无松动。

8. 旋转内、外紧急解锁装置，动作灵活无卡滞，车门可顺利解锁。

9. 手动开闭车门，检查锁闭棘爪动作灵活无卡滞。

10. 手动拨动紧急解锁拨叉，检查拨叉动作灵活无卡滞，可顺利自行恢复原位。

11. 手动关闭车门，使用四角钥匙将车门隔离，检查车门隔离锁闭杆与锁舌配合正常；隔离装置操作顺畅，灵活无卡滞。

12. 目视检查客室门的橡胶止挡，无损坏；安装螺栓防松标记清晰，无松动。

13. 在整个门扇高度上检查车体和门扇之间的尺寸为6～11mm。

14. 检查门扇后缘胶条完全与车体接触。

15. 检查防跳轮上边缘和上导轨顶部之间的间隙为0.1～0.4mm。

16. 所有螺栓防松线清晰无错位。

17. 检查限位开关门已关闭和锁闭的功能。

18. 检查限位开关紧急装置已操作功能。

19. 检查限位开关门隔离功能。

20. 检查障碍物探测功能。

21. 连续操作10次开关门，门全关指示灯与TCMS屏显示车门状态保持一致，功能正常。

项目七　车辆连接装置的检修

项目描述

车辆连接装置是车辆最基本也是最重要的部件，其作用是连接机车与车辆、车辆与车辆，减缓列车的纵向冲动（或冲击力），传递列车电力、通信控制信号，连接列车风管。车辆连接装置主要包括车钩、缓冲器、风挡（贯通道）、车端阻尼装置、车端电气连接装置等。车钩缓冲装置主要起到牵引、缓冲、连挂三方面的作用。车辆贯通道装置为一个整体，分别与安装在相邻车辆一端的连接框进行锁闭连接，两车相连挂时，为乘客提供安全通道，并可在车辆运行期间给乘客提供站立空间。同时，可以适应车体在任何转弯及穿越路口时车厢之间产生的移动。本项目分别介绍车钩的检修、缓冲器和车钩缓冲装置附件的检修、贯通道及渡板的检修。

任务一　车钩的检修

任务目标

1. 了解车钩检修工具设备的使用方法。
2. 掌握车钩的结构组成、作用。
3. 掌握车钩的常见故障及处理方法。
4. 能够检查、清洁、润滑车钩装置。

工具设备

1. 基本工具：钩锁间隙量规、标准工具箱、扭力扳手、注油枪、喷枪、钩高检查尺、金属直尺、水准仪、兆欧表。
2. 所需设备：起重装置、液压装置、磁粉探伤仪、车钩试验台。
3. 物品准备：压缩空气、各种化学品、耐高温防卡润滑脂、耐高温螺纹润滑油脂、液体蜡、软布、中性清洁剂、底漆、面漆、色号 RAL 7012 自喷漆、液体防腐蜡、滑石粉、车钩上紧固螺栓。

项目七 车辆连接装置的检修

理实一体化教室或轨道交通综合实训场。

2 学时

基础知识

城市轨道交通车辆的车钩装置按结构分为三种类型：全自动车钩、半自动车钩和半永久车钩（也称为半永久牵引杆），均属于密接式车钩。这三种车钩都是刚性车钩。本任务主要介绍城市轨道交通车辆使用的自动车钩的结构组成和作用及检修工艺。

一、车钩的类型

（一）全自动车钩

全自动车钩如图 7-1 所示。它能实现两辆车的钩头的自动机械连接与分离，实现两辆车的空气管路的自动连接与分离，实现两辆车的电气线路的自动连接与分离等功能。

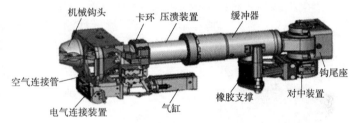

a) 全自动车钩实物 b) 全自动车钩三维结构

图 7-1　全自动车钩

（二）半自动车钩

半自动车钩如图 7-2 所示。半自动密接式车钩能在一组车向另一组车低速移动挂钩时实现两组车机械、气路的自动连接。车钩之间能保证连接紧固良好，能在低速情况下进行连接，解钩由人工完成。车组解钩以后，风管自动关闭，车钩处于待连接状态。

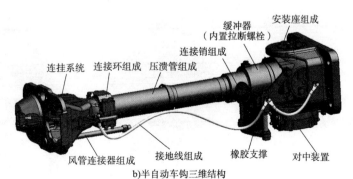

a) 半自动车钩实物 b) 半自动车钩三维结构

图 7-2　半自动车钩

161

（三）半永久式车钩

半永久式车钩如图7-3所示。半永久式车钩可以快速拆装连接环进行车辆解编重组，实现两辆车的刚性连接。车钩应该满足车辆在竖直曲线和水平曲线的运行要求。一组半永久式车钩连接后，风管自动接通，保证安全可靠。

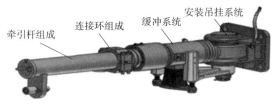

图7-3　半永久式车钩

密接式车钩的钩头结构与作用原理

二、半自动车钩

目前，城市轨道交通车辆大部分都使用国产CG-12型（330型）半自动车钩，下面以该型号半自动车钩为例说明车钩的结构和作用原理。

（一）头车半自动车钩

头车半自动车钩由连挂系统、压溃装置、缓冲系统和内部过载保护装置几大部分组成。如图7-2b)所示。

国产CG-12型（330型）密接式车钩内部由钩舌、连挂杆、回复弹簧、解钩装置等构成。如图7-4所示。

CG-12型（330型）车钩有连挂位（也是闭锁位）和全开位两种状态。当车钩要连挂时，通过两车钩的相互撞击，钩体内部的钩舌等机构发生顺时针旋转，对方钩体的凸锥推动本钩钩舌等连挂机构旋转到最大角度，到达全开位，然后在弹簧的作用下迅速回复到锁定位，到达完全连挂后车钩连挂机构的位置状态。如图7-5a)所示。

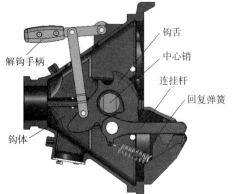

图7-4　国产CG-12型（330型）车钩内部结构

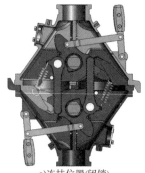

a)连挂位置(闭锁)　　　b)全开位置

图7-5　330型车钩的位置状态

在解钩时，人工扳动解钩手柄，使钩体内部的钩舌及其他机构旋转到最大角度，到达全开位，如图7-5b)所示。此时两车钩可以正常分离，然后释放解钩手柄，在回复弹簧力的作用下，钩舌等其他内部机构回复到待连挂位。

（二）中间半自动车钩

列车中间半自动车钩由连挂系统、缓冲系统和安装吊挂系统组成。功能和原理同头车半自动车钩。其结构如图7-6所示。

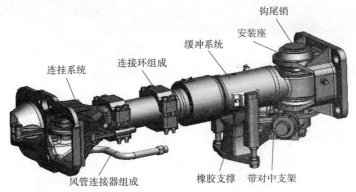

图7-6 列车中间半自动车钩结构

（三）半永久式车钩

1. 带压溃装置半永久车钩

带压溃装置半永久车钩如图7-7所示。其头部是带有凹锥的卡环连接结构，以保证与带弹性胶泥缓冲装置半永久车钩连接。车钩中部加装了压溃装置，以满足整列车冲击工况的能量吸收要求。该压溃管结构相对独立，容易更换。半永久车钩安装吊挂系统内的回转机构使用了关节轴承，保证车钩在水平面和垂直面一定范围内自由旋转，并带有自支撑功能，在车钩分解状态下可以保持车钩处于水平状态。在半永久车钩头部集成了直通式的风管连接器，可以在连接钩缓装置的同时完成列车内部风路的连接。

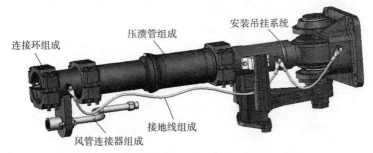

图7-7 带压溃装置半永久车钩

2. 带缓冲器半永久车钩

带缓冲器半永久车钩如图7-8所示。它的头部是带有凸锥的卡环连接结构，以保证与带压溃装置半永久车钩连接。该型半永久车钩使用了弹性胶泥缓冲器，用来吸收列车正常牵引制动产生的冲击能量，提高列车舒适性。同时，该弹性胶泥缓冲器在结构上也与半自动车钩采用的缓冲器相同。回转机构采用与带压溃装置半永久车钩相同的结构。车钩头部也集成了直通式的风管连接器，与带压溃管半永久车钩的风管连接器连接，保证列车间风路系统的连通。

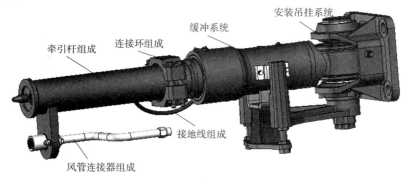

图 7-8　带缓冲器半永久车钩

3. 半永久车钩之间的连接

带压溃装置半永久车钩和带弹性胶泥缓冲器半永久车钩的连挂由专用的连接卡环（图 7-9）所示，通过 4 个专用螺栓连接，可以保证连接后完全消除纵向间隙。连接及分解操作由人工完成。

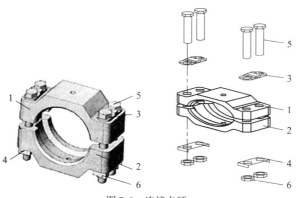

图 7-9　连接卡环

1-带销连接环；2-连接环；3-止动块；4-防松板；5-六角螺栓（$M_{16 \times 150}$）；6-M_{16} 六角螺母

> **小贴士**
>
> 全自动车钩位于列车端部，其电气和风路连接装置都组装在钩头上。当车辆连挂时，车钩的机械、风路、电路系统都能自动连接；解钩时，可在司机室控制自动解钩或采用手动解钩。解钩后，车钩即处于待挂状态；电气连接器通过盖板自动关闭，防止水和尘土进入；主风管连接器也自动关闭，防止压缩空气泄漏。
>
> 半自动车钩的钩头连接形式与自动车钩相同，连挂方式和锁闭方式也相同。半自动车钩可以实现列车单元之间的机械连接和风管的自动连接，但电气连接只能人工操作（有的半自动车钩不设电气连接装置）。
>
> 半永久性牵引杆用于同一单元内车辆之间的编组，使之编组成单元。车钩的机械、气路和电路的连挂和解钩都需要人工操作，列车单元在运行过程中一般不需要分解，通常只

在架修以上的作业时才进行分解。

我国城市轨道交通车辆密接式车钩主要有：国产车钩有采用半圆形钩舌的车钩、CG-12型(330型)车钩；进口车钩有德国的沙库(夏芬伯格)式自动车钩、日本柴田式车钩等。

三、车钩架修检查内容

1. 维修检查半自动车钩

（1）每个机械车钩进行功能检查：更换机械车钩连接紧固件，更换钩头内油嘴，检查和润滑钩舌、手动解钩机构、前端面。

（2）更换所有橡胶件和一次性紧固件及开口销；更换支撑座中心销油嘴，更换缓冲器球形橡胶轴承、护圈、轴承，更换主风缸管气路接头橡胶套管、密封圈，检查密封圈座和气密性。

（3）对零部件进行必要的清洗和润滑：连接板、支撑座中心轴、缓冲器的前端环螺母和缓冲器表面，对整个撑杆、接地线进行清洁检查。

（4）对整个车钩表面进行检查并补漆，对所有无保护表面进行防锈处理。

（5）对钩头、钩舌、挂钩连杆进行磁粉探伤。

（6）在试验台上进行测试。

2. 维修检查半永久车钩

（1）更换所有橡胶件和一次性紧固件，更换橡胶弹簧，更换套筒，检换波纹管和卡箍；更换连接卡箍的紧固件。

（2）对零部件进行必要的检查清洗和润滑：对连接板、定位销、前端面、接地线进行清洁检查，卡箍除锈并补漆。

（3）对整个车钩表面进行检查并补漆，对所有无保护表面进行防锈处理。

（4）对抱箍进行磁粉探伤。

（5）在试验台上进行测试。

检测车钩间隙的方法和原理

四、车钩间隙调整

自动车钩在使用一段时间后，钩锁之间会产生磨损。当磨损达到一定程度后，会造成两车钩无法正常连挂，严重时甚至造成脱钩事故，因此，应定期检查和调整车钩间隙。车钩间隙调整需使用车钩间隙调整规。如图7-10所示。

检测步骤如下：

1. 检测之前清理车钩钩头端面、凹凸锥及钩锁，拆掉调整规磁铁的保护罩和钩板的钩舌销，卸下钩舌。

2. 将调整规放在适当的位置，使钩板位于车钩端面上。

3. 钩住车钩的钩舌，使之咬入调整规的钩板。

图7-10 车钩间隙调整规
1-规体；2-测试钩板；3-手柄；4-连杆；5-连杆销

4. 通过转动棘轮手柄调节间隙规钩舌板的位置，以便插入连接杆销。

5. 顺时针转动棘轮手柄，使间隙规处于张紧状态，调节扭矩限于100N·m。

6. 间隙规上的游标尺可精确到0.1mm，钩锁机构的磨损极限不得超过1.4mm。

7. 如果超过磨损极限，必须拆下钩头并分解，以检查钩锁零件的损坏和磨损情况，必要时应更换。

五、车钩钩头的检修

车钩钩头由机械钩头、电气连接箱和气路连接器等部分组成。

全自动车钩机械钩头由壳体、心轴、钩舌板、钩舌板连杆、钩舌弹簧、钩舌板定位杆及弹簧、撞块及弹簧和解钩气缸组成，其结构参见图7-1、图7-4所示。

壳体的前部一半为四锥体的钩头，另一半为钩头坑，车钩连挂时相邻两个车钩的四锥体的钩头和钩坑相互插入。

固定在心轴上的钩舌板在钩舌板弹簧的作用下可绕心轴转动并带动钩舌板连杆动作，钩舌板是按功能需要设计成不规则的几何形状，设有供连挂时定位和供解钩气缸活塞杆作用的凸舌以及与钩舌板连杆连接的定位槽、钩嘴等，是车钩实现动作的关键零件。

钩舌板连杆在连杆弹簧拉力的作用下使车钩可靠地连接起来。钩舌板定位杆上的两个凸齿使钩舌板处于待挂或解钩状态。撞块可在车钩连挂时解开钩舌板定位杆与钩壳的锁定位，从而使两钩实现连挂。

1. 机械钩头

对机械钩头进行如下维修：

（1）清洁和检查下述钩锁机构零件的磨损情况：连接杆、连接杆销子、钩舌板、中心销撞块、棘爪、导向杆、张紧弹簧。

（2）更换磨损或损坏的零件，按照润滑方案和工艺给相关零件涂油。

（3）更换部分弹簧件。

（4）对钩舌板、连接杆和中心销进行磁粉探伤或其他无损探伤。

（5）重新油漆各零部件。

（6）用压缩空气清洁弹簧支撑座，更换损坏件，并给压簧涂防抱死润滑油脂。

（7）在螺栓螺纹表面涂防抱死润滑油脂。

（8）在机械车钩表面涂HS300防腐涂层。

2. 车钩头润滑

车钩头润滑是车钩检修过程中的一项重要工作，润滑工作的好坏直接关系车钩重要部件的使用寿命，包括中枢轴套注油、钩舌润滑、钩板室润滑、钩头滑动表面润滑等。

图7-11是车钩头各主要润滑点。

3. 解钩气缸

对解钩气缸进行如下维修：

（1）用无油压缩空气和抹布清洁零件。

（2）用刚性金属丝清洁气缸盖板上的排气孔。

（3）检查活塞 O 形密封圈和气缸盖板上的防尘圈有无裂痕，有裂痕者更换。

（4）检查活塞杆的磨损情况，磨损严重者更换。

（5）检查活塞复位弹簧是否断裂，断裂者更换。

（6）用耐高压粘合剂润滑剂润滑气缸活塞杆和气缸内侧壁。

（7）将耐高温防卡润滑脂涂于螺栓端部。

4. 电气连接箱

对电气连接箱进行如下维修：

电气连接箱只有在损坏的情况下才进行分解维修。一般只做如下维修：

（1）用干布和无油压缩空气清洁触头和绝缘块。

（2）更换个别已损坏触头，更换可动触头和更换固定触头的方法相同。

（3）检查接线柱，用兆欧表测量接线柱的绝缘性能。

（4）更换密封橡胶框。

（5）修复电气连接盒的塑料绝缘涂层。

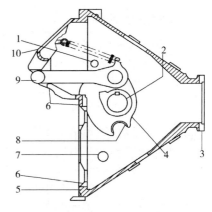

图 7-11　车钩头各主要润滑点
1-钩板室排水孔；2-中枢；3-法兰；4-钩板背面；5-车钩端面；6-凹锥；7-排水孔；8-钩舌板；9-钩锁；10-凸锥

5. 电器连接箱的操纵机构

对电气连接箱的操纵机构进行如下维修：

（1）更换密封件。

（2）清洁零部件和检查零部件磨耗情况，更换磨耗件，用无油压缩空气清洁软管和风管。

（3）用防抱死润滑脂润滑滑动接触表面和衬套、螺栓端部。

（4）用螺纹密封胶密封插接式软管的螺纹件，活接螺母不必密封。

（5）用耐高压黏性润滑剂润滑气缸内侧表面和活塞杆。

 小贴士

一种防抱死润滑脂

Rivolta GWF 润滑脂是一种防抱死润滑剂（防卡剂），稠化剂类型是铝钡基润滑脂，含金属的高温润滑油。操作温度范围从 -180℃ 至 1 200℃。不会侵蚀金属、油漆涂料、天然和合成橡胶、塑胶。水、盐、气体或湿气不会溶解本产品。该润滑脂不含镍、铅、硅和二硫化钼。该润滑脂通常可作为装配油膏使用（用于门闩螺钉、螺杆螺孔、螺母、滑轮、大齿轮、密封条、法兰、装配装置、管道、压缩机、发动机、发电机、涡轮等的装配和拆卸）；适合于高负荷滑动和普通轴承、低转速导轨的润滑；适合于机械控制压缩或压配合；车螺纹。该润滑脂被应用于工业、采矿业、机动车辆、公用事业和废物处理、建筑业、船舶、码头等。该润滑脂可利用喷雾罐喷涂或直接涂布。用毛刷、抹刀或抹布涂抹。

6. 气路连接器

对气路连接器进行如下维修：

（1）清洁和检查零件是否有损坏，更换损坏件。

（2）更换主风管和解钩风管弹簧阀对接口的橡胶密封件。

（3）更换主风管和解钩风管的橡胶管。

（4）用白色酒精清洁橡胶件，不得用润滑脂处理。

（5）用防抱死润滑脂保护螺栓端部。

（6）用螺纹密封胶密封气管上的螺纹件，活接螺母不必密封。

六、车钩的测试

1. 电气车钩的调试

利用电气车钩的调整模板对每个电器车钩进行调整，每个电器车钩盒内触头座不得歪斜。

2. 车钩连挂和气密性试验

将全部拼装好的全自动车钩安装在试验台上，将车钩进行连挂。连挂时要听其声音是否清脆，以判别机械钩头安装的质量。将肥皂水喷在接头处检查气路是否漏泄。

任务二　缓冲器和车钩缓冲装置附件的检修

任务目标

1. 了解缓冲器及车钩缓冲装置附件检修工具、设备的使用方法。
2. 掌握缓冲器及车钩缓冲装置附件的结构组成、作用。
3. 掌握缓冲器及车钩缓冲装置附件的常见故障以及检修方法。
4. 能够检查、清洁、润滑车钩缓冲装置。

工具设备

1. 基本工具：标准工具箱、扭力扳手、注油枪、喷枪、金属直尺、水准仪、兆欧表。
2. 所需设备：起重装置、液压装置、磁粉探伤仪、缓冲器试验台。
3. 物品准备：压缩空气、各种化学品、防抱死润滑脂、耐高温螺纹润滑脂、液体蜡、软布、中性清洁剂、底漆、面漆、色卡为 RAL7012 的自喷漆、蜡膜防锈剂、夹子、缓冲器及对中装置上紧固螺栓、刚性金属丝。

教学环境

理实一体化教室或轨道交通综合实训场。

2 学时

缓冲装置是车辆牵引连挂装置的重要组成部分，主要用来传递和缓和纵向冲击力。缓冲器的性能直接影响着列车的牵引总重、运行速度、编组作业效率、乘客的舒适性能。本任务主要介绍城市轨道交通车辆的缓冲装置及车钩缓冲装置附件的检修。

一、城市轨道交通车钩缓冲装置及附件的结构和作用原理

（一）缓冲器的结构及原理

1. 环形橡胶缓冲器

该缓冲器主要由牵引杆、缓冲器体、环形橡胶弹簧等几部分组成，属于免维护的橡胶缓冲装置。缓冲器安装在车钩安装座上，可以吸收拉伸和压缩能量，半自动车钩和牵引杆均用相同的方法安装固定，如图7-12所示。

缓冲器的结构和原理

缓冲装置间不存在间隙，在承受拉伸和压缩载荷的同时，可以承受较大的剪切力。

缓冲装置允许车钩做垂向摆动和扭转运动。缓冲装置的支撑座用4个螺栓固定在车体底架上。

2. 弹性胶泥缓冲器

由牵引杆、弹簧盒、内半筒、端盖和弹性胶泥芯子等组成，其中弹性胶泥芯子是其接受能量的元件。缓冲系统如图7-13所示，固定在弹簧盒内。

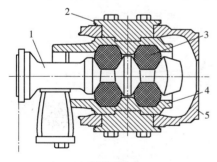

图7-12 环形橡胶缓冲装置
1-牵引杆；2-安装座；3-环形橡胶；4-缓冲器体；5-支撑座

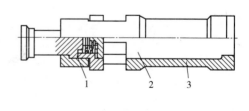

图7-13 缓冲系统
1-牵引杆；2-弹性胶泥芯子；3-内半筒组成

车钩受拉时，纵向力传递顺序为：牵引杆→内半筒→弹性胶泥芯子→弹簧盒→车体；车钩受压时，纵向力传递顺序为：牵引杆→弹性胶泥芯子→内半筒→弹簧盒→车体。由此可见，无论车钩受拉或是受压，缓冲器始终受压。

（二）车钩缓冲装置附件

1. 压溃装置

压溃装置采用膨胀式压溃管，如图7-14所示。压溃管具有较大的能量吸收能力，当

列车在运行或连挂过程中发生碰撞,钩缓装置受到的纵向压载荷大于设定值时,压溃管就发生作用,产生塑性变形,最大限度吸收冲击能量,以达到保证车上人员人身安全和保护车辆设备的目的。压溃装置上部设置了一个触发判断的指示钉,当压溃管触发时,指示钉被剪断,由此来判断压溃管触发。

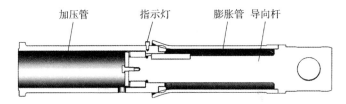

图 7-14 压溃管装置

在正常使用中,钩缓装置在牵引工况时,牵引载荷会通过压溃装置内部的刚性连接来传递,变形元件不受到影响;在压缩工况时,钩缓装置压载荷远低于压溃装置设定力值,变形元件不发生动作,压缩能量由弹性胶泥缓冲器来吸收。

2. 带弹性胶泥缓冲器的缓冲系统

带弹性胶泥缓冲器的缓冲系统如图 7-15 所示。由安装吊挂系统和弹性胶泥缓冲器两部分组成。弹性胶泥缓冲器在结构上与安装吊挂系统融为一体,承担车钩缓冲装置的弹性缓冲、水平对中、垂直支撑等功能。弹性胶泥缓冲器通过安装吊挂系统的拉压转换,在拉、压两个方向均能吸收能量。

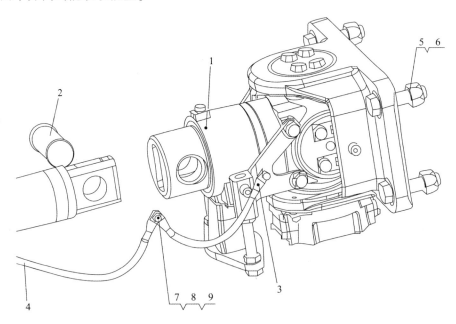

图 7-15 吊挂系统和弹性胶泥缓冲装置

1-内置拉断螺栓的缓冲装置;2-连接销组成;3、4-接地线;5-六角头螺栓($M_{30 \times 120}$);6-Ⅱ型全金属六角锁紧螺母(M_{30});7-底层平垫圈;8-防松垫圈;9-外层平垫圈

3. 风管连接器

头车连挂系统上配有风管连接器（图7-16）和 MRP 阀，可以在列车连挂时自动连通列车管路，在列车分解时自动关断管路。

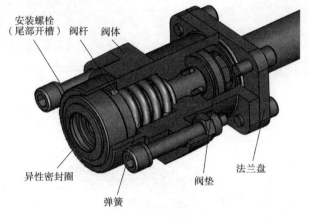

图 7-16 风管连接器

车钩连挂时，保证风路能够顺利通过风管连接器而不发生泄漏。该风管连接器采用了铸造不锈钢阀体，尾部采用了焊接结构的法兰盘，有效地提高了风管系统的自密封性。采用了尾部开槽的安装螺栓，能够在车钩处于连挂状态的情况下更换和拆分风管连接器。

4. 电气连接器

电气连接器的结构如图7-17所示。绝缘体4安装于壳体1内，弹触式接触体5通过接线端6固定在绝缘体4的孔腔内，接线端6与弹触式接触体5螺纹连接；后盖3安装于壳体1后端，两者之间设有密封垫14，后盖3上焊接有两个出线管12；壳体1侧端设有弹簧挂轴Ⅰ8，端盖2侧端设有弹簧挂轴Ⅱ9，端盖2通过旋转轴7及设于弹簧挂轴Ⅰ8和弹簧挂轴Ⅱ9之间的弹簧10安装于壳体1外侧，壳体1侧端与端盖2侧端之间安装有接地线组件11；壳体1的对接端面设有密封圈13，壳体1前部安装有定位销15和定位套16。弹触式接触体5包括动触头接触体5a和静触头接触体5b。全自动车钩司机可通过控制杆自动打开或关闭前盖，弹簧元件确保两个电气钩头外壳相互紧密挤压，且触头牢固连接。

5. 车钩对中装置和安装吊挂系统

在安装吊挂系统中，支承装置支承整个钩缓装置保持水平；回转装置为整个钩缓装置提供水平和垂直面内的转动自由度；对中装置使整个车钩缓冲装置向纵向中心线回复、自动对中（图7-18）。

对中装置结构简图如图7-19所示。在对中装置中，对中机构弹簧力为整个钩缓装置提供一定范围内的水平对中力矩，使其在水平±15°范围之内有较大对中旋转力矩，在超过±15°后对中力矩消失，但钩缓装置可继续旋转到±20°的范围，以满足在特殊环境下的检修作业。

a) 电气钩外形　　　　　　　　　　b) 电气触头数量(2×24+2)

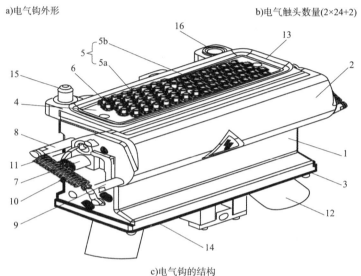

c) 电气钩的结构

图 7-17　电气连接器

1-壳体；2-端盖；3-后盖；4-绝缘体；5-弹触式接触体(动、静)；6-接线端；7-旋转轴；8-弹簧挂轴Ⅰ；9-弹簧挂轴Ⅱ；10-弹簧；11-接地线组件；12-出线管；13-密封圈；14-密封垫；15-定位销；16 定位套

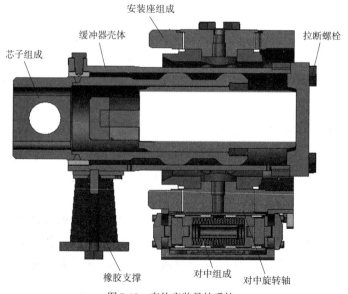

图 7-18　车钩安装吊挂系统

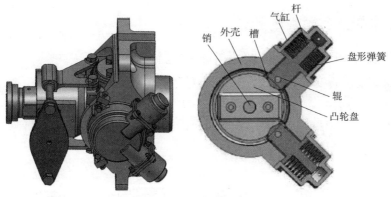

图 7-19　对中装置结构简图

6. 内部过载保护装置

内部过载保护装置（图 7-20）的关键元件是位于弹性胶泥缓冲器尾部的 4 个拉断螺栓，其作用是通过 4 个拉断螺栓自身的断裂破坏，使得钩缓装置内部结构与车体牵引梁分离，从而使受冲击车辆的防爬器和车体吸能区发挥作用。

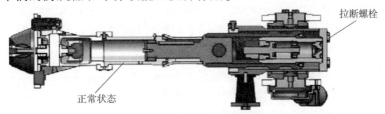

a) 车钩缓冲装置的正常状态

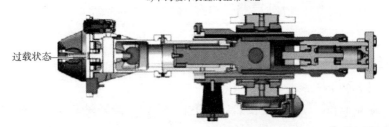

b) 车钩缓冲装置的过载状态

c) 拉断螺栓及其安装位置

图 7-20　车钩缓冲装置的过载保护

当钩缓装置受到的冲击载荷大于拉断螺栓设计的触发力值时，拉断螺栓会发生破坏断裂，导致端盖与缓冲器壳体分离，缓冲器芯子及压溃管会滑入缓冲器壳体内部，即车钩头向后方退行，实现过载功能。

二、缓冲装置及附件的检修

(一) 压溃管和EFG3型橡胶缓冲器的检修

（1）可压溃变形管变形超过规定标准时需更换。用塞尺测量压溃管，检测是否在要求范围内，如图7-21所示。

（2）对于EFG3型橡胶缓冲器，应将所有的气管拆除，再将接地线拆除。

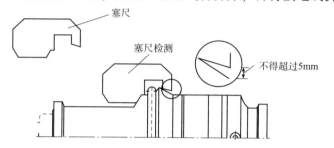

压溃管和环形橡胶缓冲器的检修

图7-21 塞尺检测压溃管

①将EFG3型橡胶缓冲器下部的垂向支承拆卸下来，再将上部转轴上的螺栓、方形垫片和塑料盖取下，并用天车吊起转轴，更换密封环，检查衬套。清洗内部，内部与转轴涂油脂。再装上方形垫片、塑料盖、螺栓。

②检查橡胶堆有无裂纹，若裂纹深度大于3mm，长度大于50mm，则更换。

③用刷子清扫橡胶锥，用酒精清除橡胶锥上的杂质。

④用防抱死滑脂润滑磨耗环和抗摩擦盘的座。

⑤用防抱死滑脂润滑轴颈座以及上、下壳体的连接座表面。

(二) 弹性胶泥缓冲器的检修

1. 缓冲器的更换

1）拆卸（图7-22）

（1）卸下螺栓1和防松垫片2，然后卸下旋转轴3、旋转轴套4、螺纹保护塞8。

（2）分离回转体7。

（3）拆下衬垫5。

2）检修安装

（1）清洗检修所有零部件，对破损油漆面进行补漆。

（2）用89D润滑脂给旋转轴3和安装座6运动配合面润滑。

（3）用耐高温螺纹润滑脂润滑所有螺栓螺纹部位。

（4）将衬垫5安装到缓冲器7上。

（5）将安装座6安装在缓冲器7上。

（6）安装旋转轴套4和旋转轴3。

（7）用螺栓1和防松垫片2固定旋转轴3。

（8）将螺纹保护塞8塞入螺纹孔。

（9）标上表示扭矩的线条，以便能够目视螺母和螺栓连接正确，没有松动。

2. 缓冲器芯子的更换

1）拆卸（图7-23）

（1）撬起止动垫圈12，松开定位螺栓4。

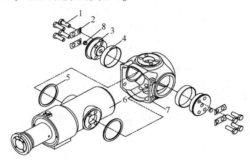

图7-22 弹性胶泥缓冲器拆卸

1-螺栓；2-防松垫片；3-旋转轴；4-旋转轴套；5-衬垫；6-缓冲器；7-回转体；8-螺纹保护塞

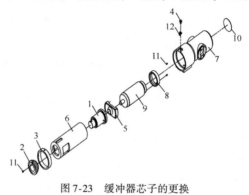

图7-23 缓冲器芯子的更换

1-内拉杆；2-外拉杆；3-外端盖；4-定位螺钉；5-中间板；6-内筒；7-壳体；8-内端盖；9-缓冲器芯子；10-盖板；11-紧钉螺钉；12-止动垫圈

（2）使用压力机向下压外拉杆2，使缓冲器压缩10~20mm。

（3）旋出外端盖3，然后缓慢释放缓冲器上的压力。

（4）从壳体7中整体取出内筒6和缓冲器芯子9。

（5）使用压力机从缓冲器芯子9后端压缩，使缓冲器芯子9与内端盖8脱开。

（6）旋出内端盖8与内筒6上的紧钉螺钉11，旋出内端盖8。

（7）缓慢释放缓冲器芯子9上的压力，从内筒6后端取出缓冲器芯子9，取出中间板5。

（8）旋出外拉杆2和内拉杆1之间的紧钉螺钉11，拧下外拉杆2，从内筒6中取出内拉杆1。

2）检修安装

注意：重新安装部件必须和原拆卸部件是同一部件，否则无法保证正确安装定位。

（1）清洗检修所有零部件，对破损油漆面进行补漆。

（2）用89D润滑脂给所有零部件有相对运动的表面润滑。

（3）用耐高温螺纹润滑脂润滑所有螺纹部位。

（4）将内拉杆1放入内筒6，将外拉杆2和内拉杆1拧紧，拧紧扭矩800N·m。

（5）将中间板5放入内筒6中，将缓冲器芯子9从后端装入。

(6) 使用压力机压缩缓冲器芯子 9 后端，旋上内端盖 8，注意使内端盖 8 与内筒 6 端面齐平，拧上紧钉螺钉 11 进行防松。缓冲释放缓冲器芯子 9 上的压力。

(7) 将内筒 6 放入壳体 7 中，使内筒 6 上的长条形槽对准壳体 7 上的 U 形槽，用压力机压缩外拉杆 2 向内（内筒）压入 10~20mm。拧上外端盖 3，使外端盖 3 端面与内筒 6 齐平，同时外端盖 3 上的孔刚好与壳体 7 上的定位螺钉孔对齐（注意使用压力机时预先将外端盖 3 套在外拉杆 2 上）。

(8) 安装止动垫圈 12 和定位螺钉 4。

(9) 撬起止动垫圈 12，使其紧贴壳体 7 和定位螺钉 4。

(10) 在外拉杆 2 和内拉杆 1 之间的接缝处涂抹防水胶。

 小贴士

一种耐高温螺纹润滑油脂

Molykote 1000 是一种用在金属螺纹连接上的含固体润滑剂的白色油膏，其中不含铅及镍。特点：工作温度范围宽（-30℃到650℃）；高承载能力；高温下长时间运行后，仍能够无破坏拆卸；螺纹部分润滑剂的摩擦系数不会改变，即使是在多次拧紧或拆卸后摩擦系数也不会改变；耐腐蚀性能优。这种螺纹油膏是由固体润滑剂、矿物油、稠化剂、金属粉末组成的。

（三）车钩缓冲装置附件的检修

1. 对中装置的维修

(1) 用无油压缩空气和抹布清洁各零件。

(2) 用刚性金属丝或螺丝刀清洁气缸排气孔。

(3) 检查凸轮板和衬套是否损坏，对损坏者进行更换。

(4) 检查活塞杆端部的滚轮是否损坏，对损坏者进行更换。

(5) 用防抱死润滑脂润滑所有的滑动件和壳体内侧。

(6) 用防抱死润滑脂保护螺纹和螺栓端部。

(7) 用螺纹密封胶保护插接式软管上的螺纹件。

(8) 对垂向支承清洁和检查橡胶弹簧是否有裂纹和损坏，如果裂纹深度超过 3mm 或长度超过 10mm，需更换橡胶弹簧，清洁更换衬套。

2. 对钩尾冲击座的维修

(1) 当车钩受到 850kN 以上的冲击载荷或严重的碰撞事故后，必须检查过载保护螺栓和衬套是否损坏，对损坏者进行更换。

(2) 清洁和检查底架和尼龙导轨轨板是否损坏，对损坏者进行更换，并对其进行润滑，但不允许对过载保护螺栓和衬套的接触表面进行润滑。

(3) 清洁和检查球铰结构的橡胶件是否损坏，对损坏者进行更换。

(4) 自锁螺母重复使用不得超过 5 次。

3. 其他附件的结构和维修

(1) 连接环。

连接环由上、下两个半连接环组成，通过 4 个螺栓连接。通过连接环把车钩钩头和缓冲器连接在一起，实现力和运动传递。

对连接环的维修：

①清洁连接环的内外表面。

②用磁粉或超声波探伤检查。

③用 DW36X 防锈剂涂连接环内侧底部，不得涂连接环和车钩钩头法兰环的工作表面。

④用防抱死润滑脂保护螺纹和螺栓端部。

⑤安装时连接环的排水孔必须朝下。

（2）监控和控制元件。

车钩实现连挂和解钩动作的控制与监测元件为 S1、S3、S4 行程开关和二位五通换向阀。当机械钩头连挂和解钩时，钩头中心销的凸轮板转动，S1 行程开关监测到该动作并给出反馈电信号。当电气连接箱连挂和解钩时，S3 行程开关监测到电气连接箱操纵机构的动作并反馈电信号。S4 行程开关与车钩止动板有连锁作用，当止动板动作时即切断车钩高压电路，特别在解钩时起保险作用。

车钩的气路控制元件为二位五通换向阀，通过该阀实现电气连接箱和对中装置的自动动作。

对监控和控制元件进行如下维修：

①检查 S1、S3、S4 行程开关的动作是否良好，否则进行更换。

②在安装开关时，确保其行程触头的正确角度和位置，并检查其功能。

③清洁和检查二位五通阀。

（四）探伤

对钩舌板总成、钩舌板中心销、EFG3 型橡胶缓冲器颈、钩头颈、牵引杆和车钩连接环进行磁粉探伤检查，要求各部分不得有裂纹，有裂纹者更换。

（五）车钩缓冲装置的试验

1. 车钩连挂和解钩试验

将全部组装好的全自动或半自动车钩安装在试验台上，进行车钩自动连挂和解钩试验。连挂时要听其声音是否清脆，以判别机械钩头安装的质量。通过操纵手动解钩装置，检查手动解钩的性能是否正常。

2. 气密性试验

在车钩处于连挂状态下，用肥皂水喷在所有阀和管路接头处以检查气路是否有泄漏。

任务三 贯通道及渡板的检修

任务目标

1. 了解贯通道结构、作用、工作原理。

2. 了解贯通道和渡板的安装及检修方法。
3. 能够检查、维护和保养贯通道系统。

工具设备

基本工具：手电筒、油刷、纯棉布、黄油等。

教学环境

理实一体化教室或轨道交通综合实训场。

建议学时

2 学时

基础知识

贯通道装置又称风挡装置，位于两节车厢的连接处，是列车上灵活可动的部分，可以让相邻的两个车厢相对运动并给乘客提供一个安全舒适的通道。它具有良好的防雨、防风、防尘、隔音、隔热等功能。风挡装置分为整体式和分体式。

一、贯通道的结构

大多数地铁车辆采用的是分体式风挡装置，即风挡装置的一半装在每辆车的端部，在该装置的下部还设有分开式渡板，渡板连接处有车钩支撑。这种分体式贯通道内部高度为 1 900mm，宽 1 500mm。贯通道总成如图 7-24 所示。

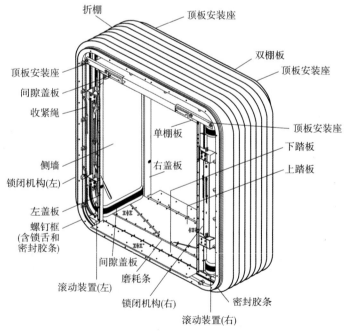

图 7-24　贯通道总成

1. 折棚总成

折棚由向内开放的灵活褶皱材料组成。棚布由特殊材料制成,连接于铝型框两边。棚布两端连接于箍位框上。每个连接框都有两个焊接的孔钩用于固定限位绳。折棚总成如图 7-25 所示。

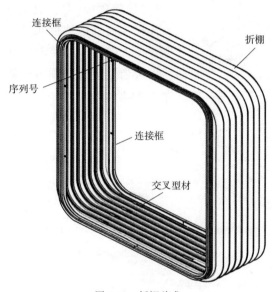

图 7-25　折棚总成

1）带锁舌的螺钉框

螺钉框由焊接铝型材组成,通过螺钉固定在车辆端部。螺钉框的内框用于安装橡胶型材,并用于连接折棚组成。折棚(安装时)连接框置于螺钉框的橡胶型材上,由锁舌固定(图 7-26)。

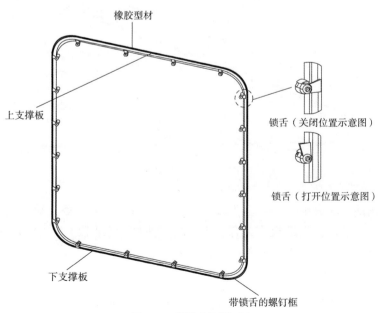

图 7-26　带锁舌的螺钉框

2) 顶板安装座

顶板安装座用来支撑单棚板和双棚板，贯通道有4个不同的顶板安装座，均用螺钉固定在车厢接口处。如图7-27所示。

3) 连接顶板（单、双棚板）

连接顶板有两块棚板，一个槽形板一个单棚板。单棚板插入槽形板的槽内，滑动片附于上表面和下表面。顶板通过铰链和顶板安装座连接到车厢接口处。如图7-28所示。

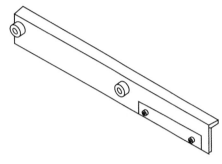

图 7-27　顶板安装座

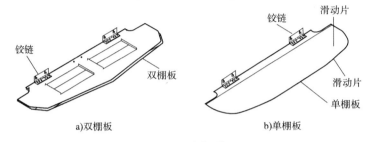

a) 双棚板　　　　　　b) 单棚板

图 7-28　连接顶板

2. 踏板

1) 下踏板总成（带支架）

踏板总成包括：三个支架、一个铰链、一块下踏板和一块翼板（伸入车厢内的踏板），下踏板附于三个支架上。翼板和支架通过螺钉与车体连接。如图7-29所示。

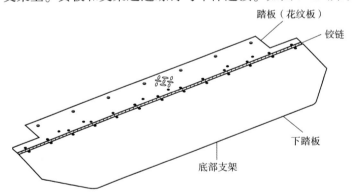

图 7-29　下踏板组成

2) 上踏板总成（不带支架）

踏板总成包括一块翼板、一块上踏板、一个铰链和三个滑动条。翼板通过螺钉与车体连接。滑动条位于端部，上踏板下，有利于与另一边踏板（地板）的滑动。由于踏板件是相互运动的，故可以补偿高度差和滚动，保障乘客通过。如图7-30所示。

3. 侧墙（一体式侧墙组件）

一体式侧墙组件包含滚动装置和一体式侧墙板。一体式侧墙板适合车厢间的相对运动，这是一个拱形板，可以通过弹簧（弹簧在滚动装置内部）产生的预张力包围住滚动装置。滚动装置通过螺栓连接于车体端墙。间隙盖板用于覆盖侧墙与顶板间的间隙及侧墙和踏板间的间隙。如图 7-31 所示。

a) 上踏板实物图

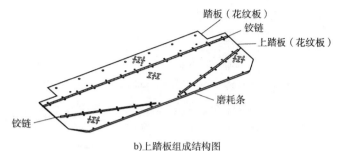
b) 上踏板组成结构图

图 7-30 上踏板组成

a) 贯通道侧墙实物

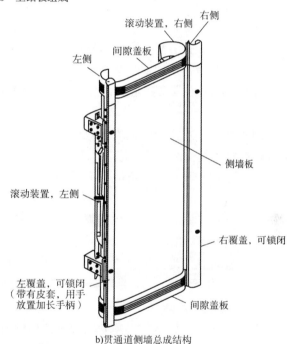
b) 贯通道侧墙总成结构

图 7-31 贯通道侧墙总成

4. 收紧绳

如果将收紧绳（图 7-32）安装至一个车厢接口，则可限制单体贯通道的自由运动和倾斜。收紧绳端部有一个锁钩，用于限制目的时，则将其锁入螺钉框的有眼螺母。

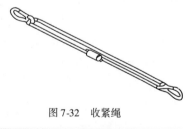

图 7-32 收紧绳

二、贯通道的维修

（一）破损铝折棚维修

（1）把维修工具里附带的连接铝型材放到断裂型材上。

(2) 用 PVC 锤子把型材敲出想要的形状。

(3) 在四处适当的位置打孔(如 ϕ4.2mm),断裂处两侧各打两个孔。

(4) 用埋头铆钉固定。

(5) 如转角型材破损可根据材料号订相对应的转角。

(二) 漏出棚布修复

(1) 在需维修区域用附带的折弯钳轻轻开启铝型材。

(2) 用手将棚布放回铝型材内。

(3) 用附带的轧夹钳在需修复地方每隔5cm夹紧,在拐角处每隔3cm夹紧。

(4) 用特殊的手工锁合钳将整个修复区域关闭。

(三) 破损棚布的修复(割破、撕坏等)

(1) 用维修工具中提供的清洁工具清洁受损棚布将要粘上补丁一侧。

(2) 用砂纸打磨清洁过的折棚(砂纸颗粒尺寸100目)。

(3) 根据受损面积大小裁剪棚布补丁,尽可能使边缘光滑服帖。普通破损地方用 T5 棚布修补。那些经常会接触到的地方用 T3 棚布修补,因为它更灵活更薄,便于工作上的需要。

(4) 将补丁一侧用砂纸均匀打磨(砂纸颗粒尺寸100目)。用维修工具里提供的清洁工具将被打磨的一面清理干净。

(5) 用刷子给补丁和折棚打磨并清理过的地方涂上一层薄薄的黏合剂,让黏合剂晾干 5~10min。

(6) 将补丁贴到破损处并用附带的泡沫橡胶辊将补丁紧紧压在折棚上。同时在里侧用一块硬物做支撑(如木板),防止气泡产生。

(7) 黏合住的地方硬化之后便可以适应拉伸了。

注意:24h 之后可以达到最大使用价值(适用于剧烈运动),大约 4h 之后就能达到一般使用价值(使用于普通运动)。

(8) 在顶部、底部及拐角处的补丁要用修复工具中的中空铆钉固定。如补丁大小超过 3×5cm,则需在所有补丁上用中空铆钉再固定。必须在胶水硬化之前用铆钉钉住,让黏合剂晾干约 1h。

(9) 根据补丁尺寸(3×5cm 用 3 个空心铆钉)在棚布和补丁的适当位置钻孔或冲孔用 ϕ4.2mm 钻头的冲钻机、空心穿孔机或别的适合的工具。

(10) 钉入空心铆钉,在空心铆钉一侧用硬物支撑,用 PVC 锤子钉上。

项目八 制动系统的检修

项目描述

制动装置是影响城市轨道交通列车运行速度和运行品质的关键因素之一。制动系统的性能直接关系着列车运行的安全，因此制动系统的检修是非常重要的。城市轨道交通车辆一般采用电制动(再生制动、电阻制动)加电气指令式空气制动的复合制动。电气指令式空气制动采用微机控制的直通式电空制动。城轨列车制动系统至少由制动控制系统、空气供给系统、制动执行系统三部分组成。本项目主要介绍供气设备的检修，制动控制单元(BCU)、制动电子控制单元(EBCU)及车轮防滑保护装置(Wheel Slide Protection，WSP)的检修，单元制动机和管路附件的检修。

任务一 供气设备的检修

任务目标

1. 掌握供气设备主要组成部件的维护修理内容。
2. 能够检查空气压缩机、双塔干燥器的启停状态。
3. 能够使用专用测量工具，检测制动系统控制压力。

工具设备

城市轨道交通车辆(含车体设备)模型1个，城市轨道交通车辆(含车体设备)一节、空气压缩机、供气设备检测检修常用工具及专业设备若干套等。

教学环境

理实一体化教室或轨道交通综合实训场。

建议学时

4学时

基础知识

城市轨道交通车辆的空气弹簧、空气制动、车门的开闭等都需要压缩空气,所以必须有供气设备。城市轨道交通车辆空气管路系统按其功能可分为供气设备系统、制动机气路系统、控制气路系统和辅助气路系统四大部分。其中,供气设备系统的作用是生产、储备、调节控制压力空气,并向全车各气路系统提供所需的高质量的、洁净的、稳定的压力空气。用气设备主要包括制动装置、空气悬挂装置、车门控制装置以及风喇叭、刮雨器、受电弓启动控制设备、车钩操作气动控制设备等。

一、供气设备

1. 空气压缩机

空气压缩机(简称空压机)是用来产生压缩空气(也称压力空气)的装置。城市轨道交通车辆采用的空气压缩机要求具有噪声低、振动小、结构紧凑、维护方便、环境实用性强等特点。目前,城市轨道交通车辆中采用的空气压缩机主要有螺杆式和活塞式两种(图8-1和图8-2)。

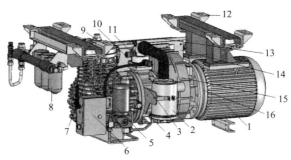

图8-1 TSAG-0.9AR Ⅱ型螺杆式空气压缩机组结构

1-电机;2-空气过滤器;3-冷却系统;4-视油镜;5-油过滤器;6-电控箱;7-油气桶;8-气水分离器;9-压力维持阀;10-真空指示器;11-进气阀;12-吊架;13-冷却器;14-扩压器;15-蜗壳;16-中托架

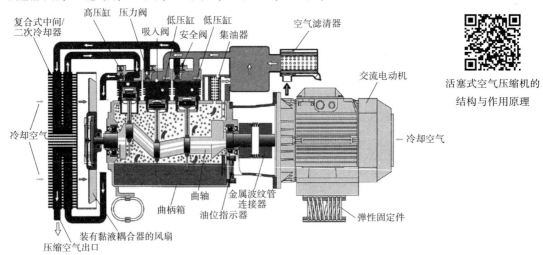

图8-2 VV120型活塞式电动空气压缩机结构

184

2. 空气干燥器

空气压缩机输出的压缩空气中含有较高的水分、油分和机械杂质等，空气干燥器的作用是将这些杂质除去。常见有单塔式（图 8-3）和双塔式干燥器（图 8-4）。

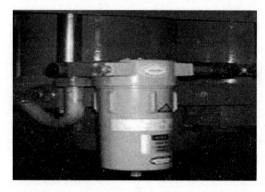

图 8-3 单塔干燥器

图 8-4 双塔式干燥器

目前，城轨车辆上使用双塔式干燥器的较多。双塔式干燥器的结构如图 8-5 所示，每个干燥塔都有一个显示工作状态的压力指示器，若左边的干燥塔在压力状态下（干燥状态），红色指针就在左边的压力指示器出现。当无压力时（再生状态），红色指针就自动消失。

工作原理：如图 8-5 所示，双筒干燥器的工作是干燥与再生两个工况同时进行。当压力空气在一个筒中流过并干燥时，另外一个筒中的吸附剂将立即再生。从空气压缩机输出的压力空气首先经过装有"拉希格"圈的油水分离器，除去空气中的液态油、水、尘埃等。然后，压力空气再流过干燥筒中的吸附剂，吸附剂吸附压力空气中的水分。

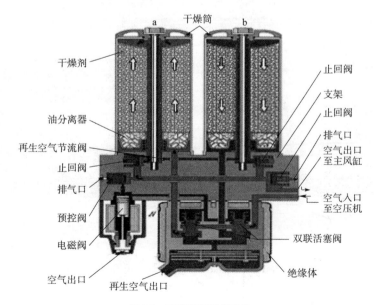

图 8-5 双塔干燥器的结构

一部分干燥过的压力空气(13%~18%)被分流出来,经过再生节流膨胀后,进入另一个干燥塔对已吸水饱和的吸附剂进行脱水再生,再生工作后的压力空气经过油水分离器时,再把积聚在"拉希格"圈上的油、水及机械杂质等从排泄通路排出。

3. 微孔油过滤器

微孔油过滤器(图8-6)用于过滤掉留在压缩空气中剩余的油,它在空气干燥器后面。在正常工作压力与温度下,压缩机油消耗量跟油性质、操作条件(周围和操作温度、油温、摄入体积、占空因素、启动频率)有很大关系。脱离压缩机的油绝大比例是通过空气干燥单元中油分离器滤出,然而,剩余的油仍然随压力空气输入到空气系统中。在高温下,这种情况尤为严重。这些油在缓流低温下沉淀,经长时间积累而导致故障。因而需要在空气干燥单元下游安装一个微型小网眼尼龙油过滤器来避免以上情况。

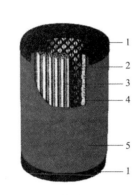

图8-6 微孔油过滤器
1-端盖;2-玻璃纤维层;3-内部钢支撑;
4-外部钢支撑;5-PVC覆盖泡沫套

4. 风缸

每辆车有一个总风缸、一个制动风缸、一个空气弹簧风缸,三个风缸的容积均为100L。风缸(图8-7)底部留有排水孔,并装有排水塞门,检修人员可以方便地打开塞门排除冷凝水,防止管路和风缸内部因水汽凝结造成腐蚀。风缸和排水塞门之间通过双向接头连接在一起,设有的排水塞门选用蝶形手柄,方向和气流方向一致时为关闭位;空气悬挂风缸的一端还设有一个带卸荷槽的螺堵;出于安全考虑,在制动风缸上只设带卸荷槽的排水螺堵。所有风缸满足最高设计压力为10bar,使用寿命大于30年,风缸材料选用铝合金。列车储风缸的容积应满足:空气制动系统实施至少6次常用制动或3次紧急制动/缓解循环的用风量。

图8-7 风缸

5. 安全阀

设置在高/低压缸出口的安全阀避免由于压力异常增大对空压机的损坏。如图8-8所示。

安全阀的结构如图8-9所示。

图 8-8 安全阀安装位置

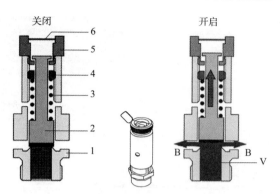

图 8-9 安全阀的结构

1-阀体；2-阀杆；3-压缩弹簧；4-调节螺栓；5-排放螺栓；6-铅封；B-排气装置；V-阀座

阀座 V 在正常工作压力下是关闭的。当压力超过安全阀所设定的压力时，阀杆被与压缩弹簧作用相反的力抬起，使得额外的压力从排气口 B 排出。当压力回复到设定压力下，阀座 V 再次关闭。

安全阀打开的压力可以通过调节螺栓 4 进行设定。铅封确保设定压力在不经允许下改变。安全阀含有排污装置，从而确保工作部分运转并且避免脏污在阀中堆积。旋出调节螺栓，抽出阀杆，然后再打开阀座 V，附着在阀体内的脏污沉淀物就可以被排除。

6. 截断塞门

截断塞门（图 8-10）的作用是截止或开通风源和用风设备之间的通路，制动系统所用截断塞门均为平行开通型。根据功能需要，部分阀门一侧带有排风功能，可以在截断风源的同时排出用风设备内的压缩空气。为避免截断塞门出现锈蚀现象，截断塞门壳体以及内部阀芯金属部件采用不锈钢材质。

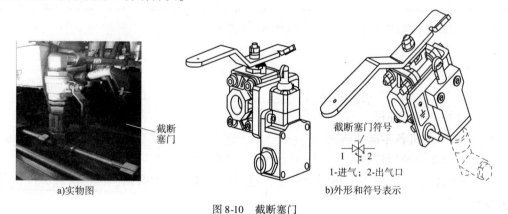

图 8-10 截断塞门

7. 管路

制动管路（转向架上连接胶管除外）采用不锈钢管，卡套式管接头。制动管路（图 8-11）布置采用模块化设计，优化管路布置。

图 8-11　制动管路

二、供气设备的检修

1. 空气压缩机维护周期（表 8-1）

空气压缩机维护周期　　　　　　　　　　表 8-1

间 隔 时 间	维 护 行 为
每 100 个操作时间或每个月一次	检查油的高度
	根据要求加满油
	查看真空指示器
每 1 000 个操作时间或每年一次	更换空气过滤器
	清洁冷却器
	观察检验弹性安装装置
	橡胶减振器：裂化或变脆就更换
	弹簧减振器：任何金属丝断裂进行更换
每 2 000 个操作时间或一年一次	换油
拆卸或安装之后	运行测试
每 12 000 个操作时间	大概检查压缩机固定安装架

2. 空气压缩机的检修（以活塞式空压机为例）

1）空气压缩机分解

（1）把空气压缩机单元从车体上拆下。

（2）将空气压缩机与电动机分解开。

（3）分解空气压缩机。

2）空气压缩机各零部件清洗

（1）压缩机分解后所有金属部件用碱性清洁剂清洗。

（2）橡胶件清洗需要用温热的肥皂水，以减少对橡胶件的腐蚀，再用清水冲洗，最后用压缩空气吹干。

（3）清洗空气压缩机外表及冷却器叶片，并对需要润滑的零部件进行润滑。

3）检查内部零件是否有损坏

清洗完成后，首先要对压缩机的零部件进行目测检查，检查是否存在裂纹、变形或锈蚀等损伤。

4）重要部件检修

对于下列重要的部件，还必须进行详细的检查和测量，并根据需要给予修复或更换。

(1) 曲轴检修。

①检查曲轴有无裂纹。

②检查曲轴的螺纹是否有损坏。

③检查连杆支承点有无磨耗，某些轻微拉伤可经抛光修复。

④如果支承点磨耗严重，或是褪色严重，或是实际尺寸已超出极限，则要更换整个曲轴。

(2) 活塞和活塞销检修。

①检查活塞表面，如出现较大拉伤，则要更换整个活塞。

②检查活塞销有无拉伤和擦伤，其表面应该平滑无拉伤，否则应更换活塞销。

③如果活塞或活塞销的实际尺寸超出了其报废尺寸的极限，则应更换该活塞或活塞销。

注意：如果要更换活塞，应整套更换连杆活塞总成，包括活塞环、活塞销和保持圈。在空气压缩机大修时，以下部件必须更换：轴承、针套、连杆轴承的导向环、活塞环、吸气排气阀、锁紧环、弹簧垫圈、轴密封环、密封圈、O 形环和轴承环等。

3. 空气压缩机组的故障修理（表 8-2）

空气压缩机组的故障修理　　　　　　　　　　表 8-2

问　题	原　因	维　修
电动空气压缩机组不能启动	断电	核查连接器
	压缩机堵塞	用手转动压缩机曲柄，核查连接法兰和叶轮。如果有必要，可以拆开该单元
	单元缺陷	根据拆卸说明拆卸该单元
空气从空气管中泄漏	空气管道接头泄漏或松动	拧紧接头并做泄漏实验
压缩机漏油	曲柄油箱上螺旋塞松动或密封缺陷	拧紧螺旋塞，如有必要安装新的密封并做泄漏实验
压力上升不适当或太慢	空气系统泄漏严重	对空气系统做气密性试验
	因活塞陈旧或活塞环出现黏性而堵塞	
在正常工作温度下空气传输不充分	空气管道或压缩机法兰连接处泄漏	做气密性试验
	空气入口处堵塞	核查空气入口处，如果必要就清洁
	过滤器太脏	更换滤芯
在过高的空气温度下空气传输不充分	阀泄漏或缺陷	按指导说明拆卸
在过高的空气温度下空气传输适当	冷却器脏了或冷却器里面堆积了脏物	按指导维护冷却器

4. 空气干燥器的检修

空气干燥器无须特殊保养，一般只做常规检查。由于空气干燥器里没有移动部件，因此一般不会有磨损问题。如果发生故障需要修理，需作如下检修。

1）空气干燥器分解检查

拆开空气干燥器，必须首先对分解后的干燥过滤器零部件进行清洁，并检查是否有裂纹、变形或锈蚀等损伤。

2）干燥剂更换

如果在排水阀的出口处有白色沉淀物或干燥剂过饱和，必须检查干燥剂，如有必要则更换。一般来说，干燥剂每4～5年需要更换一次。

3）拉希格圈清洗

用于吸油的拉希格圈可以用碱性清洁剂清洗，再用清水清洗，最后用压缩空气吹干即可。

4）进行功能测试

干燥过滤器组装完成后，应对它的功能进行测试，测试应在专用试验设备上进行。试验主要检查干燥器是否有泄漏、排泄功能是否正常、消声器的工作效果等。按照设计要求，经过干燥的压缩空气，其相对湿度应小于35%，这是必须测试的项目，可以使用压力露点计或相对湿度计来检查其是否达到要求。

5. 安全阀的修理（表8-3）

表8-3 安全阀故障修理

故障	原因	修理
少量空气从安全阀泄漏	阀座V有脏污	操作手动排气螺钉，吹扫阀座
	安全阀坏了	拆掉安全阀，更换好的
大量空气从安全阀泄漏	空气压力过高	核查压缩空气供应
	安全阀坏了	拆掉安全阀，更换好的
当压力过大时	安全阀坏了	拆掉安全阀，更换好的

6. 微孔油过滤器的维护维修

（1）拆油过滤器。

将皮带扳手按图示（月牙头在左）要求预装至油过滤器壳体上，向图8-12a）方向（方向向左）用力，将油过滤器拆下，若遇到单个扳手拆卸困难的情况，可在油滤壳体中下部再加装一个皮带扳手，两扳手同时用力（下方扳手用力应较小）即可卸下油滤。

a)皮带扳手月牙头在左　　b)用梅花扳手拆卸对丝　　c)皮带扳手月牙头在右

图8-12 油过滤器的检修

（2）拆卸对丝：用27mm梅花扳手将油滤对丝拆下，如图8-12b）所示。

(3) 检查对丝、密封圈：检查对丝表面螺纹处有无损伤、检查密封圈有无损伤。若无损伤则清洁后备用，有损伤则即时更换。

(4) 安装油滤对丝及密封圈：用27mm套筒力矩扳手将油滤对丝及密封圈安装到位，对丝拧紧力矩为(90±10)N·m。

(5) 安装油滤：用力矩扳手、皮带扳手安装紧固油过滤器，油滤的密封圈位置涂少量润滑油，皮带扳手(月牙头在右)夹紧的位置如图8-12c)所示，即向右拧紧；油滤拧紧力矩(40±4)N·m。

7. 风缸日常维护

1) 根据需要定期排气

系统欠压时，拧开排气塞或者打开不需转动太多的排气塞门来清除风缸，直到清洁空气排尽，最后拧上排气塞，不要让排气塞一直处于拧开状态。注意：可能有喷射，要戴防护手套和护目镜。按照现行法律规定收集排泄废物，因为它可能含有油污。

2) 每年目视检查

检查所有密闭容器状态完好，没有腐蚀迹象或其他损害。检查所有固定点正确安装并紧固。目视检查焊接状态完好，没有腐蚀迹象或其他损害。

8. 压力开关检修方法及调整方式

压力开关(图8-13)检测停放制动缸压力，当压力大于4.8bar时，表示停放制动缓解，当压力小于4.2bar时，表示停放制动施加，当压力在4.2~4.8bar范围内时，部分单元停放制动施加。

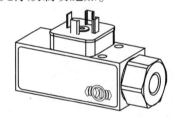

图8-13 压力开关

1-动作值设定视窗；2-回差值设定视窗；3-锁定螺钉；4-锁定片；5-动作值调整螺栓；6-回差值调整螺栓

总风压力开关分别安装在Tc车和Mp车的隔离面板上，安装在Tc车隔离面板上的压力开关设定值为7~9bar，安装在Mp车隔离面板上的压力开关设定值为6~7bar，检修时按照风源系统维护手册的规定对压力开关设定值进行检查。

压力开关设定值显示视窗，此视窗显示压力开关1次动作值，要求压力开关设定为9bar断开，可参考视窗数值9bar。

压力开关回差值显示视窗，此视窗显示压力开关2次动作值，要求压力开关设定值为7bar接通，此数值应设定值为2bar(即断开值9bar与接通值7bar之差)，可参考视窗数值2bar。

为防止振动或误操作引起压力开关动作值发生漂移，如需调整压力开关，应先摘除3、4部件。

动作压力值调整螺栓,调整压力开关1次动作值,顺时针旋转为增加动作压力值。可顺时针调整此螺栓,使其到达9bar断开。

回差值调整螺栓,调整压力开关2次动作值,顺时针旋转为减小回差值,压缩机于9bar停机,风缸压力下降至7.4bar压缩机起机工作,此时回差值为1.6bar,可顺时针调整此螺栓,降低回差值至2bar,使压力开关于7bar接通。

9. 制动系统供气部分均衡修内容

(1) 表面擦拭清洁无污物,外观良好,无裂纹,无损坏。
(2) 检查空压机进气口无异物堵塞、无漏油现象。
(3) 检查空压机安装架焊缝无开焊;弹性支承状态良好,吊挂螺栓无松动,防松线标记明显。
(4) 检查冷却器表面无裂纹,螺栓紧固良好,并清洁散热片。
(5) 检查风扇叶轮无损坏、无异物卡滞。
(6) 检查胶管管路是否有老化、裂纹、起层现象。
(7) 空压机油的更换步骤:

①使用17号和8号的内六角扳手将注油孔和放油孔打开,将废油排出,并将空压机内的残留油弄干净。
②注入二分之一的新油(油位显示)。
③进行空压机打风,打20~30min。
④将新注入的油排净,再加入3.5~3.7L的新油。

(8) 更换空气滤清器滤芯,并确认真空指示器在复位位置。
(9) 空压机运转时无异音、无漏气。
(10) 空压机充风时间符合要求。

四节编组列车:充风0~9bar,充风时间≤9min;补风7.5~9bar,充风时间≤2min。
六节编组列车:充风0~9bar,充风时间≤13.5min;补风7.5~9bar,充风时间≤2.5min。

(11) 干燥器表面擦拭清洁无污物,外观良好,无裂纹,无损坏。
(12) 检查干燥器吊挂状态良好,螺栓无松动,防松线标记明显。
(13) 检查干燥器排水口无异物(白色沉淀物)。
(14) 冬季时,用露点测试仪检查干燥空气的湿度。
(15) 检查测量双塔干燥器循环时间是否正常(阀用电磁铁是否每2min换接一次),排水口无异物(白色沉淀物),排气孔有气流排出。
(16) 检查安全阀的铅封良好,无损坏。
(17) 检查安全阀排气口、阀座清洁,无污物。
(18) 检查安全阀的开启压力值是否正确:风压达到(10+1)bar时,安全阀打开排气。
(19) 空气供给单元中压缩机电机和干燥器控制线连接良好、保护管安装良好、无损坏,并且防松线标记明显,否则需重新进行标记。

任务二 制动控制单元和制动电子控制单元及防滑装置的检修

任务目标

1. 掌握 BCU、EBCU 和防滑装置的组成及各部件的结构、作用原理。
2. 会处理 BCU、EBCU 和防滑装置主要组成部件的常见故障。
3. 能够进行制动系统各控制调节阀的检查、拆卸、安装。

工具设备

1. 工具和设备：力矩扳手、螺丝刀、万用表、加油工具、压力表、软毛刷、万用测试接头、个人工具箱、BCU 专用测试台、活塞检测环规、K 型环专用工具。
2. 材料：润滑油、干净抹布、研磨砂纸。

教学环境

理实一体化教室或轨道交通综合实训场。

建议学时

4 学时

基础知识

各型制动系统控制部分是制动装置的核心，由带有防滑控制的制动微机控制单元（Electric Brake Control Unit，EBCU）、制动控制单元（Brake Control Unit，BCU）等组成。下面以车控式 KBGM 型制动系统为例加以说明。

一、KBGM 空气制动系统的结构

1. 制动控制单元（BCU）

1）制动控制单元的组成和控制关系

制动控制单元如图 8-14 所示，它是空气制动的核心，主要由模拟转换阀 a、紧急电磁阀 e、称重阀 c、中继阀（均衡阀）d、载荷压力传感器 f（将载荷压力 T 转换成相应的电信号传输给 ECU）、压力开关 h 等元件组成。制动控制单元采用模块化设计，所有的元件安装在铝合金集成板上。这样设计的集成板便于从车上拆卸和更换，维修检查或大修时不会影响车辆的运行。图 8-15 所示为制动控制单元气路简图。

2）制动控制单元的工作原理

制动控制单元的主要作用是将 EBCU 发出的制动指令电信号通过模拟转换阀 a 转换成与之成比例的预控制压力 C_v，这个预控制压力是呈线性变化的，同时受到称重阀 c 和防冲动检测装置的检测和限制，再通过中继阀（均衡阀）d，沟通制动储风缸 B_{04} 与制动缸的通路,并控制进入制动缸的压力,最后使制动缸 C_1 和 C_3 获得符合制动指令的空气制动压力。

图 8-14 制动控制单元 BCU

1-集气板;2-模拟转换阀;3-测试接口;4-托座;5-中继阀;6-载荷压力传感器;7-称重阀;8-预控制压力开关

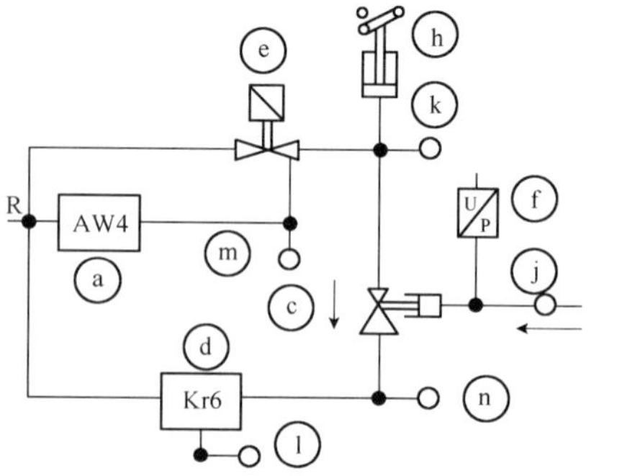

图 8-15 制动控制单元气路简图

a-模拟转换阀;c-称重阀;d-均衡阀(中继阀);e-紧急电磁阀;f-载荷压力传感器;h-压力开关;j、k、l、m、n-压力测试接口

制动控制单元的工作原理如下:

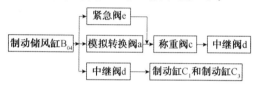

图 8-16 制动控制单元气路流程

当压力空气从制动储风缸 B_{04} 进入制动控制单元 B_{06} 后,分成三路,一路进入紧急电磁阀 e,一路进入模拟转换阀 a,另一路进入中继阀 d,整个制动控制单元犹如一个放大器,其流程如图 8-16 所示。

2. 制动控制单元的部件

1) 模拟转换阀

结构:模拟转换阀(图 8-17)又称电气转换阀(或 EP 阀),由一个稳压气室、一个电磁进气阀 3、一个电磁排气阀 2 及气电转换器 1 组成。

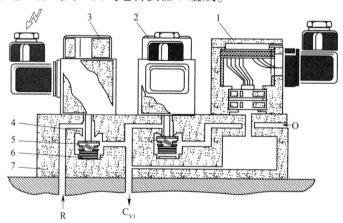

图 8-17 模拟转换阀

1-气电转换器;2-电磁排气阀;3-电磁进气阀(图示线圈处于励磁状态);4-阀座;5-阀;6-弹簧;7-阀体;R-由制动储风缸引入压力空气;C_{V1}-预控制压力空气引出;O-排气口

2) 紧急阀

紧急阀如图 8-18 所示。紧急阀是一个电磁阀控制的二位三通阀,它的三个阀口分别

通制动储风缸（A1）、模拟转换阀输出口（A2）及称重阀输入口（A3）。它主要由空心阀、阀座、空心阀弹簧、活塞、活塞杆、活塞杆反拨弹簧和电磁阀组成。其中，空心阀还起到阀口的作用，而活塞杆顶部做成阀口结构。

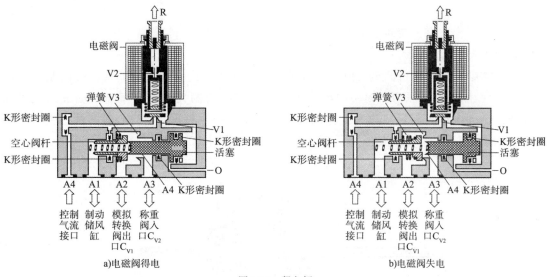

图 8-18 紧急阀

3）称重阀

称重阀为杠杆膜板式结构，作用是根据车辆载重的变化，即根据乘客的多少，自动调整车辆的最大制动力，主要由负载指令部、压力调整部和杠杆部组成。其结构原理如图 8-19 所示。

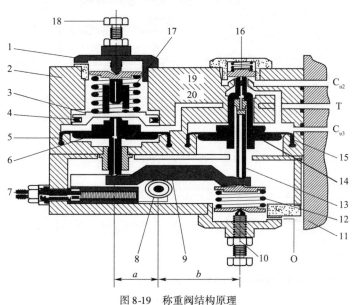

图 8-19 称重阀结构原理

1-螺盖；2-阀体；3-从动活塞；4-K形密封圈；5-膜板；6-活塞；7-调整螺钉；8-支点滚轮；9-杠杆；10-调整螺钉；11-管座；12-弹簧；13-空心杆；14-活塞；15-膜板；16-橡胶夹芯阀；17-弹簧；18-调整螺钉；19-充气阀座；20-排气阀座；O-排气口

负载指令部：主动活塞（活塞）、主动活塞膜板、从动活塞、K形密封圈及调整弹簧、调整螺钉等部分组成。

压力调整部：由橡胶夹芯阀、均衡活塞、空心阀杆、阀座、调整弹簧和调整螺钉等组成。

杠杆部：由杠杆、滚轮支点和调整螺钉组成。

4）中继阀（均衡阀）

KBGM型模拟制动机的空气制动装置是一个间接控制的直通式制动机，即由制动控制单元BCU控制预控制压力，再由中继阀根据预控制压力的大小控制车辆制动缸的充风和排风作用，即中继阀起到"放大"作用。中继阀是由带橡胶阀面的空心导向杆、膜板活塞（即均衡活塞）、进/排气阀座、弹簧等部分组成，如图8-20所示。

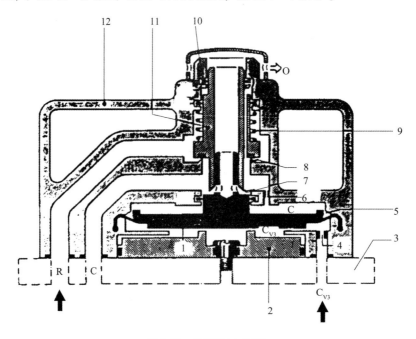

图8-20　均衡阀（中继阀）

1-膜板；2-均衡阀安装面；3-气路板；4-节流孔；5-活塞；6-节流孔；7-排气阀座；8-进气阀座；9-弹簧；10-K形密封圈；11-带橡胶阀面的空心导向杆；12-阀体；R-接口通向制动贮风缸；C-通向各个单元制动缸；C_{V3}-来自称重阀的控制压力（空气）；O-排气口

二、制动控制单元的检修

1. 部件外观检查

对制动控制单元中的各个部件，如称重阀、模拟转换器、紧急电磁阀、中继阀（均衡阀）、压力传感器、预控压力开关和整个测试接头进行外观检查及清洁。

2. 功能测试

在各个单独元件完成检查作业后，应对整个BCU单元进行整体的功能测试，测试需要在 BCU 专用试验台进行。

BCU 专用试验台采用单片机控制，用单片机模拟 EBCU 的电气控制信号，模拟各种制动工况，控制制动单元执行相应的动作，并用高精度压力传感器测量预控制压力 C_{V1}、C_{V2}、C_{V3} 和制动缸压力 C，以检测各项功能是否正常。

根据制动控制单元的结构，主要检测内容分为两部分。

1）综合测试

（1）全常用制动测试。该测试主要在紧急电磁阀得电的情况下，检测制动缸的压力是否与 EBCU 给出控制压力一致，并给出特性曲线。

（2）紧急制动测试。该测试主要检测在紧急制动的情况下，制动缸的压力与载荷压力的关系是否一致，并给出特性曲线。

2）分项测试

（1）模拟转换阀检测。测试模拟转换阀的输出压力 C_{V1} 与给定的控制电压是否一致，并给出模拟转换阀特性曲线。

（2）压力开关检测。测试当预控制压力 C_{V2} 变化时，压力开关的回环特性是否与设定值相同。

（3）空重车调整阀检测。主要为当载荷压力 T 为 0.285MPa 时，测试预控压力 C_{V3} 与 C_{V2} 的对应曲线，以及当载荷压力 T 变化时预控压力 C_{V3} 的特性曲线。

（4）中继阀检测。主要检测制动缸压力 C 与预控压力 C_{V3} 是否一致，并给出中继阀的特性曲线。

（5）紧急电磁阀测试。检测紧急电磁阀是否正常工作。

（6）压力传感器检测。检测压力传感器的输出是否与压力成正比，并给出压力传感器的特性曲线。

3. BCU 部件检修

1）模拟转换阀的检修

其主要检修内容与一般电磁阀相同。

（1）分解：阀的拆分工作需要使用专用标准工具。

（2）清洁：

①用化学清洁剂在一个 70～80℃ 的热清洁池中清洗所有金属部件（不包括橡胶金属组合件），然后用压缩空气吹干。

②励磁线圈和电枢应用一块浸过温肥皂水的抹布擦洗，随后立即用压缩空气吹干。吹干后立即给电枢轻轻地涂一层硅脂，之后擦掉电枢上多余的硅脂。

（3）检查：

①应仔细检查已清洁部件的外观。如果出现裂纹、变形、腐蚀或螺纹变形等损伤，且受损部件外观检查后不能继续使用，则应更换。

②对于某些部件，除必须进行目检以外，还需进行其他附加检查，主要部件如下：

a. 励磁线圈：仔细检查励磁线圈的保护层是否断裂、触针是否被锈蚀或已变形，更换受损的励磁线圈。

b. 磁铁架：检查磁铁架内阀座的状况，如果阀座损坏，则应更换磁铁架。

c. 电枢：检查电枢阀座的状况，如果凹进0.3mm，则应更换电枢。

d. 压缩弹簧：压缩弹簧应符合规定的自由高和压缩高要求，并且其弹力值必须符合有关技术要求。

③每次检修时均应更换非金属圈（O形圈）、垫圈和夹紧销。

（4）组装：

①组装工作需要使用专用标准工具进行。

②组装前应给O形环和电枢涂上少许硅脂。电枢上多余的硅脂要擦掉。

③应按与拆分工作相反的顺序组装，各紧固扭矩应符合有关技术要求。

（5）测试：

①应按相关的检验技术要求说明对模拟转换阀进行检测。

②进行检测时须注意有关在电气动设备上进行作业的安全规范。

③如果检验结果正常，则要在检查后贴上不易脱落的检验标志。

2）紧急电磁阀的检修

（1）紧急电磁阀的分解。

①修理紧急电磁阀时除拆卸克诺尔K形环时需要用到一个安装专用钩外不需要任何特种工具。

②如果紧急电磁阀的外表面很脏，则须在开始工作前除去不洁物。工作步骤一定要按照相应的检修指南进行。在分拆时请注意不要损伤密封面和阀座。

（2）清洁。

①用化学清洁剂在一个70~80℃的热清洁池中清洗所有金属部件（不包括橡胶金属组合件），然后用压缩空气吹干。

②在清洗铝合金部件时，清洁剂的腐蚀率必须符合有关技术规定。

③在温肥皂水中清洗活塞、阀盘、导向套管、圈、撑条和垫圈，并立即用清水冲洗，然后用压缩空气吹干。

④橡胶圈在检修后都要更换，无须清洗。

（3）检查和修理。

①应当对已清洁的部件认真进行一次目检。如果查出断裂、变形、腐蚀或螺纹变形等严重影响部件继续使用的损伤，则应予以更换。

②有些部件除必须目检外，还需要其他附加的检查或返修工作。

a. 外壳：阀座上和外壳孔内的轻度划痕可通过二次抛光去除。必须符合规定的尺寸和活塞表面粗糙度，否则应更换新的外壳。

b. 活塞（整体）：应使用环规检查活塞是否符合图样技术要求的控制尺寸；检查活塞的阀座和活塞裙是否受损。如果有划痕，则应将活塞连同整个阀套一起更换（成套备件）。

c. 阀盘：检查橡皮阀座是否受损，如果橡皮凹进0.4mm或凸起0.2mm以上，则必须更换阀盘。

d. 检查阀套的环及阀门套管的撑条是否受损，如果有划痕，则应将整个阀套连同活塞及整个阀门套管一起更换(成套备件)。

　　e. 压缩弹簧：应符合技术要求中规定的弹簧长度和弹力要求。

　　③每次检修之后都应更换克诺尔 K 型环，以及所有安全环和 O 形圈。

　　④如果型号铭牌已不清晰，也应予以更换。

（4）组装：

①在组装紧急电磁阀之前，应给所有克诺尔 K 型环、O 形圈以及各个滑动面和导向面涂上少量通用润滑脂。安装克诺尔 K 型环时，需要用安装专用钩。

②紧急电磁阀的组装应按照图样要求并与拆分相反的顺序进行。

③应用 8N·m 的扭矩将阀用电磁铁的螺母拧紧。

（5）检测：

①电磁阀的检测应按照检测说明来进行，进行检测时须注意有关在电气制动设备上进行作业的安全规范。

②如果检测结果合格，则应贴上不易脱落的检验标志。

3）称重阀的检修

（1）称重阀的分解。

①修理称重限制阀时除拆卸克诺尔 K 型环时需要用到一个安装专用钩外不需要任何特种工具。

②如果称重限制阀的外表面不洁净，则须在开始工作之前除去脏物。工作步骤一定要按照所给顺序。在分拆时请注意不要损伤密封面和阀座。

（2）清洁。

①所有金属部件用化学清洁剂在一个 70~80℃ 的热清洁池中清洗，然后用压缩空气吹干。

②在清洗铝合金部件时，化学清洁剂腐蚀率必须符合有关技术规定。

③橡胶或塑料的外皮可用一块浸了肥皂液的湿布擦洗，然后马上用清水再擦一遍，用压缩空气吹干。

（3）检查：

①应对已清洁的所有部件认真地进行一次目检。如果查出裂纹、变形、腐蚀或螺纹变形等影响部件继续使用的损伤，则应换上新的部件。

②铭牌如果变得模糊不清，必须更换。

③有些部件除必须进行目检以外，还需要其他附加的检查或再加工工作。

　　a. 外壳：阀座及衬套内表面上的轻度划痕可通过二次抛光去除，必须符合尺寸和表面粗糙度的要求，否则应换上新的外壳。

　　b. 压缩弹簧：弹簧的压缩长度及弹力必须符合相关技术要求，否则应更换压缩弹簧。

　　c. 阀盘检查：检查阀座橡胶密封件是否受损，如果橡胶密封圈凹进 0.4mm 或凸起 0.2mm 以上，则必须更换阀盘。

　　d. 阀杆及弹簧座和支撑面检查：阀杆、弹簧座及所有支撑面的轻度划痕可通过二次抛光去除，必须符合尺寸和表面粗糙度的技术要求，否则更换。

　　e. 滚针轴承及球形衬套检查：运转不均匀或运转滞涩时需更换。

(4) 组装：

①组装限压阀之前，应给所有环型以及各个导向面和滑动面涂上少量通用润滑脂。

②使用标准螺栓扳手拧紧螺旋塞及圆柱头螺栓。

③按照与分拆相反的顺序组装。安装克诺尔K型环需用安装专用钩。

(5) 检测：组装完毕后应将限压阀置于试验台上，按照规定的检验项目进行检验和设定，并粘贴检验合格标识。

4) 均衡阀的检修

(1) 均衡阀的分解。

①拆分均衡阀时应使用由标准工具和厂家提供的一个安装专用钩，用于拆卸及安装克诺尔K型环；一个取膜器用于拆卸及安装罐式隔膜。

②如果均衡阀的外表面很脏，则须在开始工作前除去脏物。工作步骤一定要按照所给顺序。在分拆时请注意不要损伤密封面和阀座。

(2) 清洁：

①必须注意清洗剂生产厂家给出的使用说明，清洁零部件时不允许损伤密封面和阀座。

②检修时更换所有齿形垫圈、密封环和O形圈。

③用化学清洁剂在一个70~80℃的热清洁池中清洗所有金属部件(不包括橡胶金属组合件)，然后用压缩空气吹干。在清洗铝合金部件时，化学清洁剂腐蚀率必须小于$420\text{mg/m}^2 \cdot \text{h}$。

④将阀门导管和阀门体在微温的肥皂水中清洗，然后马上用清水冲净并用压缩空气吹干。将滤筛用适当的清洗剂清洁。

(3) 检查修理：

①应对已清洁的所有部件认真地进行一次目检。如果查出裂纹、变形、腐蚀或螺纹变形等影响部件继续使用的损伤，则应予以更换。

②如果铭牌变得模糊不清，必须更换。

③检查控制室的表面粗糙度和阀门套筒的阀座及损伤情况，必须符合规定的尺寸和表面粗糙度，否则应更换控制室。检查喷嘴孔D_1、D_2以及克诺尔K型环的放气孔是否通畅。

④检查阀内的压缩弹簧，当弹簧长度为17mm时，弹力必须至少为74N，否则应更换压缩弹簧。

⑤检查阀门导管尺寸和表面粗糙度必须符合规定要求，否则应更换阀门导管。

⑥检查中继阀各阀座橡胶密封件是否受损。如果橡胶凹进0.4mm或凸起0.2mm以上，则必须更换。

⑦检查阀门体滑动面的接触面的表面粗糙度。尺寸和表面粗糙度必须符合规定的要求，否则应更换阀门体。

⑧检查导管面的表面粗糙度和螺纹的状况。如果发现表面粗糙度不符合规定要求或螺纹有损伤，则必须更换螺纹衬套。

⑨检查克诺尔K型环的进气孔和B1、B2是否通畅。

（4）组装：

①各个部件都必须经过检验合格并备好。

②在组装之前要给罐式隔膜、克诺尔 K 型环、扁平密封圈、O 形圈、压缩弹簧、阀门导管和阀门体滑动面、控制室中的罐式隔膜的阀盘等部件的外表面涂少许通用润滑油。

③组装均衡阀应按照与分拆相反的顺序进行。

（5）检测：

①进行检测时须注意在电气设备上进行作业的相关安全规范。

②检查均衡阀时须按照相关的检验说明进行。

三、制动微机控制单元和防滑系统检修

1. 制动微机控制单元的检修

除了正常的清洁以外，需要对制动微机控制单元的功能进行测试。以下是测试操作过程：

（1）启动手动测试界面。

（2）选择 "Trailer Car"/不选择 "Parking Brake"/选择 "Holding Brake" = T。

（3）当速度信号为 0km/h，ECU 把 C_V 压力调到 0.2MPa 左右。

（4）"Holding Brake" = F，C_V 压力减到 0MPa。

（5）把红色 "V_1" 滑块慢慢向上拖动，直到列车速度变为 20km/h；检查速度信号的值是否相应变大。

（6）选择 Digital Input 的 "Brake" = T 并且用鼠标点击 "Brake Demand" 的上升按钮；检查 C_V 压力值是否随着 Brake Demand 值增加。

（7）给车轮 2 一个单独速度信号。检查 ECU 是否规律性地给相应减速轴的防滑阀发送数字信号。

（8）设置操作模式 $V_1 = V_1 \cdots V_4$ 为 "ON"。

用鼠标拖动 V_1 滑块直到速度信号为零，设置 Brake Demand 值为 0%，Digital Input 设置为 "Brake" = F。

（9）检查 C_V 压力减到 0MPa。

（10）退出手动测试界面。

2. 防滑系统检修

1）防滑电磁阀分解

（1）除了标准工具之外还需要用到一个微调转矩扳手(5N·m)。

（2）有些部件在拆下后或在每次检修时，原则上应以新的部件来替换，这些需替换部件应该在分拆设备时挑出另放。

（3）按照规定的步骤拆卸该阀。

2）清洁

（1）用化学清洁剂在一个 70~80℃ 的热清洁池中清洗所有金属部件(不包括橡胶金属复合件)，再用压缩空气吹干。在清洗铝合金部件时，化学清洁剂腐蚀率必须符合有关规定。

(2) 必须注意清洗剂生产厂家给出的使用说明。

(3) 在温肥皂水中清洗阀用电磁铁的电枢、排气阀和阀门支架，并立即用清水冲洗，然后用压缩空气吹干。

(4) 用一块干布清洁阀用电磁铁的磁铁架。

(5) 用石油醚(清洁用去污轻汽油) 清洁滤网。

(6) 防滑阀外表面上腐蚀产物和程度严重的脏污可用一把金属软刷去除。

(7) 原则上检修时必须更换的部件不需要清洗。检修时所有橡胶部件和隔膜都需要更换，无须清洗。

3) 检查

(1) 应对已清洁的部件认真地进行一次目检。如果查出裂纹、变形、腐蚀或螺纹变形等影响部件继续使用的损伤，则更换。

(2) 有些部件除必须进行目检以外，还需要其他附加的检查或再加工工作，必须符合规定的尺寸和表面粗糙度的要求，否则应更换相应的部件。

a. 外壳及阀座：外壳及阀座上的轻度划痕可通过二次抛光去除。必须达到表面粗糙度要求，否则应更换。

b. 阀用电磁铁：检查金属密封面和电枢的橡胶阀座是否有损伤，如果有损伤或橡胶凹下、隆起0.3mm以上，则须更换阀用电磁铁；检查线圈盒是否有损伤或裂缝，并检查接地连接情况；检查电枢套筒的内阀座以及电枢座孔的状态是否完好，电枢套筒在线圈盒中必须能轴向灵活转动，外壳上的孔与电枢套筒直径之间的游隙必须至少为0.2mm。

c. 压缩弹簧：弹簧长度及弹力必须符合相关的技术规定，否则应更换压缩弹簧。

(3) 对于带喷嘴的防滑阀，还要检查喷嘴是否损坏，必要时更换喷嘴。

(4) 如果铭牌已模糊不清应更换。更换铭牌时要使用新的带槽铆钉。

4) 组装

(1) 组装按照与分拆相反的顺序进行，组装必须按有关规范进行。

(2) 待用的阀用电磁铁必须已经过检修及检验合格后备用。

(3) 安装阀用电磁铁时必须根据电接触销的位置将其正确放置。电枢的衔铁弹簧不允许装错。

(4) 组装之前应给所有密封圈、O形圈、压缩弹簧以及各个滑动面和导向面涂上少量润滑脂。

(5) 组装防滑阀时应按照规定的拧紧力矩拧紧螺纹连接件。

5) 检验

防滑阀的检验应按照相关的检验说明来进行。在通过检验的防滑阀上贴上一个不易脱落的检验标志。

3. 制动系统制动控制部分均衡修内容

(1) 制动控制箱和气路控制箱外部清洁、安装状态良好；箱体无变形；箱体锁扣良好，无损坏；接地线无老化、无脱落、无断路。

(2) 制动控制箱和气路控制箱密封良好，密封胶条无损坏、老化现象。

（3）制动控制箱和气路控制箱吊挂螺栓紧固良好、无松动，防松线标记明显。

（4）制动控制箱和气路控制箱内的所有部件安装固定良好，无损坏、无松动、无漏气；制动控制单元和气路控制箱后面空气管路及控制线连接良好，无松动、无损坏、无泄漏，防松线标记明显。

（5）速度传感器连接线无破损、无起层；接头无松动，紧固良好；拆下速度传感器检测孔螺栓，用量规测量传感器和磁极轮的间距 h。标准：间隙满足 $(0.9±0.5)$mm。

（6）所有压力开关外部清洁无污物，表面完好。

（7）检查高度调整阀动作良好、无卡滞、无泄漏。高度阀调整杆无变形、无损坏，上下球形轴承活动良好（无须注油润滑），连接拉链无丢失、无损坏。

（8）防滑阀无损坏、无漏气，控制线连接无松动、虚接，防松线标记清楚明显。

（9）减压阀状态良好、无泄漏；通向 BHB 箱空气管路上的绝缘瓷瓶无损坏，内部清洁无污物、无泄漏。

（10）EBCU 箱安装固定良好，外观无损坏；接地线紧固良好，无松动、虚接；反向连接器与 EBCU 箱体连接良好，无松动、无虚接。

四、架控式制动系统检查维护（以 EP2002 制动系统为例）

（一）EP2002 制动系统的组成

EP2002 制动控制系统安装在每辆车的底架上，靠近转向架安装。EP2002 制动系统通过网关阀（G 阀，如图 8-21 所示）、远程输入输出阀（R 阀，外观与网关阀一样）、智能阀（S 阀，如图 8-22 所示）形成分散式制动控制网络。每个阀都安装在转向架附近（每个转向架一个阀），分别控制对应转向架的常用制动、快速制动、紧急制动和车轮滑行保护，EP2002 阀之间通过专用的双通道 CAN 总线连接通信。

图 8-21　网关阀和输入输出阀外形　　　图 8-22　智能阀外形

有的 EP2002 阀的辅助控制气路板与智能阀集成安装，如图 8-23 所示，主要包括制动用风的净化及供给部件、停放制动控制部件、空簧供风控制部件。EP2002 阀各接口的功能如图 8-24 所示。三个阀分别装在其所控制的转向架上（每个转向架对应一个阀），三个阀通过一个专用的 CAN 总线连接在一起。

（二）EP2002 阀的结构

一个 EP2002 阀就相当于一般空气制动系统中的微机控制单元加上制动控制单元的组

图 8-23 智能阀与辅助控制气路板集成安装

合,此外,它还具有网络通信的功能。根据架控的需要,装备了 EP2002 制动控制系统的列车,每节车均装有两个 EP2002 阀,并且分别安装在其控制的转向架附近的车体底架上。所有的 EP2002 阀上都带有多个压力测试口,可以方便地测量储风缸压力、制动机风缸压力、车辆载荷压力以及停放制动缸压力等。EP2002 阀的内部结构如图 8-25 所示。EP2002 阀的气动阀单元如图 8-26 所示。

图 8-24 EP2002 型阀各接口的功能

SK1-CAN/PAL 总线;PL1-测速;PL2-电源;PL3-数字 I/O;SK2-模拟 I/O;PL4-MVB 总线

图 8-25 EP2002 阀的内部结构

1-BCU 卡;2-模拟卡;3-总线耦合器("通信")卡;4-RBX 卡;5-电源卡;6-反馈传感器;7-继动阀;8-先导控制提升阀

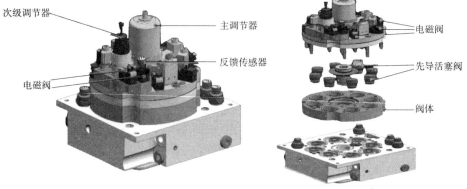

图 8-26 EP2002 阀的气动部件

1. 智能阀

智能阀的内部结构如图 8-27 所示。智能阀是一个"机电"装置，其中包括一个电子控制段，该电子控制段直接装在一个称为气动阀单元(Pneumatic Value Unit，PVU) 的气动伺服阀上。起控制作用的 EP2002 先导阀通过 CAN 制动总线传达制动要求，每个阀门据此控制着各自转向架上制动调节器内的制动缸压力(Brake Cylinder Pressures，BCP)。本设备通过转向架进行常用制动和紧急制动，同时通过车轴进行车轮防滑保护控制。阀门受软件和硬件的联合控制和监控，并可以检测潜在的危险故障。结合使用各车轴产生的车轴速度数据和其他阀门，通过专用 CAN 制动总线传来的速度数据即可进行车轮防滑保护。图 8-28 为智能阀的输入输出接口。

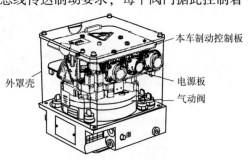

图 8-27 智能阀结构

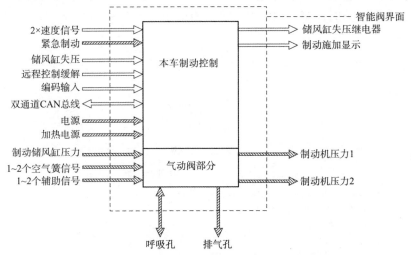

图 8-28 智能阀的输入输出接口

从输入输出关系可以看出，智能阀的主要功能有以下几方面：

（1）常用制动时根据转向架的负载对输出制动压力进行调整并输出制动机压力。

（2）紧急制动时根据转向架的负载对输出制动压力进行调整并输出制动机压力。

（3）对每个轮对的滑行进行保护(WSP 控制)。

（4）制动应用显示。

（5）储风缸失压时向继电器输出断开信号。

（6）通过 CAN 总线向网关阀报告本车故障监视情况。

2. RIO 阀

远程输入/输出阀(Remote Input/Output，RIO) 的内部结构如图 8-29 所示。它比智能阀多了两块电子控制板，即制动控制单元板和模拟输入输出板。除了具有智能阀的所有功能外，RIO 阀还可以通过制动控制单元板和硬线与其控制的转向架上的牵引控制单元通信，使电制动和空气制动协调工作。

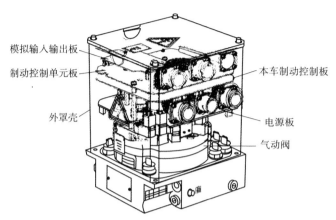

图 8-29 RIO 阀的内部结构

与网关阀有着相同的 I/O 口，但并不进行制动控制运算而且没有安装网络接口卡。可编程的输入被 RIO 阀读取，然后通过 EP2002 双通道 CAN 总线传至主网关阀。RIO 阀的可编程输出状态由主网关阀控制。RIO 阀的输入输出接口如图 8-30 所示。

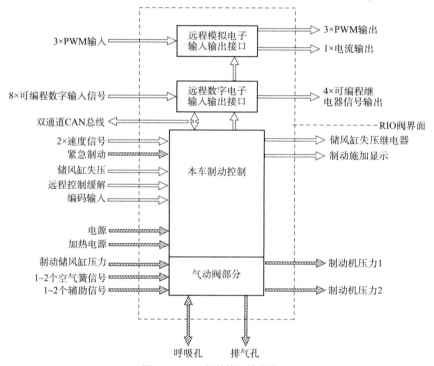

图 8-30 RIO 阀的输入输出接口

3. 网关阀

网关阀的内部结构如图 8-31 所示。它比 RIO 阀又多了一块电子控制板——网络通信板。具有 RIO 阀和智能阀的所有功能，并将常用制动压力要求分配至所有装在本地 CAN 网络中的 EP2002 阀门。网关阀也可以提供 EP2002 控制系统与列车控制系统的连接。EP2002 网关阀可以按要求定制，以连接多功能列车总线（Multifunction Vehicle Bus，MVB）、局部操作网（Local Operating Network，LON）、工业控制网（Factory Instrumentation

Protocol，FIP）和 RS485 通信网络以及/或者传统列车线缆和模拟信号系统。

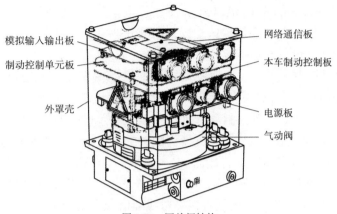

图 8-31 网关阀结构

在 EP2002 系统中，一个 EP2002 网关阀中的制动要求分配功能可以将 SB 常用制动力（Service Brake，SB）要求分配至列车装有的所有制动系统，以达到司机手动驾驶和 ATO 自动驾驶要求的制动力。网关阀的输入输出接口如图 8-32 所示。

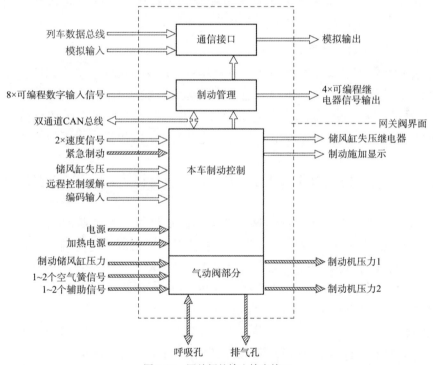

图 8-32 网关阀的输入输出接口

（三）设备结构

1. 设备外壳：外壳为阳/极氧化铝重载挤出成型。外壳保护内部电子部件与外部工作环境隔离并为设备提供 IP66 级密封。IP66 即 Ingress Protection 66，指产品完全防止外物侵入，且可完全防止灰尘进入，承受强烈喷水时，电器的进水量应不致达到有害的影响。

2. PVU 气动阀单元：此气动伺服单元由本地制动控制卡发出指令，用来控制进行常用制动、紧急制动和车轮防滑保护的各车轴上的 BCP 压力。

3. 供电单元(Power Supply Unit，PSU) 卡：供电单元卡接收所输入的电池供电和加热器供电。主供电经调控后在内部被传送至设备内的其他电子元件卡上。加热器供电则被传输至加热器单元，使其可以在极低温度下进行工作(如果已在原装设备制造商处安装)。

4. 本地制动控制(RBX) 卡：本地制动控制卡根据主先导单元通过专用 CAN 总线传达的制动要求来控制 PVU，以进行常用制动、紧急制动和车轮防滑保护。

5. 制动管理单元(BCU) 卡：制动管理卡仅安装在 EP2002 先导阀中，包括对整列列车进行制动管理的所需功能，而且可以支持可配置的 I/O 端口。如果使用主网关阀，则制动管理功能激活并且与所有其他的智能阀和网关阀通过 CAN 总线建立通信。如果未使用主网关阀而仍使用一个普通网关阀，则 BCU 卡将作为一个远程输入/输出(RIO) 工作，可以允许直接进入制动 CAN 总线而无须直接发送线缆信号至主网关阀。

6. 可选网络 COMMS 卡：可选择的网络通信卡仅安装在 EP2002 网关阀中。此卡可以符合 MVP、FIP、LON 和 RS485 接口标准（一个通信卡对应一种协议标准）。通信连接可以用于控制和诊断数据传输。

7. 可选模拟 I/O 卡：可选模拟 I/O 卡可安装到各种型号的网关阀和 RIO 阀上，以提供进行常用制动控制所需的模拟信号。

(四) EP2002 阀的气动结构

位于各种型号的网关阀、智能阀和 RIO 阀中的 EP2002 阀气动段均相同，并且被视作气动阀单元。其功能区域可分为下列组别。其气路如图 8-33 所示。

1. 主调节器：继动阀负责调节装置的供风压力并将其降低至一个按负荷增减的紧急制动压力的水平。继动阀还负责在电子负荷系统出现故障时提供机械系统产生的最小紧急制动压力。

2. 次级调节器：位于主调节器上游，负责将供给制动缸的压力限定在最大紧急制动压力。

3. 负荷单元：负荷单元用于向主调节器继动阀提供一个按负荷增减的紧急制动控制压力。此控制功能一直保持激活状态并与空气悬挂系统压力成一定比例。

4. BCP 调节：BCP 调节功能负责从主调节器处接收输出压力并进一步将其调节至常用制动所要求的 BCP 等级。在进行车轮防滑保护时，BCP 调节段同样负责对制动缸压力进行气动控制。

5. 连接阀：可以使 BCP 输出以气动方式汇合或分开。在常用制动或紧急制动时，两个 BCP 输出汇合，以通过转向架进行控制。在经车轴进行车轮防滑保护的系统上，当 WSP 动作时，两车轴互相被气动孤立，每个车轴上的 BCP 都通过 BCP 调节段得到独立控制。

6. 远程缓解：远程缓解功能可以使用也可以不使用，作为 EP2002 阀功能的一个组成部分。当远程缓解输入得电时，供风压力被隔离，制动缸经阀门的输出被排向大气。系统还具有一个硬件互锁，可以在出现紧急制动要求时防止 EP2002 阀被远程缓解。

7. 紧急制动脉动限制：紧急制动脉动限制可以使用也可以不使用。如果不使用紧急制动脉动限制，可将气路中的紧急制动脉动限制电磁阀换成一块孔板。

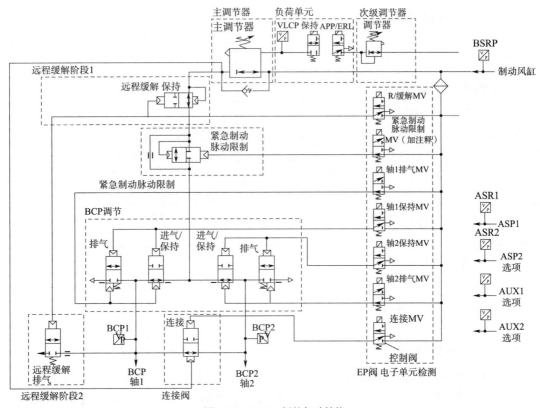

图 8-33 EP2002 阀的气动结构

(五) E2002 制动系统空气制动防滑控制装置

EP2002 制动系统每个车轴都装有一个速度传感器,实时监测车轮滑行状况。相应地 EP2002 阀内部连接电磁阀(Magnet Value,MV)得电,使连接阀断开将轴1和轴2的制动缸压力独立控制,降低滑行轴的制动压力,避免因为滑行对车轮踏面的擦伤,当黏着条件恢复,制动缸压力将恢复到滑行前状态(图 8-34)。

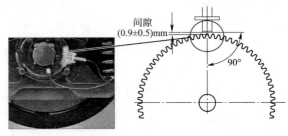

图 8-34 空气制动防滑控制装置

(六) EP2002 制动系统故障管理

1. 紧急制动故障

如果出现紧急制动回路故障,EP2002 阀会提供一定的机械保护。紧急控制阀采用机械方式放置,制动缸输出压力超过或低于设定值。在出现紧急制动控制故障时,会发出一个"降级"故障指示。当出现供电故障时,加权载荷压力保持在最后的载荷水平上。

2. 速度探测装置故障

当一个速度传感器出现故障时,受到影响的阀会利用邻近车轴的速度传感器继续提供 WSP 控制。

3. 空气簧压力故障

1) 常用制动时的故障

一个转向架上空气簧传感器故障导致空气簧的读数被设定在超员的水平。这个数值与另一个转向架上的空气簧压力平均。这一平均压力值可以被用作常用制动载荷计算。如果一辆车的两个空气簧传感器都出现故障,会给常用制动发出一个替代的平均"超员"空气压力值。空气簧的压力探测最低点设在最小 0.1MPa。在空气簧压力过低时,空气簧压力默认为超员。这一数值将与车上另一转向架的其他空气簧压力平均。这一平均数值用于常用制动载荷质量计算。两个转向架的空气簧都过低,将导致常用制动默认的数值为超员。

2) 紧急制动时的故障

空气簧的压力探测最低点设在最小 0.1MPa。在空气簧压力过低时,该类型车辆的紧急制动压力默认为超员状态时的水平。空簧传感器的故障会导致紧急制动缸压力默认为超员状态下的压力水平。

4. 制动总线故障

如果在正常运行时出现单个制动总线故障,通过冗余总线,整个控制系统会得到保证。当两条总线都出现故障时,阀会缓解制动。这个故障模式将会被检测到并发送给 TMS。如果故障排除,则常用制动控制可以恢复到正常。这个制动缓解操作可以被紧急制动指令替代。

5. 网关阀故障

主网关阀出现断电或列车管理系统(Train Management System,TMS)通信故障时,制动管理和 TMS 通信由辅助网关阀承担。

6. 智能阀故障

故障智能阀损失的制动力将被平均分配到列车的其他转向架上。这可以补偿转向架上的摩擦制动力损失,原因是常用制动默认状态下,故障控制阀处于缓解状态。在正常情况下,加权载荷摩擦制动力不能超过紧急制动水平。

7. 车轮防滑保护装置故障

为了防止车轮防滑保护装置(WSP)软件控制不会长时间激活制动和缓解阀,监控电路可以将 WSP 控制与制动缓解阀隔离。

(七) EP2002 制动系统维护

1. 维护原理

EP2002 阀设计为线路可替换单元(Line Replaceable Unit,LRU)。EP2002 阀配有微处理器,也因此具有自诊断能力。设备之间通过 CAN 制动数据总线建立了通信联系,由此可识别制动系统中的失灵设备。

1）定期压力传感器校准检测

进行周期性检测，以确保 EP2002 内部压力传感器的准确性。检测可以保证通过 EP2002 调试终端查看的内部压力传感器输出值与使用经校准的压力计测得数值相差压力值 ±0.15bar。推荐最少每 6 个月进行一次相关检测。

2）定期检测紧急制动产生的电源功能

定期进行检测以确保制动指示器和内部低制动风缸(Low Brake Supply Resevoir, LBSR) 输出的正常工作。进行检测时需要取下每个带有紧急制动输入的阀门的主电源，以确保制动指示器和内部 LBSR 指示器的工作保持正常。推荐最少每 6 个月进行一次相关检测。

3）定期对远程缓解工作进行检测

定期进行功能测试，以确保制动器远程缓解功能可根据指令正确运作。测试的目的是确保远程缓解输入一个阀门中将 SB 制动排风至 0bar，紧急制动指令可以跳过远程缓解指令而启用 EB 制动。推荐每月进行一次相关检测。

4）定期对外部 LBSR 功能进行检测

定期进行检测，以确保外部 LBSR 功能运行正常。检测的目的是确保 LBSR 可以正常地对各 EP2002 阀进行输入，以及在 LBSR 情况下车轮防滑保护抑制功能的正常运行。推荐每月进行一次相关检测。

5）定期自检

定期进行自检，以确保常用制动器、车轮防滑保护装置和紧急制动装置正常工作。

2. EP2002 阀的拆卸和安装

1）拆卸

（1）切断 EP2002 阀门的所有电源。

（2）切断 EP2002 阀门的所有供风并进行排风。

（3）清洁 EP2002 阀门的外部，要特别注意安装集合管接口处，防止在拆下阀门后污物从暴露的端口进入。

（4）断开所有多针线束连接器，将线缆/管道清理到一边，为后续操作腾出空间。

（5）拧下接地电缆的螺栓，清理走接地电缆，为后续操作腾出空间。

（6）支撑好 EP2002 阀门(质量约为 18kg)，松开紧固件并排净内部的剩余空气，然后取下紧固件。

（7）将控制阀从集合管上拆下。

（8）取下所有 O 形环，将其作为废弃物处理。

（9）如果不立刻安装新的阀门，则安装编码盘保护装置以防污物或者湿气进入，并保护集合管和编码盘不受损伤。

（10）用合适的塞子或者胶带之类的物品密封所有阀门接口以防止污物或湿气进入。

2）安装

（1）取下集合管的编码盘保护装置，收好以备重复使用。

（2）检查螺栓是否出现过度磨损或腐蚀，必要时进行更换。如果更换了螺栓，请给集合管螺栓螺纹涂抹防卡死润滑油脂，扭矩为 25N·m。

(3) 如果重新使用螺栓，请测试螺栓拧入集合管时的气密性，扭矩为 25N·m。

(4) 将阀门从包装中取出，并取下所有阀门接口上的密封材料。

(5) 给 O 形环涂抹一层薄薄的润滑油脂，然后放入控制阀接口的凹槽。

(6) 将控制阀在其集合管上定位并确保使用的是新的螺母和弹簧垫圈，扭矩为 50N·m。画一条红色漆杠，以便能觉察到以后紧固件的位移。

(7) 安装接地电缆。

(8) 将线束安装到阀门上，同时需注意多针连接器的识别颜色编码和阴阳性质。请确保具有相同颜色的连接器都按照阳性对阴性地连接在一起。如果错误地将两只阳性连接器连接在一起将会导致严重的损伤。

(9) 将所有线束连接器安装到阀门上，确保每一个都固紧到发出"咔嗒"声。

(10) 恢复供电和供风。

任务三　单元制动机和管路附件的检修

任务目标

1. 掌握单元制动机及管路附件的结构、作用原理。
2. 能够检查基础制动各部件状态及故障判断。
3. 能够进行制动系统各空气管路的检查及常见故障处理。

工具设备

1. 基本工具：活口扳手、力矩扳手、螺丝刀、加油工具、压力表、软毛刷、万用测试接头、个人工具箱、管钳、强光手电筒、卸闸瓦专用工具、秒表。
2. 材料：润滑油、肥皂水、风管、闸瓦、聚四氟乙烯生料带、干净抹布。

教学环境

理实一体化教室或轨道交通综合实训场。

建议学时

2 学时

基础知识

由于城市轨道交通车辆转向架上带有动力，车体底架下方与转向架之间没有足够的空间来安装类似于城市轨道交通车辆的基础制动装置，因此城市轨道交通车辆都采用单元制动机。

一、PC7Y 型及 PC7YF 型踏面单元制动器

常见的踏面制动单元有两种形式：一种为不带弹簧停放制动的制动单元 PC7Y 型，另

一种为带弹簧停放制动的PC7YF型踏面单元制动器。

（1）PC7Y型踏面单元制动器（图8-35）不带停放制动器，主要由制动缸体、传动杠杆、缓解弹簧、制动缸活塞、扭簧、闸瓦、闸瓦间隙调整器、闸瓦托、闸瓦托吊、闸瓦托复位弹簧和手动杠杆及其安装枢轴等组成。

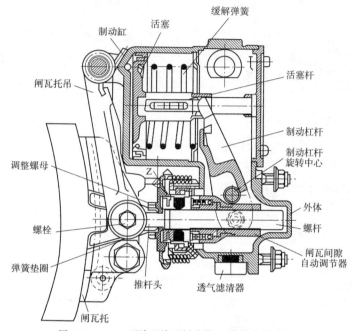

图 8-35　PC7Y 型踏面单元制动器（不带停车制动器）

（2）PC7YF型踏面单元制动器内部结构如图8-36所示，是在PC7Y型的基础上增加了一个用于停车制动的弹簧制动器，它包括停车缓解风缸、缓解活塞、活塞杆、螺纹套筒、停放制动弹簧、缓解拉簧、停放制动杠杆等。

二、单元制动机的检修

1. 单元制动器的定期检查

（1）目测检查锁紧片、橡皮保护套、闸瓦卡簧及其各螺栓、扭簧轴销卡簧，要求无异常，卡簧无断裂、脱落。

（2）检查管路及紧固件，要求管路无泄漏，紧固件完好无松动。

（3）检查闸瓦。要求闸瓦最低处厚度≥12mm，要求闸瓦未磨耗到限时，测量闸瓦踏面间的间隙，调整间隙至(12±1)mm，然后检查停车制动功能，包括人工缓解。

2. 单元制动机定期检查测试

（1）对制动机做外观清扫。

（2）松开闸瓦连接螺栓、螺母，取下挡圈环，抽出扭簧心轴，取下吊臂。

（3）拧下定位弹簧螺套，对弹簧片进行清洗；清洁后，在弹簧片上涂薄层黄油。

（4）将制动单元吊至试验台上进行功能及泄漏测试。

（5）安装吊臂扭簧、心轴扭簧，并将挡圈环扣好，其中扭簧和心轴涂上薄层黄油，螺

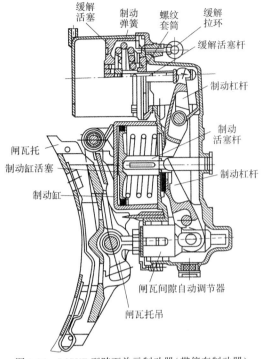

图 8-36 PC7YF 型踏面单元制动器（带停车制动器）

杆表面涂黄油。

（6）将闸瓦托连接螺栓插上，并将螺母拧紧。

（7）检查、清洁皮腔，并对其进行润滑。

（8）更换闸瓦。

3. 单元制动机大修分解清洗作业

（1）对于制动机的金属部件可以用化学清洗剂，清洗剂在不同的温度下都能保持较好的清洗和除油性能。最好能在 70～80℃ 清洁池内清洗，在这个范围内清洗效果比较好，清洗完成后应立即用压缩空气吹干。

（2）橡胶件和塑料要全部更换。

（3）保持外表面干燥的前提下用钢丝刷除去外表面上的锈迹和附着物。

4. 部件的检查与修理

（1）在清洗完所有部件后，首先进行目测检查。更换损坏的零件，如裂纹、严重腐蚀或螺纹变形。其中，必须更换的部件有六角螺母、簧环、软管夹、皮腔、O 形圈、垫片、环、弹簧垫片、止动螺栓、轴衬、干燥轴衬、外包装、密封环、滑块、挡圈、轴衬过滤器弹簧、弹簧垫圈等。

（2）除目检外，一些重要的部件还必须进行特别检查。

①箱体：检查箱体有无受损以及受损程度，如有必要参考图样。尺寸和表面粗糙度要符合图样规定；检查轴承销孔的磨损情况，不得大于 0.2mm，磨去细微擦痕。粗糙度要符合标准。孔径内表面不能有深的裂纹，否则要更换。

②心轴：把推力螺母旋进心轴，测量轴向间隙，如果超过 0.8mm，则要更换心轴。可以在心轴上装上杆头，一边啮合，一边测量行程。如果行程小于 0.6mm，则进行更换。

③推力螺母：把推力螺母旋进一根新的心轴，测量轴向间隙，如果超过 0.8mm，则要更换螺母。

④压簧：压缩至 16mm 时，压力要达到 200N，否则更换压缩弹簧。

⑤调整螺母：检查调整螺母的密封表面，磨去细小擦痕。

⑥活塞：测量活塞内孔直径，不能超过规定的尺寸。密封表面要符合粗糙度要求，否则要更换。把心轴放在活塞的空心处。心轴必须能朝一侧倾斜 5°，并留有间隙，使其不会碰到活塞。如果两者接触，活塞上空心处将变形，活塞要更换。检查活塞的环形槽，密封表面要符合粗糙度要求。检查深槽推力球轴承，深槽推力球轴承的动作必须平稳自如。一根新的管子旋进心轴，测量间隙，如果超过 0.3mm，要更换心轴。检查风缸轴上的轴承点，要符合规定的最大直径和粗糙度要求，否则要更换。检查风缸活塞接触面，要符合规定的最大尺寸和粗糙度要求。

在装配前,对有特殊要求的一些零部件要进行润滑,采用的润滑剂及润滑方法一定要严格遵守制造商的相关规定。以 PC7YF 为例,重要的润滑操作有:装配前,所有内部零件和表面,包括箱体、密封圈、O 形圈上涂一层锂皂基润滑脂或等效润滑物;箱体和风缸的活塞接触面要用手或油脂枪润滑,用刷子润滑时,确保刷毛没有粘在接触面上,销子和螺钉铰接处的滑面也要润滑;安装在调整螺母上的零件,摇杆头上的心轴需要用耐水型高速润滑脂或等效油脂润滑。使用齿轮润滑脂密封箱体间的凸缘压装面。

5. 试验

单元制动机组装完成后,需要进行试验,主要的测试项目有:
(1) 压力试验。
(2) 泄漏试验。
(3) 调节性能试验。
(4) 制动力试验。
(5) 紧急缓解试验。

二、单元制动器的均衡修内容

1. 制动缸无裂纹、无损坏。
2. 制动缸无泄漏,活塞动作灵活,状态良好。
3. 制动缸安装螺栓无松动、防松线标记良好。
4. 闸瓦调整装置状态正常,闸瓦托横穿销及外侧开口销无损坏、无脱落,作用良好。
5. 带停放功能制动缸手动缓解拉链作用正常,无断裂、无损坏。
6. 测量车轮和闸瓦之间的间隙应自动保持在 10~12mm 的范围内。
7. 检查测量闸瓦磨耗,如闸瓦磨耗到下列情况,必须更换闸瓦:
(1) 闸瓦的剩余厚度为 15mm(磨耗极限)时,或到下次检查时预计会小于 15mm 时,需要更换。
(2) 当左右闸瓦厚度差大于 10mm 时,需要更换。
(3) 当闸瓦偏磨量大于 20mm 时,需要更换。
8. 对踏面制动装置锈蚀、脱漆处进行补漆、防腐处理。
9. 制动缸波纹管无裂纹、老化现象,密封良好。
10. 制动缸防尘堵无丢失、无损坏,将防尘堵组件进行清洁并拧紧,然后在橡胶部分打上强力胶,将其粘牢。
11. 与制动缸连接的空气管路安装良好,无损坏、无松动、无泄漏,各油印口连接处防松线标记明显。
12. 对踏面制动装置做制动施加、缓解试验,观察踏面制动单元制动、缓解作用良好,制动缸无异响。

三、制动系统管路及接头部分均衡修内容

1. 各管路(不锈钢管和连接软管)安装良好,表面清洁、无锈蚀。

2. 打开所有V形阀、主滤尘器及风缸的排水塞门,进行排水除尘,并确认V形阀滤芯组件无脏污、无损坏。将V形阀重新安装后,要确认安装良好、无泄漏,并打上防松线。

3. 双针压力表安装牢固,表面无破损,背光灯明亮、无损坏。

4. 双针压力表显示正常、无漏气;在无风压时,双针是否能归零;指针动作灵活、准确,施加某一制动后,观察人机交互界面(HMI)中的拖车制动缸压力和双针压力表红针指示的压力,进行比较,误差在0.1bar之内即为正常。

5. 对管路进行8.5bar持续5min保压试验(风压减少量不低于0.2bar),对各管连接件用肥皂水检测,均无泄漏。

6. 各测试口密封良好、无损坏、无漏气。

7. 测试空气簧压力符合如下标准:

T_C:(2.40 ± 0.3)bar;T:(2.36 ± 0.2)bar;M:(2.29 ± 0.2)bar。

8. 测量空气弹簧高度符合如下标准:测量车体底架的空气弹簧上平面至构架的空气弹簧安装面之间的距离满足:$(200+t) \pm 3$mm(t为车体高度调整后的调整垫厚度)。

项目九 空调和采暖装置的检修

项目描述

城市轨道交通车辆因乘客拥挤、空气污浊，必须设有通风装置，一般采用机械通风。在地面高架并运行在较冷地区的车辆设有电热器，一般由供电线路直接供电。为改善乘客的舒适度，现代城市轨道交通车辆一般设有空调装置。用一定的方法使物体或空间的温度低于周围环境介质的温度，并且使其维持在某一范围内，这个过程称作空调制冷。常用的制冷方式有五种：蒸汽压缩式制冷、半导体制冷、吸收式制冷、蒸汽喷射式制冷、涡流管制冷。列车的每节客室车厢均构成一个完整的独立空调系统。每节车厢有两台顶置空调机组、电气控制系统和风道系统。通过本项目内容的学习，能够熟悉空调系统的相关原理、操作规程及相关标准，熟练掌握并严格执行工艺规程检修空调装置。

任务一 空调和采暖装置的组成及维修

任务目标

1. 了解空调机组的检测设备、检修工具、检修工装设备的使用方法。
2. 能够熟练更换空调滤网，清洗空调蒸发器、冷凝器。
3. 能够对空调系统的零部件进行维护和保养。

工具设备

城市轨道交通车辆常用空调机组模型及空调机组实物各 1 台、空调机组试验台、空调机组检测检修常用工具及专业设备若干套、多媒体设备课件、图片、示教板、计算机多媒体设备等。

教学环境

理实一体化教室或轨道交通综合实验室。

6学时

空调采暖系统主要包括空调通风系统和采暖系统。其中，空调通风系统由空调机组、风道、排风装置、司机室送风单元（仅头车）、温度传感器、空气净化装置（安装于机组内部）组成，采暖系统由司机室电热器和客室电热器组成。

一、空调通风系统

（一）主要部件布置

空调机组的布置如图9-1所示，空调系统主要部件布置如图9-2所示。

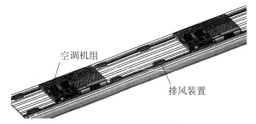

图9-1 空调机组的布置

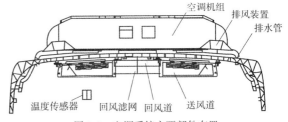

图9-2 空调系统主要部件布置

（二）空调系统的气流组织形式

空调系统气流组织形式如图9-3和图9-4所示。

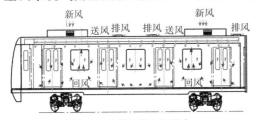

图9-3 头车气流组织形式

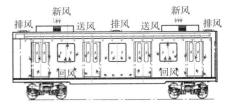

图9-4 中间车气流组织形式

新风：空调机组自带新风口，新风从新风口进入空调机组内部后，与回风混合。

回风：车内回风通过设于车辆顶板处的回风格栅、回风道、空调机组下部的回风口进入空调机组，与新风混合。

送风：新风、回风混合后经蒸发器降温除湿处理后通过送风机送入客室。

排风：客室内部的废气经侧墙、顶板处的间隙进入车顶后，经自然排风装置排出室外。

（三）主要部件

1. 空调机组

每辆车安装两台单元顶置式空调机组（图9-5），空调机组的送、回风形式为下出风下回风，制冷量为29kW。空调机组具有通风、制冷等功能。每台空调机组的制冷回路如图9-6所示。

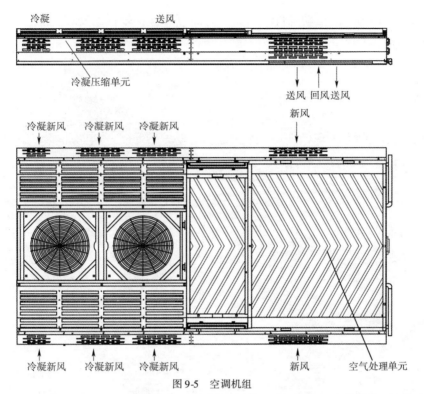

图9-5 空调机组

新风从机组侧边的两个新风口进入空调机组，然后与从客室来的回风相混合。回风通过蒸发腔底部的回风口进入空调机组。然后混合风被冷却并被吹入客室的风道系统。

该空调机组包含两个独立运行的制冷循环。冷凝器设计为制冷剂（R407C）通过室外空气冷凝。

在制冷模式下，混合风（由来自客室的回风和从外界环境吸入的新风混合而来）被送风机吸入，经过混合风滤网，再经过蒸发器盘管，在经过蒸发器盘管时，盘管内的制冷剂蒸发吸热，热量从混合风经蒸发盘管传给制冷剂，混合风得以冷却减湿。冷却减湿后的空气经过送风机送入车顶风道系统，通过风道输送到乘客车厢。空调机组拆解后各部件如图9-7所示。

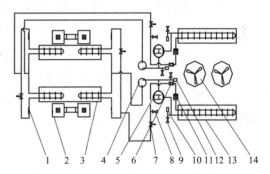

图9-6 空调机组的制冷回路
1-毛细管；2-通风机；3-蒸发器；4-气液分离器；
5-压缩机；6-视液镜；7-液路电磁阀；8-充注阀；
9-检修阀接口；10-高压开关；11-干燥过滤器；
12-低压开关；13-冷凝器；14-冷凝风机

2. 压缩机

在每台机组中制冷输出由2台涡旋式压缩机（图9-8）提供。涡旋式压缩机由3相辅助电源供电。

从蒸发器回来的低压制冷剂蒸汽进入压缩机，并被压缩机压缩成高温高压的过热气体后通过压缩机的排气阀离开压缩机，流入冷凝器盘管。

在制冷系统中使用的压缩机是卧式涡旋式的压缩机。其特点是：低噪声；比相近尺寸的活塞式压缩机少70%的运动部件，因而具有高可靠性；较低的安装高度，有效地降低了整机的尺寸；制冷性能高。

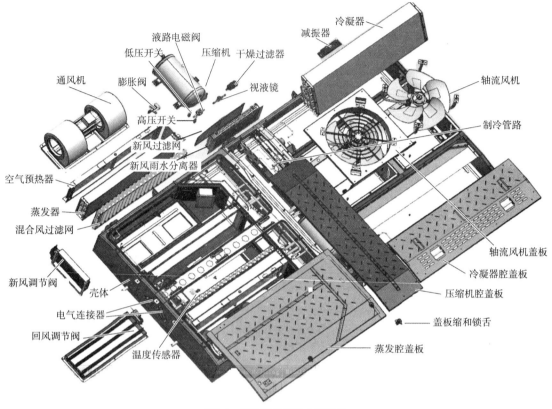

图9-7 客室空调机组主要部件

压缩机外置一个排气温度保护装置，可以使电机避免因线圈过热而失效；线圈过热可能是缺乏润滑油或频繁启动的结果。每台压缩机装有4个减振器，用于避免振动的传播并降低噪声。

3. 冷凝风机

冷凝风机包括风机、叶片、电机和格栅。为确保冷凝盘管内高效热传递，两台轴流风机从空调机组顶部将周围"冷"空气吸入冷凝盘管，然后将"热"空气通过冷凝器上的格栅从空调机组的两侧排出。如图9-9所示。

图9-8 涡旋式压缩机
1-压缩机；2-减振垫；3-压缩机底座框架；
4-排气管连接口；5-吸气管连接口

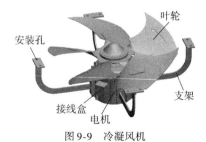

图9-9 冷凝风机

每个冷凝风机组件包含一个380VAC、3相、50Hz的电动机,支持一个安装在轮毂上的五叶片(直径500mm)轴流风机,风机运行在一个导风圈内。需要注意:格栅不能被随意移动,格栅用于防止人员接触风机叶片,并保护风机内部部件。

4. 冷凝器

冷凝器位于制冷回路中压缩机和高压开关之后,干燥过滤器之前,如图9-10所示。每台冷凝器盘管由内螺纹铜管和铝翅片组成。两个冷凝风机使外界空气经过冷凝盘管。外界空气带走盘管中来自压缩机排出的高温高压制冷剂蒸汽的热量,使制冷剂蒸汽冷却并冷凝成液体。

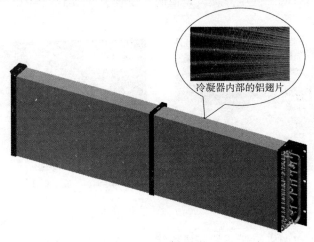

图9-10 冷凝器

5. 送风机

送风机安装在蒸发器后面,如图9-11所示。

为符合车厢空气调节的要求,克服空调机组以及送风管道中的压力损失,每台空调机组中装有两台送风机。每台送风机既能经新风滤网从外界吸入新风,也能够将客室回风吸入蒸发腔。蒸发腔内两股气流混合后经混合风滤网和蒸发器盘管进入送风机。混合风被吸入风机后,立即被吹到通风管道并输送分配至车顶风道。

每台送风机包含一台380VAC、三相、50Hz电动机和两个安装在轴上的风机叶轮。

图9-11 送风机

6. 蒸发器

蒸发器位于制冷回路中膨胀阀之后、压缩机之前,如图9-12所示。

图9-12 蒸发器

每台蒸发器由铜管和铝翅片组成。

液体制冷剂在蒸发器盘管中以一定的比率和温度蒸发。蒸发器盘管中低压低温制冷剂从由通风机吸入的流过盘管的空气中吸收热量。回风和新风组成的混合风经过蒸发器盘管,被冷却除湿后均匀地送至车厢。

7. 膨胀阀

膨胀阀(图9-13)允许制冷剂以适当的量进入蒸发器,以便使制冷剂在蒸发器出口全部蒸发。同时,它确保了在制冷剂系统内高压侧和低压侧之间有足够的压力差。

8. 高、低压开关

每个全封闭的制冷系统内均配有高压开关,当排气压力高于设定压力值时,高压保护开关动作,停止压缩机运转,保护制冷系统。

当压缩机回气压力低于低压开关设定值时,低压开关动作,停止压缩机运转,保护制冷系统(图9-14)。

图9-13 膨胀阀

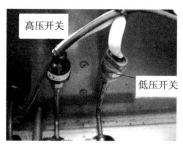

图9-14 高、低压开关

9. 滤网

新风滤网安装在空调机组两侧的新风格栅后,如图9-15所示。

空调机组配有两块新风滤网,用于滤清进入蒸发器盘管的空气,以防止阻碍空气流通的灰尘、脏物和其他固体颗粒卡在盘管翅片之间,阻止空气进入,因为这样的堵塞会降低制冷/制热系统的效率。

10. 回风单元

回风单元如图9-16所示。

图9-15 新风滤网

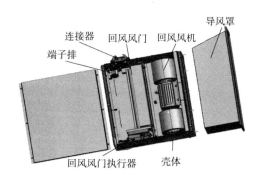

图9-16 回风单元

回风门执行器如图9-17所示。回风门位于蒸发单元中,回风口位于机组蒸发腔底部。回风门安装在空调机组蒸发单元中,用来调节进入空调机组的回风量。根据空调控制模式和环境温度以及回风温度,控制器将发送信号给回风门,令其调节至一定的角度。回风门对回风口的角度将决定进入空调机组的回风量。在紧急模式中,回风门完全关闭。

11. 接线盒

接线盒如图 9-18 所示。接线盒用于确保持久可靠的电气连接，另一功能是防止水进入。接线盒材质为不锈钢。

图 9-17　回风门执行器　　　图 9-18　接线盒

12. 新风门

新风门位于蒸发器两边，如图 9-19 所示。新风门用来调节送入客室的新风量。根据空调模式、外界温度和回风温度，控制器将发送信号到阀门，指令其调节新风阀到特定位置。阀门对新风入口孔径的开度（角度）将决定送入空调机组的新风量。在紧急模式下，新风阀完全打开。

13. 减振器

减振器（见图 9-20）用于吸收振动，降低噪声。一组共 6 个减振器，装在空调机组上，安装位置为空调机组与车厢体连接处。

图 9-19　新风门　　　图 9-20　减振器

14. 电气连接器

空调机组通过安装电气连接器（图 9-21）连接到控制柜。每台空调机组共使用 2 个电气连接器。电气连接器 X01 是用于交流电源连接的，而电气连接器 X02 则用于直流电源连接。一定要小心接对，否则部件将严重损坏。

15. 温度传感器

温度传感器如图 9-22 所示。空调机组内安装有一组温度传感器来检测新风、回风和送风的温度。每机组有 1 个新风温度传感器、1 个送风温度传感器和 1 个回风温度传感器。它们分别位于新风入口和送风机上，回风温度传感器位于机组回风入口。通过它们，监测不同的温度并由此选择所需运行模式，以便为乘客提供最舒适的环境。

a)交流电源连接器X01

b)直流电源连接器X02

图9-21 电气连接器

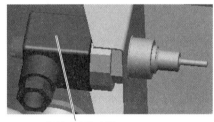

新风温度传感器

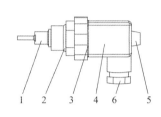

图9-22 温度传感器

1-温度监测器；2-O形环($M_{20\times1.5}$)；3-平垫圈；4-电线插座；5-插座固定螺钉；6-电缆线管($M_{16\times1.5}$)

16. 视液镜

视液镜（图9-23）位于制冷回路中干燥过滤器之后、毛细管之前。视液镜用于在制冷回路中观察制冷剂流动，并提供确定系统制冷剂中湿气量的精确方法。湿度指示通过与试纸指示剂的对比获得。

图9-23 视液镜

17. 控制盘

控制盘如图9-24所示。每节车厢配有一套控制系统，用于整车空调系统的控制。控制系统中含有一套控制器，控制器可采集各传感器以及各元件的保护信息，与车辆控制系统进行通信。空调控制系统通过控制空调机组、司机室送风、回风单元将车内保持在舒适的温度、湿度以及正压环境下。同时，控制系统将对空调机组进行诊断，监控空调系统各元件的状态信息，记录故障信息。

同时控制盘上设有触摸显示屏，通过此触摸屏检查客室空调设备的所有数字输入/输出信号、温度以及当前系统调节状态并显示空调当前的故障；控制空调机组工作在关、通风、自动、半冷、全冷、半热、全热模式；控制空调空气净化器开动与停止。

18. 控制器

控制器（图9-25）是实现整个空调控制系统功能的核心元件。它可以载入软件，并通过其数字量输入输出模块、模拟量输入输出模块和通信模块等，实现对空调系统的各功能控制并与车辆控制系统进行通信。1个控制器对客室两台机组进行控制。

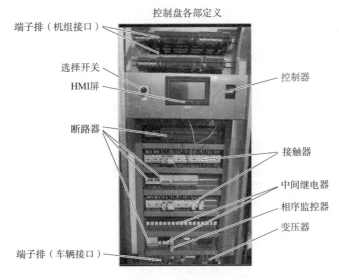

图 9-24 控制盘

19. 交流接触器

交流接触器作为控制元件，通过控制接触器线圈的通断电可快速频繁地切断和接通交流主回路，经常运用于控制电动机的起停，也可用作控制电加热器、变压器等负载，是空调控制系统中的重要元件之一。施耐德低功耗交流接触器如图 9-26 所示。

图 9-25 控制器

图 9-26 低功耗交流接触器

20. 中间继电器

中间继电器主要用于在空调控制回路中传递中间信号，并增加该中间信号触点的数量以满足控制需求。中间继电器的结构和原理与交流接触器基本相同，与接触器的主要区别在于：接触器的主触头可以通过大电流，而中间继电器的触头一般只能通过小电流。所以，它只能用于控制电路中。某品牌小型继电器如图 9-27 所示。

21. 变压器

头车控制盘中设有变压器，如图 9-28 所示，用于给司机室送风和回风单元的变送电。

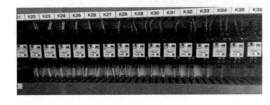

图 9-27 施耐德小型继电器

图 9-28 变压器

二、采暖系统

车辆采暖系统包括客室电热器和司机室电热器。

1. 客室电热器

中间车设置 6 个电热器，头车设置 6 个电热器，总功率均为 9.6kW，可满足冬季客室内的采暖要求。

电热器安装在座椅下部的骨架上，通过螺栓进行固定。每个电热器内设两个电热管，每个电热管各为 1 路，可根据温度控制电热器内电热管分别或同时工作。去掉罩板后的电热器内部结构如图 9-29 所示。

2. 司机室电热器

为满足司机室内的采暖要求，在司机室布置两个带风机电热器，设过热及超温保护。其中一个布置在司机台下，一个布置在侧墙，共 1.6kW，分别安装在司机台下和侧墙下。去掉罩板后的司机室电热器如图 9-30 所示。

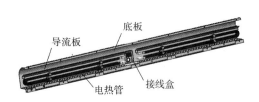

图 9-29　电热器内部结构（去掉罩板）

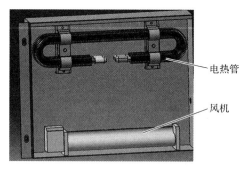

图 9-30　司机室电热器（去掉罩板）

三、空调和采暖装置的维护及检修

1. 清洗新风滤网

新风滤网位于新风口处（图 9-31），将滤框垂直向上拉一下就可移走滤框。在清洗 4 次（推荐）之后，应替换混合风滤网。

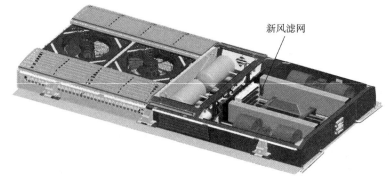

图 9-31　新风滤网位置

(1) 通过解锁盖锁，打开空气处理单元的盖子。
(2) 向上拉出新风滤网框。
(3) 用浸过肥皂水的软毛刷清洗滤网。
(4) 在用肥皂水洗过之后将新风滤网在水中漂洗一下，然后风干。
(5) 将新风滤网框放入导轨。
(6) 关闭新风滤网上的盖子并锁紧。

2. 清洁空气净化装置设备外壳和光等离子光管

（1）空气净化装置设置于空调机组回风口处，在进行设备保养前首先关掉电源。

（2）为了保证光等离子的有效释放，设备外壳出风口处需每三个月用软毛刷和软布进行清洁，以避免出风口被灰尘堵住而影响设备效能。

（3）清洁完设备外壳后，从固定夹中取出光等离子光管。处理光等离子光管时，请勿用手触摸光等离子光管的玻璃管。

（4）请用软布和适量的酒精抹拭光等离子光管，清洁后再将光等离子光管放回固定夹。

3. 清洁与综合检查空调机组

（1）用扳手打开空调机组的盖板。
（2）检查新风滤网，如有必要，用软毛刷清洗或更换。
（3）检查冷凝器，如果脏堵，用水或压缩空气清洗（需要用到软毛刷）。
（4）检查空调机组各部件的螺母和螺栓连接，如果松动请紧固。检查压缩机减振器，如果橡胶垫破损、金属板严重锈蚀或者橡胶与金属板脱胶，则更换减振器（需要用到扳手、起子等工具）。
（5）检查蒸发器是否脏堵，如有必要清洗（需要用到软毛刷）。
（6）检查电气部件上螺栓的紧固，如松动则紧固（需要用到扳手、起子等）。
（7）清洗蒸发器下面的排水孔（图9-32）。
（8）检查空调机组与车体的连接，如果螺栓松动则重新拧紧。检查空调机组减振器，如果橡胶垫破损、金属板严重锈蚀或者橡胶与金属板脱胶，则更换减振器。

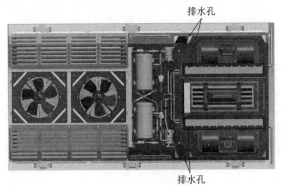

图9-32 排水孔位置

4. 清洗蒸发器

（1）打开空气处理单元的盖子（需要用到扳手或电动螺丝刀等工具）。

(2) 用压缩空气清洗蒸发器。直接使空气喷射到气流的反方向或从吸附大量灰尘的一面吸尘。

(3) 如果特别脏,使用软毛刷蘸上柔性洗涤剂并轻轻洗刷。

(4) 关闭空气处理单元的盖子。

5. 清洗冷凝器

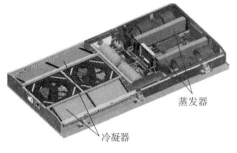

图 9-33 蒸发器与冷凝器的位置

(1) 打开冷凝单元的维护盖(需要用到扳手或电动螺丝刀等工具)。

(2) 用压缩空气清洗冷凝器。直接使空气喷射到气流的反方向或从吸附大量灰尘的一面吸尘。

(3) 如果特别脏,使用软毛刷蘸上柔性洗涤剂并轻轻洗刷。

蒸发器与冷凝器的位置如图 9-33 所示。

(4) 关闭冷凝压缩单元的维护盖。

6. 检查高压开关

(1) 检查高压开关的状态:确保当机组停机时高压开关合上。

(2) 将压力表连接到位于排气维护阀上的压力表端口,以观察高压压力。

(3) 将笔记本电脑连接到空调控制器,用维护软件运行空调机组,启动送风机。

(4) 如果上面的程序都没问题,启动冷凝风机,否则等待。

(5) 如果上面的程序都没问题,启动压缩机,否则等待。

(6) 如果上面的程序都没问题,通过软件停运冷凝风机,以增加高压端压力。

(7) 观察压力表,压力达到设定值时高压开关跳开,压缩机将自动停机,否则立即停运压缩机,并检查高压开关与控制柜之间的配线和设定值。

(8) 过一段时间后高压将降低,当压力降低到 (24 ± 1) bar 时,高压开关将自动合上。

7. 检查低压开关

(1) 检查低压开关的状态:确保当机组停机时高压开关合上。

(2) 将压力表连接到位于排气维护阀上的压力表端口,以观察低压压力。

(3) 运行空调机组,启动送风机。

(4) 将笔记本电脑连接到空调控制器,用维护软件运行空调机组。

(5) 启动送风机。

(6) 如果上面的程序都没问题,启动冷凝风机,否则等待。

(7) 如果上面的程序都没问题,启动压缩机,否则等待。

(8) 如果上面的程序都没问题,通过软件停运送风机,以降低蒸发压力。

(9) 观察压力表,压力达到设定值时低压开关跳开,控制器将取得信号,否则立即停运压缩机,并检查低压开关与控制柜之间的配线和设定值。

(10) 过一段时间低压将升高,当压力升高到 (3.2 ± 0.5) bar 时,低压开关将自动合上。

高压开关与低压开关如图 9-34 所示。

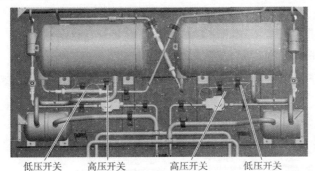

图 9-34　高压开关与低压开关

8. 检查冷凝风机

（1）打开压缩冷凝单元的维护盖（需要用到扳手等工具）。

（2）打开冷凝风机电机上的接线盒盒盖（需要用到螺丝刀等）。

（3）检查接线盒中的所有配线是否是接紧的。

（4）将笔记本电脑连接到控制器。

（5）通过软件运行冷凝风机。

（6）检查电机转向与标签上所标注的是否一致。

（7）检查螺栓是否紧固。

冷凝风机如图 9-35 所示。

9. 检查送风机

（1）用扳手打开空气处理单元的盖子。

（2）打开送风机电机上的接线盒盒盖。

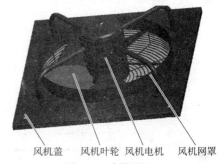

图 9-35　冷凝风机

（3）检查接线盒中的所有配线是否是接紧的。

（4）将笔记本电脑连接到控制器，通过软件运行冷凝风机。

（5）检查电机转向与送风机外壳上所标注的是否一致。

（6）检查螺钉和螺栓连接，用 $(16±1)\,N\cdot m$ 的扭矩重新紧固。

（7）如果转向不正确，将送风机的两线或三线换接。

（8）检查螺钉和螺栓连接。

10. 检查视液镜

目测检查视液镜，看是否有污物，如有用干布清洁视液镜。视液镜中的湿度指示仪将提供一个指示信号（绿色或黄色，绿色表示干，黄色表示湿）。如果机组正常运行后，制冷回路中有气泡，意味着缺乏制冷剂，此时需进行泄漏检查。

11. 检查司机室通风单元

（1）拆开电气插销。

（2）用扳手打开司机室通风单元。

（3）检查是否所有的配线都已连接良好，如果没有，重新连接。

(4) 检查送风机的螺钉和螺栓连接,用固定扭矩(5±1)N·m拧紧。

(5) 检查变压器的螺钉,用固定扭矩(2±1)N·m拧紧。

(6) 检查将司机室通风单元固定到车厢的螺钉。

(7) 重新连接电气插销。

(8) 打开司机室通风单元的开关。以检查是否有气流流出喷嘴,如果没有,检查风机配线。

(9) 断路器属热保护元件,如送风机不工作的时候可检查此元件。

12. 更换空气净化装置光等离子灯管

光等离子光管时,请勿用手摸光等离子光管的玻璃管。

(1) 设备保养前,先关掉电源。

(2) 从固定夹中取出光等离子光管。

(3) 插入新的光等离子光管。

13. 检查电加热器

(1) 对线路和温度控制装置进行检查。

(2) 以检查紧固件是否存在松动现象。

(3) 清理电加热器散热部件上的灰尘。

(4) 检查风机是否运转正常。

任务二　空调机组的故障检查方法

任务目标

1. 了解空调机组制冷不足的原因。
2. 掌握空调机组的故障检查与排除方法。

工具设备

城市轨道交通车辆常用空调机组模型及空调机组实物各1台,空调机组试验台、空调机组检测检修常用工具及专业设备若干套,多媒体设备课件、图片、示教板、计算机多媒体设备等。

教学环境

理实一体化教室或轨道交通综合实验室。

建议学时

2学时

基础知识

制冷不足是城市轨道交通车辆空调常见的故障,其故障现象是:打开空调开关,用温度计在蒸发器送风口测量的温度高于5℃或车内温度高于正常的设定温度。城市轨道交通车辆空调发生故障时，应按照一定的程序去查找并分析故障的原因，这样可以帮助车辆检修工有条不紊地进行维修工作，从而既快速又准确地排除故障。制冷不足主要有三个原因：风量不足、制冷剂泄漏、换热器（蒸发器和冷凝器）热交换不足以及热空气混合或渗透。

一、空调机组故障检查

1. 常见故障及处理方法

空调机组常见的故障大致可以分为两类：一类是制冷系统故障，一类是电气控制系统故障。制冷系统故障如下：

（1）制冷系统中制冷剂泄漏故障。

制冷剂泄漏部位主要有管路的焊接处、压缩机吸排气口的连接处、压力开关的引接处等，由于管路焊接不良或车辆运行中冲击、振动造成连接螺钉松动或连接部位多次振动后出现裂纹均可引起系统泄漏。

制冷剂的泄漏因原因不同，其泄漏程度也不尽相同。较轻微的泄漏可引起制冷量不足，低压压力过低而压力开关保护动作、蒸发器吸热不足等现象，严重的泄漏可造成机组制冷不良。在制冷剂已漏光、系统中混入空气的情况下，压缩机继续运转将导致压缩机因过热而烧毁。

（2）制冷剂的检漏方法。

外观检查：由于制冷剂泄漏会渗出冷冻油，一旦发现管路某处有油迹，可用白布擦拭或用手直接触摸检查，并做进一步确认。

泡沫检漏：这是一种简便的方法，用混有清洁剂的水涂在预计可能发生泄漏的被检处，若该处有泄漏，将会出现气泡，从而可以确定确切的泄漏发生位置。

电子检漏仪如图9-36a）所示。用电子检漏仪接近被检处，一旦检漏仪测到有泄漏，将发出异常的声音予以提示，此时应擦拭干净触头，在怀疑处再次测试确认。如图9-36b）所示。

a）电子检漏仪　　　　　　　　　　b）用检漏仪检漏

图9-36　制冷剂电子检漏设备和检漏操作

压力检查：将复合式压力表连接到系统中，检查系统停机时的平衡压力以及机组运行情况下的低压压力，低压压力应不低于(0.5±0.3)bar。

（3）压缩机低压压力过低可能的原因有制冷系统有泄漏、制冷剂不足、膨胀阀等低压处开启不足、外界温度过低、蒸发器入口有堵塞等。

（4）制冷系统中真正导致压力过高的最大可能是系统中混入了空气。空气或者是在机组低压部分压力偏低时被压缩机吸入,或者是在维修中因操作不当而使空气混入系统。由于空气是不凝性气体,它在系统中的存在将直接产生如下不良后果:压缩机负荷增大且温升异常,电机过热或烧损;冷凝压力上升,制冷量下降;高压压力开关动作,系统无法正常运行。一旦发现有空气混入系统,必须立即加以处理。

导致压缩机高压过高的原因还包括外界温度过高、冷凝器入口或出口有堵塞、冷凝器脏、制冷剂过多、冷凝风机不工作或工作异常等。

2. 空调机组故障诊断与检修基本步骤

空调机组故障诊断与检修基本步骤如图9-37所示。

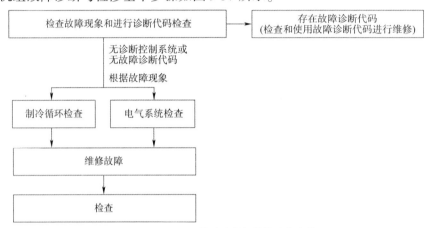

图9-37 空调机组故障诊断与检修基本步骤

3. 使用故障查找表前的检查

使用故障查找表之前,必须先进行以下初步检查:

(1) 蒸发器电机运行是否正常。如果蒸发器风机电机不运行,压缩机也将无法运行。

(2) 超温安全恒温器的连接是否正确。

(3) 确认设备的供电电源是否为交流380V,所有的断路器是否闭合。

(4) 电子控制部分的电压是否为直流110V。如果在进行过这些检查之后故障仍旧存在,则按照故障查找表进行。

4. 空调机组故障检查注意事项

空气调节装置的运行故障可以从故障查找表中所述的症状来判断。这些症状可能是由一个或多个故障引起的。经过逐步的故障检修过程可以消除这些问题。

制冷剂气体压力取决于经过冷凝器盘管的空气温度,因而是变化的。通常,高压压力表(预先与制冷控制面板上相应的服务口相连)上的气温指示要比外部车厢温度高12~26℃。但是,当外部温度较高时,在压缩机刚刚启动、尚未到达适当的限度之前,装置的内部温度将会稍微上升,直到车厢(A、B或C)中的温度降低为止。

入口压力也会有变化,因为它取决于经过蒸发器盘管的空气的压力。通常,低压压力表(预先与制冷控制面板上相应的服务口相连)上指示的温度值为-40~50℃。

当设备刚刚启动,车厢内部尚未达到期望的温度时,此温度可能会略高。它将随着车厢内的温度而逐步下降。

如果冷凝器的温度超过正常值，高压安全断路器将会使压缩机停机。发生这种情况时，必须等待开关重新连接。观察高压压力表，以验证断路器的动作是否正确。如果压力低于正常值，则更换。

另外，如果设备的调节正确，将需要调查系统中产生较高压力的原因。当压缩机刚刚启动、车厢内的温度还很高时，入口压力可以稍微高出正常限度。但随着内部温度的下降，入口压力应当慢慢降低到正常压力。

如果入口压力仍然超过正常值，其原因可能如故障查找表中所示。

5. 故障分类

根据对系统的影响的不同，故障可以分为六类(表9-1)。

空调机组故障分类　　　　　　　　　　　　　　　　　表9-1

序号	类　型	故障名称	
1	A类-一般故障	A1-VAC装置不运行	
2		A2-蒸发器风机电机不运行	
3	B类-压缩机故障	B1-压缩机不运行	
4		B2-压缩机的冷却周期断断续续	
5		B3-压缩机噪声	
6	C类-制冷周期故障	C1-制冷剂液位过低	
7		C2-制冷系统故障	
8		C3-工作压力异常	C3a-冷凝压力过高
9			C3b-冷凝压力过低
10			C3c-入口压力过高
11			C3d-入口压力过低
12	D类-司机室增压不运行	—	
13	E类-应急转换器不运行	—	
14	F类-控制装置故障	F1-控制用印刷电路板故障	
15		F2-通信故障	
16		F3-软件故障	

二、故障查找表(表9-2)

故障查找表　　　　　　　　　　　　　　　　　　　　表9-2

症　状	可能的原因	纠正措施
A1 空调装置不运行	电源电压超出运行限度	检查配线和连接
	蒸发器风机电机不运行	参见A2
	电子温度控制发生故障	修理有缺陷的控制用印刷电路板或用好的备件更换
A2 蒸发器风机电机不运行	断路器断开	将断路器复位，检查造成断路器跳闸的原因，必要时予以修理
	用于启动电机的接触器不工作	检查接触器线圈上的控制电压线信号，必要时更换接触器
	蒸发器风机电机损坏	修理或更换

续上表

症　状	可能的原因	纠正措施
B1 压缩机不运行	断路器断开	将断路器复位，检查造成断路器跳闸的原因，必要时予以修理
	用于启动压缩机的接触器不能正常工作	检查接触器线圈上的控制电压线信号，必要时进行修理或更换
	蒸发器风机电机不运行	参见 A2
	压缩机内部恒温器断开	查找有无超温原因
	压缩机接线箱中接线错误或电缆断开	修理，必要时更换低压或高压断路器开关
B2 压缩机的冷却周期断断续续	冷凝器电机或冷凝器风机损坏	修理或更换损坏的元件
	操作膨胀阀有缺陷或故障	修理或更换
	液体线电磁阀有缺陷	检查电磁阀线圈，必要时更换阀门
	制冷剂液位过低	参见 C1
	空气过滤器或蒸发器盘管被污垢阻塞，造成气流受限	更换空气过滤器/清洁盘管
	出口管线中制冷剂受限	找到限制点，并消除之
B3 压缩机噪声	用于将压缩机固定在底座上的固定螺钉松动	拧紧压缩机安装硬件
	电源相位连接错误，造成反向转动。在发生短暂电力中断时，由于高压排出气体向后膨胀，引起滚轴反向转动，造成卷轴逆向运行，最终导致带电反转	压缩机可以继续运转而不会发生损坏，直到压缩机的内部保护器跳闸。正确连接相位。压缩机可能继续反向高噪声运转几分钟，直到压缩机的内部保护器跳闸。保护器复位后，压缩机将会正常启动和运行
C1 制冷剂液位过低	脱水器过滤器或液体接收出口阀关闭	将阀门打开到正常运行位置
	脱水器过滤器被阻塞	更换过滤器芯
	制冷剂泄漏	找到泄漏点，修理，并补充制冷剂
C2 制冷系统故障	气流不足	检查蒸发器风机电机的状态
	空气过滤器或蒸发器盘管被污垢阻塞	更换空气过滤器和/或清洁盘管
	液体线电磁阀有缺陷	检查电磁阀线圈，必要时更换阀门
	制冷剂液位过低	参见 C1。压缩机不运行。见 B1
	膨胀阀被阻塞	检查阀门，清除限制
	膨胀阀远程球与入口管线之间接触不良	检查球在管线上的位置及其保温
C3 工作压力异常	冷凝压力过高	参见 C3a
	冷凝压力过低	参见 C3b
	入口压力过高	参见 C3c
	入口压力过低	参见 C3d
C3a 冷凝压力过高	系统中存在空气或不凝蒸汽	在高压服务口处进行吹扫
	冷凝器气流不足	检查冷凝器盘管是否阻塞，冷凝器电机有无故障，冷凝器风机是否损坏

续上表

症　状	可能的原因	纠 正 措 施
C3a 冷凝压力过高	冷凝器盘管被污垢堵塞	清洁冷凝器盘管，压缩机出口阀关闭或部分关闭，打开至正常运行位置
	系统中的制冷剂填充量	通过高压服务口排掉多余的制冷剂
	出口管线中制冷剂受限	找到限制点，并消除之
	冷凝器电机不运转	验证有无电气故障或内部电机故障，必要时进行修理或更换
C3b 冷凝压力过低	制冷剂充填量不足	参见 C1
	压缩机入口和出口阀关闭或部分关闭	打开至正常运行位置
	电磁阀的运行存在缺陷	检查电磁阀线圈，必要时更换阀门
	脱水器过滤器入口阀门或出口阀部分关闭	通过紧靠激冷限制点后面的部分完全打开
	液体制冷剂管道回路中存在限制	找到限制点，并消除之
	液体制冷剂从蒸发器盘管回流	检查入口管线上附着的膨胀阀球，对球阀进行妥善保温
C3c 入口压力过高	膨胀阀处的液体流量过大	检查入口管线上附着的膨胀阀球，对球阀进行妥善保温
	系统中的制冷剂充填过量	通过液体接收器放空阀排掉多余的制冷剂
	入口管线结冰	检查球阀是否松动，膨胀阀是否有故障，必要时进行修理或更换
C3d 入口压力过低	制冷剂充填量不足	参见 C1
	压缩机入口阀部分关闭	打开至正常运行位置
	入口管线或液体制冷剂管道系统中存在限制	找到限制点，并消除之
	空气过滤器被污垢阻塞	更换
	蒸发器盘管被污垢阻塞，造成气流受限	清洁
	脱水器过滤器被阻塞	更换过滤器芯
	入口管线温热（接近环境温度）	检查动力元件/膨胀阀球，看有无充填损失或限流孔板，必要时进行修理或更换
D 司机室增压不运行	断路器断开	将断路器复位，检查造成断路器跳闸的原因，必要时予以修理
	用于启动电机的接触器不工作	接触器线圈上的控制电压线信号，必要时更换接触器
	风机电机损坏	修理或更换
E 应急转换器不运行	电源电池电压超出运行限度	检查配线和连接
	红色的故障发光二极管指示灯总是亮的	转换器内部故障，更换
F1 控制用印刷电路板故障	电源电池电压超出运行限度	检查配线和连接
	绿色的状态发光二极管熄灭	更换控制用的印刷电路板
	黄色的故障发光二极管亮，VAC 装置不运行	更换控制用的印刷电路板

续上表

症　　状	可能的原因	纠 正 措 施
F2 通信故障	黄色的故障发光二极管亮,但通风运行	更换通信用和控制用的印刷电路板
F3 软件故障	显示器上显示"请等待"信息,但VAC装置却连续复位	更换控制用的印刷电路板

三、制冷剂泄漏的检查与修理

制冷剂在制冷系统内循环的过程中,其状态、压力和温度都不断地交替变化着,工作环境相对恶劣,泄漏是空调机组非常常见的故障之一,制冷剂不足会导致冷却空气减少以及入口和出口压力值低于正常。

某地铁车辆出现空调制冷不足的情况,经检查从液体线视镜中发现有气泡,表明有泄漏存在,用电子检漏仪对空调制冷回路进行全面泄漏位置检查,确定泄漏位置,对泄漏位置进行修理(气焊为主),修理后进行制冷剂的补给作业。补给作业步骤如下。

1. 从制冷系统中回收制冷剂

未排出制冷剂,直接更换零部件的操作将造成制冷剂污染环境和冻伤维修人员。

回收制冷剂作业需要的设备有歧管压力表和制冷剂回收机。查阅制冷剂回收机使用说明书,列出其操作方法,并按要求进行操作。

2. 抽真空作业

真空泵从制冷管路中抽取气体形成真空。真空泵所使用的多种强制泵中包括旋转泵和活塞泵(图9-38)。

(1) 用抽气管路将真空泵连接到充注阀或者到高压/低压口。

(2) 打开高压/低压口。

(3) 设置真空值(0.6mbar)。

(4) 打开制冷系统的电磁阀,以保证空调机组的制冷循环系统导通。

(5) 完全打开所有开关阀。

(6) 对制冷回路抽气,使之残余压力 $P_{Rest} \leq 0.6$ mbar。在回路残余压力达到设定值后再多运行真空泵两个小时,然后关闭手动开关阀并停止真空泵。

3. 充注制冷剂(图9-39)

(1) 向制冷回路充入氮气。

(2) 保持压力不变以进行检漏试验。

(3) 抽真空。

(4) 通过充注阀将充注机连接到空调系统。

(5) 对充注机供电。

(6) 打开高压阀,如果允许的话,打开机组控制板上的低压阀。

(7) 按下SHIFT/RESET(转换/复位),直到显示器上出现"CHG"信息。

(8) 按下 CHG（充注），并输入要充注的制冷剂的质量。
(9) 按下 ENTER 显示器，将闪烁，以指示在机器存储中所记录的充注量。
(10) 再次按下 CHG，开始充注过程。
(11) 当充注完成后，显示器显示信息"CPL"。
(12) 停止充注机运行。
(13) 切断充注机。

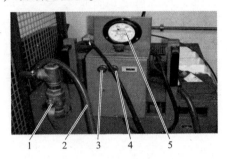 

图 9-38　真空泵　　　　　　　　　　　　　　图 9-39　充注设备
1-关闭阀；2-抽气管路；3-停止按钮；4-启动按钮；5-刻度盘　　1-制冷管路；2-电机

4. 更换脱水过滤器

（1）检查水分指示器视镜的颜色。

①"警告"颜色——更换脱水器过滤器。

②"湿"颜色——更换脱水器过滤器，运行系统 8h。重新对水分指示器进行目视检查。如果仍然显示"湿"颜色，则进行系统抽空和排放。

（2）更换脱水过滤器。

①将系统中的制冷剂全部抽出。

②关闭系统，断开装置的电源。

③拆除脱水器过滤器的附属零件。

④用备用扳手松开脱水器过滤器入口和出口处的连接，将脱水器过滤器拆下。

⑤将新的脱水器过滤器从其密封容器中拆下，然后立即用刀子或钳子小心地将过滤器密封拆掉。要避免损坏连接表面，因为必须弄破它们才能拆除密封。

⑥过滤器的密封拆除后，应当立即安装。将脱水器过滤器壳体上的流向箭头对好。在安装脱水器过滤器时应当采用新的特氟龙垫片。必须保持流动方向正确。如图 9-40 所示。

图 9-40　更换脱水过滤器

⑦进行泄漏试验(压力试验)。
⑧抽空系统并进行脱水。
⑨向系统中充填制冷剂。
⑩按照空调器操作试验恢复系统。

5. 检查系统的制冷剂数量

（1）检查制冷剂的压力是否正常。检查条件为：送风机速度控制开关处于最大位置，空调开关处于开启状态，温度选择器为最冷位置，所有车门打开。

（2）检查制冷剂量是否正常，可按表9-3实施检查。

检 查 制 冷 剂 量　　　　表9-3

项目	现　象	制冷剂量			
		无	不足	适当	过量
1	在观察窗中可见气泡		○		
2	若在观察窗中观察无气泡，实施项目3和项目4，然后检测制冷剂量	○	○	○	○
3	压缩机吸入和排出口之间无温差	○			
4	若压缩机吸入和排出口之间有明显温差，实施项目5和项目6，然后检测制冷剂量			○	○
5	刚关闭空调后，直接在观察窗中出现透明的制冷剂气体				○
6	刚关闭空调后直接出现制冷剂泡沫，然后变成透明			○	○

项目十 城市轨道交通车辆检修常用工具、量具的使用与维护

项目描述

本项目归纳总结了车辆检修所需的常用工器具的结构、使用方法、使用注意事项，通过本项目的学习，学生能够熟练地使用车辆检修的常用工器具，并能够正确维护和保养。

任务一 常用工具的使用与维护

任务目标

1. 了解城轨车辆检修常用检修工具的结构及特点。
2. 掌握城轨车辆各种常用检修工具的使用方法。
3. 掌握城轨车辆各种常用检修工具的保养方法。

工具设备

各型螺丝刀、电动螺钉旋具、扭力扳手、各种钳子、分贝仪、管式测力计、角磨机。

教学环境

理实一体化教室或轨道交通综合实验室。

建议学时

2 学时

基础知识

一、螺钉旋具类

螺钉旋具俗称为螺丝刀、改锥，用来拆装小螺钉，它分为一字形和十字形两种，如图 10-1 和图 10-2 所示。

图 10-1　一字形螺钉旋具　　　　　　　　图 10-2　十字形螺钉旋具

1. 使用螺钉旋具的注意事项

（1）螺钉旋具的手柄应该保持干燥、清洁、无破损、绝缘完好。

（2）电工不可使用金属杆的螺钉旋具，在实际使用过程中，不应让螺钉旋具的金属杆部分触及带电体，也可以在其金属杆上套上绝缘塑料管，以免造成触电或短路事故。

（3）不能用锤子或其他工具敲击螺钉旋具的手柄。

2. 螺钉螺旋具的使用要点

（1）注意"三点一线"，螺钉旋具手柄保持垂直（与螺钉安装板平面）。

（2）螺钉旋具加力要求：七分压力，三分旋转力。

（3）螺钉旋具头的尺寸与螺钉槽口的尺寸相同。

3. 电动螺钉旋具

电动螺钉旋具的结构如图 10-3 所示。

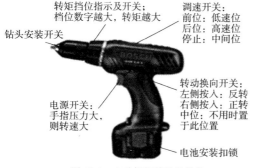

图 10-3　电动螺钉旋具的结构

（1）使用步骤：①通过夹紧轮机套筒装好螺钉旋具；②选择好速度挡位；③通过方向按钮松紧螺栓；④把电池组安装紧固；⑤通过启停开关松紧。

（2）使用注意事项：①不能用电动螺钉旋具直接一步紧到位；②对于比较紧的螺钉不能直接用电动螺钉旋具松；③电动螺钉旋具电压较低时不能使用；④电量使用完时，将电池组拆下进行充电。

二、扭力扳手

在紧固螺纹紧固件时需要控制施加的力矩大小，以保证螺纹紧固且不至于因力矩过大破坏螺纹，所以用扭力扳手来操作。扭力扳手有测扭力扳手与定扭力扳手两种，如图 10-4 所示。

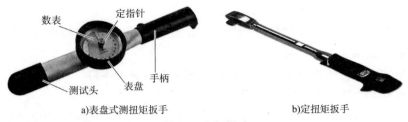

图 10-4 扭矩扳手

a) 表盘式测扭矩扳手　　b) 定扭矩扳手

(一) 定扭力扳手

1. 定扭力扳手的结构

定扭力扳手由锁定环、定位销、手柄、刻度盘、换向手柄、力矩杆等组成，如图 10-5 和图 10-6 所示。使用定扭力扳手时，首先设定好一个需要的力矩值上限，当施加的力矩达到设定值时，扳手会发出"咔嗒"的声响，就不要再加力了。扭力扳手适用于对力矩大小有明确规定的装配工作。

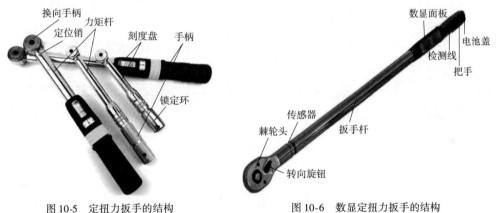

图 10-5　定扭力扳手的结构　　　　图 10-6　数显定扭力扳手的结构

2. 使用步骤

（1）拉出手柄末端的锁定环。

（2）转动手柄（顺时针转动，增加力矩值，反之减小力矩值），通过对应刻度显示数据，设定所需力矩。

（3）设定完毕，将手柄末端的锁定环推进后才可使用。

3. 注意事项

（1）第一次使用或长期存放后使用扭力扳手时，先以中段扭力值操作 5~6 次，每次以听到"咔嗒"声为止，使扳手逐渐均匀润滑，从而获得准确的测量数值。

（2）请勿在闭锁状态下（未将锁定环拉出的情况下）转动手柄，以防损坏力矩设定装置。

（3）使用中应缓慢、均匀地拉动手柄（严禁硬推、猛拉），达到设定工作力矩时，会感到明显的振动和听到清晰的"咔嗒"声，这是达到设定力矩值的信号，此时应立即停止施力。设定力矩越大，这种声音就越大，感觉越明显。

（4）不准将工作力矩的设定超出该扳手规定的力矩值（不能超值使用），取扭力扳手最大值的1/3~2/3范围为最佳。

（5）不使用时，应将力矩值设置到最小力矩处（回零），以保持测量精度。

（6）严禁外接延长装置使用。

（7）严禁将扭力扳手当作普通扳手直接用来拆卸或紧固零件；请勿随意乱丢；请不要与其他工具混放或让其他工具压在上面。

（8）扭力扳手的正常使用程序是：旋紧螺母，校正力矩（达到预定力矩值时立即停止）。

（9）扭力扳手使用1年时应检查校准1次，以保证其精确度。

（10）施加扭力时，右手施加扭力，左手握住棘轮头。

（二）测扭矩扳手

1. 使用方法

（1）使用前，必须调整零位，右旋使用时，逆时针旋转表盘上方的旋钮，使红色从动指针与黑色主动指针靠紧；旋转表壳，使从动指针指向表盘扭矩刻线的零位。左旋使用时，顺时针旋转表盘上方的旋钮，使红色从动指针与黑色主动指针靠紧；旋转表壳，使从动指针指向表盘扭矩刻线的零位。

（2）使用时，应缓慢平稳地施加拧紧力，直至从动指针指向所需的扭矩值。

（3）停止施力后，主动指针自动回复至零位，从动指针仍停留在指示的刻度值上，并可准确读出扭矩数值。旋转表盘上方的旋钮，使从动指针也回复到零位，即可进行下一次使用。

2. 注意事项

（1）请勿随意拆装、敲击，以免影响产品精度。

（2）表盘外圈等为塑料件，避免与高温接触以免损坏。

（3）不得超过扭矩范围使用。

（4）本产品可双向使用，但不允许用来松动紧固件，防止由于过载而影响示值精度。

三、钳类工具

钳类工具用于夹持零件或弯折薄片形、金属丝。带刃钳可切断金属丝，扁嘴钳可装拆销、弹簧等零件，挡圈钳专门装拆弹性挡圈，如图10-7所示。其中，挡圈钳分为轴用挡圈钳和孔用挡圈钳，如图10-7d) 所示。

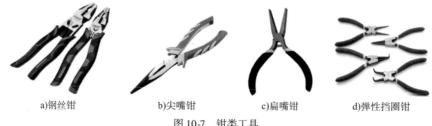

a)钢丝钳　　b)尖嘴钳　　c)扁嘴钳　　d)弹性挡圈钳

图10-7　钳类工具

轴用挡圈钳和孔用挡圈钳的区别：

（1）轴用挡圈钳是拆卸轴用弹簧挡圈的专用工具，手把握紧时钳口是张开的。

（2）孔用挡圈钳是拆装孔用弹簧挡圈的专用工具，手把握紧时钳口是闭合的。

四、管型测力计

1. 管型测力计的结构

如图 10-8 所示，管型测力计由挂钩、刻度盘、指针和拉环等组成，一般用于受电弓静态接触压力的测量。

2. 使用步骤

（1）升起受电弓并且保持住。
（2）在受电弓上臂杆横梁处绑扎较大尺寸的绑扎带。
（3）把测力计的挂钩挂住绑扎带。
（4）双手拉住拉环且刻度面向使用者垂直拉下测力计读取读数，如图 10-9 所示。

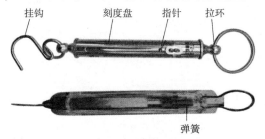

图 10-8　管型测力计

图 10-9　测量受电弓静态接触压力

3. 注意事项

（1）管型测力计不准超量程测力，以免损坏。
（2）使用前注意，管型测力计垂直空载时指示线应与 0 刻度线对齐，以保证测力准确。
（3）管型测力计应保存在干燥的地方以免受潮，还应免受高温。
（4）管型测力计螺钉松动时需进行紧固。

五、分贝仪

分贝仪主要用于测音量的大小，它主要由测音器、反应速率和最大锁定开关、显示器、校正调整旋钮、电源与挡位范围选择开关等组成，如图 10-10 所示。

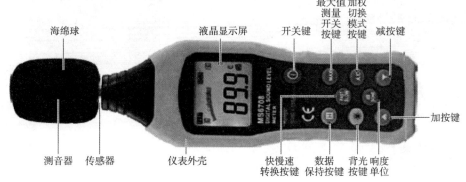

图 10-10　分贝仪

1. 使用步骤

（1）打开电源开关并选择适当的挡位。

（2）要读取即时的噪声量，选择 RESPONSE 的 F(FAST) 快速；要得到当时的平均噪声量，则选择 S(SLOW) 慢速。

（3）要测量音量的最大读值可按下最大值测量开关按键。

（4）要测量以人为感受的噪声量，选择 FUNCTION（功能）的"A"；要测量机器发出的噪声量，则选择"C"。测量前，可先选择 CAL 94dB 自我校正一次，判断仪表是否正常。

（5）将麦克风放至距离噪声源 1~1.5m 的距离进行测量。

（6）测量完后，将电源开关置于"POWER OFF"位置。

2. 注意事项

（1）请勿长期放在高温、高湿度的地方。

（2）请勿敲击麦克风头并保持其干燥。

（3）长时间不使用时应取出电池。

（4）在室外测量噪声时，可在麦克风头装上防风罩，避免被风吹到而测到无关的声音。

（5）电池老化时，LCD 会显示"BT"符号，表示此时电池即将用完电，必须更换新电池。

六、角磨机

角磨机用于打磨部件及切割部件，它主要由卡片、防护罩、锁紧扳手和锁紧按钮等组成，如图 10-11 所示。其中，卡片的作用是卡住砂轮片；防护罩的作用是挡住铁屑及较大灰尘；锁紧扳手的作用是配合卡片对砂轮片进行锁紧；锁紧按钮的作用是锁紧机轴。

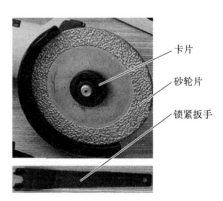

图 10-11 角磨机

1. 使用步骤

（1）确认角磨机是否有电。

（2）先把卡片取出，放上砂轮片（锯片），再把卡片拧上；按住锁紧按钮，将锁紧扳手爪插进卡片的两个孔内对砂轮片进行紧固。

（3）防护罩需要调整时，先进行调整。

（4）抓好把手及机身，按下开关进行打磨。

2. 注意事项

（1）戴好护目镜，避免异物进入眼睛。

（3）手不能靠近砂轮片。

（4）打磨时不能用力过猛，以免压断砂轮片。

（5）砂轮片应确保完好，没到限，安装紧固。

任务二 常用量具的使用与维护

1. 熟练掌握游标卡尺、外径千分尺、百分表的使用方法及保养方法。
2. 熟练掌握轮对内距尺、轮径尺、第四种检查器、钩高尺的使用方法及保养方法。

工具设备

游标卡尺、外径千分尺、百分表、轮径尺、轮对内距尺、LLJ-4D 型第四种检查器、钩高尺、受电弓、转向架。

教学环境

理实一体化教室或轨道交通综合实验室。

4 学时

一、游标卡尺

1. 游标卡尺的结构

常见的游标卡尺由尺身(主尺)、内测量爪、外测量爪、紧固螺钉、滑动轮、游标尺、深度测量尺等组成，其结构如图 10-12 所示。

2. 游标卡尺的应用

游标卡尺一般用于测量零件长度、宽度、外径量爪、内径量爪、阶差、深度，如图 10-13 所示。

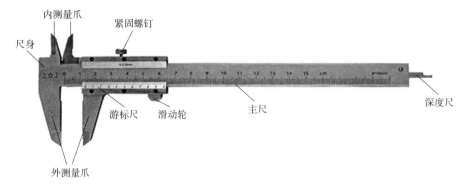

图 10-12　游标卡尺的结构

a) 外径量爪测量

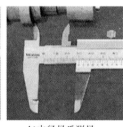
b) 内径量爪测量

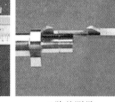
c) 阶差测量

d) 深度测量

图 10-13　游标卡尺的应用

3. 游标卡尺的分度

游标卡尺尺身一般以 mm 为单位，游标上有 10 个、20 个或 50 个分格。根据分格的不同，游标卡尺可分为 10 分度、20 分度、50 分度等，游标为 10 分度的为 9mm，20 分度的为 19mm，50 分度的为 49mm，如图 10-14 所示。

4. 游标卡尺的刻线原理

游标卡尺尺身上刻线每格为 1mm，游标上共刻有 10 格，游标总长度为 9mm，即游标刻线每格为 9mm ÷ 10 = 0.9mm，故尺身与游标每格刻度差值为 1mm - 0.9mm = 0.1mm。

图 10-14　游标卡尺的分度

5. 游标卡尺的读数

如图 10-15 所示，精度值为 0.02mm 的游标卡尺。首先读出游标零线以左主尺上所显示的整毫米数 23mm；游标尺上第 12 条刻线与主尺刻线对齐（完全重合），则 12 × 0.02mm 即为所测尺寸的小数值，两者加起来即为测得的尺寸数值，即 23mm + 12 × 0.02mm = 23.24mm。

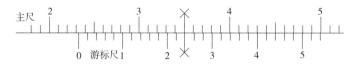

图 10-15　游标卡尺的读数

6. 使用游标卡尺时的注意事项

（1）使用前，先擦干净两卡脚测量面，合拢两卡脚，检查游标0线与尺身0线是否对齐。若未对齐，应根据原始误差修正测量读数。

（2）移动尺框时，活动要自如，不应过松或过紧，更不能有晃动现象。用固定螺钉固定尺框时，卡尺的读数不应有变化。在移动尺框时，应松开固定螺钉，但不宜过松，以免掉落。

（3）测量工件时，卡脚测量面必须与工件的表面平行或垂直，不得歪斜，且用力不能过大，以免卡脚变形或磨损，影响测量精度。

（4）读数时，视线要垂直于尺面，否则测量值不准确。

（5）测量内径尺寸时，应轻轻摆动，以便找出最大值。

（6）为了获得正确的测量结果，可以多测量几次，即在零件的同一截面上的不同方向进行测量。对于较长零件，应当在全长的各个部位进行测量，以获得一个比较正确的测量结果。

（7）游标卡尺用完后，应仔细擦净，抹上防护油，平放在盒内，以防生锈或弯曲。

二、外径千分尺

1. 外径千分尺的结构

外径千分尺种类较多，常见的有机械式和数显千分尺。机械式千分尺是由尺架、固定测头（测砧）、测微螺杆、锁紧装置、固定套筒、微分筒、测力装置等组成的（配有调零扳手），如图10-16a）所示。数显千分尺与机械式千分尺结构基本相同，所不同的是加装有数字显示屏和各种功能键，如图10-16b）所示。尺架的一端装着固定测头，另一端装着测微螺杆。固定测头和测微螺杆的测量面上都镶有硬质合金，以延长测量面的使用寿命。尺架的两侧面覆盖着隔热装置，使用外径千分尺时，手放在隔热装置上，防止人体的热量影响外径千分尺的测量精度。

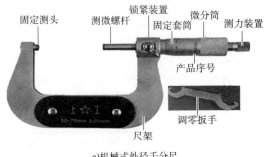
a) 机械式外径千分尺

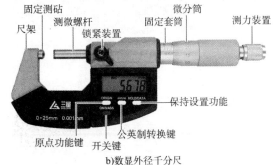
b) 数显外径千分尺

图10-16 外径千分尺的结构

2. 外径千分尺的刻线原理

外径千分尺的测微螺杆的螺距为0.5mm，当微分筒转1圈时，测微螺杆便随之沿轴向移动0.5mm，微分筒的外锥面上1圈均匀刻有50条刻线，微分筒每转过1个刻线格，测微螺杆沿轴向移动0.01mm，所以外径千分尺的测量精度为0.01mm，如图10-17所示。

图10-17 外径千分尺的刻线原理

3. 外径千分尺的读数

外径千分尺的读数步骤如下：

（1）读出固定套筒上露出的刻线尺寸，一定要注意不能遗漏应读出的 0.5mm 的刻线值。

（2）读出微分筒上的尺寸，要看清微分筒圆周上哪一格与固定套筒的中线基准对齐，将格数乘以 0.01mm 即得微分筒上的尺寸。

（3）将上面两个尺寸相加，即为外径千分尺上测得的尺寸。读数被测值的整数部分要在主刻度上读（以微分筒端面所处的主刻度的上刻线位置来确定），小数部分在微分筒和固定套管的下刻线上读。

如图 10-18a）所示，该外径千分尺的读数为 65mm + 0.5mm + 0.01×34mm = 65.84mm。

如图 10-18b）所示，该外径千分尺小数部分没有超过 0.5，该千分尺的读数为 69 + 0.01×15 = 69.15mm。

a）外径千分尺读数为65.84mm　　　　b）外径千分尺读数为69.15mm

图 10-18　外径千分尺的读数

4. 使用外径千分尺时的注意事项

（1）根据被测工件的特点、尺寸大小和精度要求选用合适的类型、测量范围和分度值的外径千分尺。

（2）测量前，先将外径千分尺的两测头擦拭干净，然后进行零位校对。直接校准如图 10-19a）所示，用校对量杆校准如图 10-19b）所示。

a）直接校准　　　　　　　　　　　b）用校对量杆校准

图 10-19　外径千分尺校准零位

（3）测量时，被测工件与外径千分尺要对正，以保证测量位置准确。测量时，可先转动微分筒，测砧、测微螺杆端面与被测工件表面即将接触时，应旋转测力装置，听到"吱吱"声即停止，不能再旋转微分筒。

（4）读数时，要正对刻线，看准对齐的刻线，正确读数。特别注意观察固定套管中线之下的刻线位置，防止误读 0.5mm。

（5）严禁在工件的毛坯面、运动工件或温度较高的工件上进行测量，以防损伤外径千分尺的精度和影响测量精度。

（6）使用完毕后擦净上油，放入专业盒内，置于干燥处。

5. 外径千分尺校准零位的方法

（1）对零误差小于 0.02mm 时，先用止动装置锁紧丝杠，然后用扳手钩住校准孔扳动固定套筒直至零线对齐，如图 10-20 所示。

a)校准孔和棘轮孔位置及调零扳手　　　b)调零扳手钩住校准孔

图 10-20　外径千分尺零位校正

(2) 对零误差大于 0.02mm 时,首先用止动装置锁紧丝杠,用调零扳手松开测力棘轮,取下微分筒;然后重新对齐固定套筒和微分筒上的零刻度线,再装上测力装置。如图 10-21 所示。如有必要,再用方法 (1) 置零。

图 10-21　用调零扳手松开测力棘轮

三、百分表

(一) 百分表的用途和结构

百分表是一种精度较高的比较量具,一般需搭配磁力表座使用。它只能测出相对数值,不能测出绝对值,主要用于检测工件的几何误差(如圆度、平面度、垂直度、跳动等)。如图 10-22 所示,百分表主要由调整螺钉(带防尘帽)、主指针、小指针、下轴套、测杆和测头等组成。

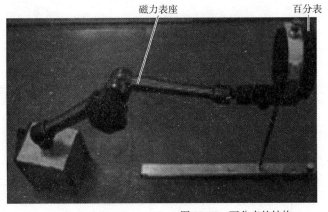

图 10-22　百分表的结构

(二) 百分表的读数

将测杆移动 1mm,使指针沿大刻度盘转过 1 周,刻度盘沿圆周有 100 个刻度,当指针转过 1 格刻度时,表示所测量的尺寸变化为 1mm/100 = 0.01mm,所以百分表的刻度值为 0.01mm,如图 10-23 所示。

百分表的读数方法为:先读小指针转过的刻度线(毫米整数),再读大指针转过的刻度线(小数部分,并乘以 0.01mm),然后两者相加,即得到所测量的数值。

图 10-23　百分表的刻度

如图 10-24a) 所示，先读小指针的刻度为 0(还不到 1，所以为 0)；再读大指针的刻度，为 98，此数乘以 0.01mm，即 98×0.01mm = 0.98mm；最后得出的数值为 0 + 0.98mm = 0.98mm，所以该测量结果为 0.98mm。如图 10-24b) 所示，先读小指针的刻度为 2mm；再读大指针的刻度为 16，此数乘以 0.01mm，即 16×0.01mm = 0.16mm；最后得出的数值为：2mm + 0.16mm = 2.16mm。

a) 小指针小于1时读数　　　b) 小指针大于1时读数

图 10-24　百分表的读数

（三）百分表的检查、测量方法、注意事项

1. 检查百分表

（1）将百分表安装在专用表架上。
（2）将测头和被测工件表面擦拭干净。
（3）轻推测头，检查其是否灵活、指针是否能归位。

2. 测量方法

（1）使测杆垂直于工件被测表面并使测头接触被测表面。
（2）转动表圈，使表盘的零位线对准大指针。
（3）以零位线为基准，小指针与大指针转动的刻度为测量尺寸。

3. 注意事项

（1）使用时，百分表应安装在专用表架上。
（2）测量时，应轻提、轻放测杆，以免损坏测杆及产生测量误差。
（3）测量时，测杆的升降范围不宜过大，以减少由于存在间隙而产生的误差。
（4）严禁超量程使用百分表，以免损坏运动部件。

四、塞尺

塞尺俗称厚薄规或间隙片，如图 10-25 所示。它主要用来检验特别紧固面与紧固面、活塞与气缸、活塞环槽和活塞环、十字头滑板与导板、进排气阀顶端与摇臂、啮合齿轮等两个结合面之间的间隙大小。

塞尺由许多层厚薄不一的薄钢片(塞片)组成，塞片具有两个平行的测量平面，且都有厚度标记，以供组合使用。

使用塞尺时的注意事项：

（1）根据结合面的间隙情况选用塞尺片数，但片数越少越好。
（2）测量时不能用力太大，以免塞尺弯曲和折断。
（3）不能测量温度较高的工件。

a)塞尺　　　　b)用塞尺实际测量

图 10-25　塞尺及使用

五、轮对检查器与技术测量

轮对的各部尺寸及限度对行车安全非常重要，为了准确测量各部尺寸，需使用专用的检查仪器进行测量。

城市轨道交通车辆车轮标准直径为 840mm，轮径限度为 770mm。轮径差必须满足：同一轴≤1mm，同一转向架≤3mm，同一辆车≤6mm。

LLJ-4D 型铁道车辆车轮第四种检查器，是测量车辆轮缘、踏面相关尺寸及缺陷的一种专用检测量具。LLJ-4D 型铁道车辆车轮第四种检查器适用于测量各种型号车辆车轮踏面圆周磨耗、轮缘厚度、轮缘高度、轮辋厚度、轮辋宽度、轮缘垂直磨耗、踏面擦伤深度和长度、踏面剥离深度和长度、车轮踏面外侧碾宽等。

1. LLJ-4D 型铁道车辆车轮第四种检查器的结构组成（图 10-26）

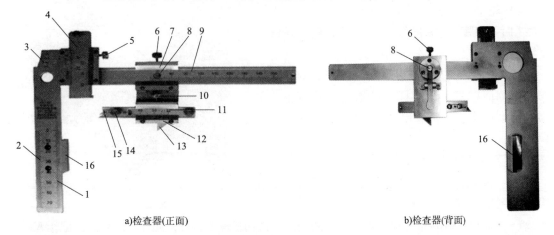

a)检查器(正面)　　　　b)检查器(背面)

图 10-26　LLJ-4D 型铁道车辆车轮第四种检查器

1-轮辋厚度测尺；2-尺身；3-碾宽测量刻线；4-轮缘高度及踏面磨耗测尺；5-踏面磨耗及轮缘高度测尺锁紧螺钉；6-轮辋宽度测尺锁紧螺钉；7-轮辋宽度测尺尺框；8-定位销；9-轮辋宽度测尺；10-轮缘厚度测尺锁紧螺钉；11-轮缘厚度测尺；12-轮缘厚度测尺尺框；13-轮辋宽度测尺游标；14-轮缘厚度测尺螺钉；15-垂直磨耗测尺；16-定位角铁

2. LLJ-4D型铁道车辆车轮第四种检查器的操作方法

1）踏面圆周磨耗及轮缘高度测量（图10-27）

（1）移动轮辋宽度测尺尺框，使定位销落入销孔内，然后锁紧其锁紧螺钉。

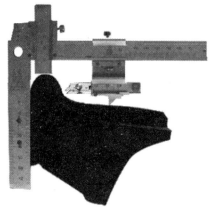

（2）将定位角铁与车轮内侧密贴，并使轮辋宽度测头与车轮踏面接触。

（3）推动踏面圆周磨耗测尺，使其测量面与车轮轮缘接触，以左边游标读取踏面磨耗值，从右边游标读取轮缘高度值。测量范围：圆周磨耗为0～10mm，轮缘高度为25～40mm。

2）轮缘厚度及垂直磨耗测量

（1）同测量踏面圆周磨耗及轮缘高度的步骤（1）和（2）。

（2）推动轮缘厚度测尺，使其测量头与轮缘接触，从游标中读出轮缘厚度值。轮缘厚度测量

图10-27 踏面圆周磨耗、轮缘高度、轮辋厚度测量

范围为20～35mm。

（3）推动垂直磨耗测量尺，使其测量头与轮缘接触，如果刻线超出轮缘厚度测尺双刻线，则说明轮缘已有垂直磨耗了，如果双刻线全部超出轮缘厚度测尺双刻线，则轮缘垂直磨耗到限了。

3）轮辋厚度测量（图10-28）

轮辋厚度测量与踏面圆周磨耗及轮缘高度测量步骤（1）和（2）相同，读取轮辋厚度测尺刻线中与轮辋内侧边缘对齐的数值即为轮辋厚度。测量范围为0～70mm。

4）轮辋宽度测量（图10-28）

（1）轮辋宽度测量与踏面轮缘磨耗及轮缘高度测量步骤（1）和（2）相同。

（2）推动轮辋宽度测尺尺框，使其测量头与车轮外侧面贴靠，从游标中读取轮辋宽度值。如果踏面有碾宽，应减去碾宽值。测量范围为70～145mm。

5）踏面擦伤深度测量

（1）踏面擦伤深度测量与踏面轮缘磨耗及轮缘高度测量步骤（2）相同。

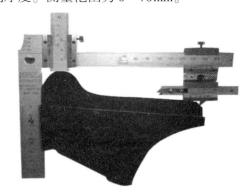

图10-28 轮辋宽度测量

（2）移动轮辋宽度测尺尺框，使其测头落入擦伤最深处，测量此处轮缘高度，记作h_1。

（3）测量同一圆周，未擦伤处，轮缘高度值记作h_2，擦伤深度为$h_1 - h_2$的差值。测量范围为0～5mm。

6）踏面擦伤长度测量

用检查器的轮辋厚度测尺的外刻线，沿车轮圆周方向测量擦伤部位的长度。测量范围为0～90mm。

7）踏面剥离深度的测量

测量方法同踏面擦伤深度测量，测量范围为0~5mm。

8）踏面剥离长度的测量

测量方法与踏面擦伤长度测量的方法相同，测量范围为0~90mm。

9）车轮碾宽的测量（图10-29）

将尺身垂直外边贴近轮辋外侧面，用碾宽测量刻线测量碾宽，读取碾宽最宽处所对准的刻线数值，即为车轮碾宽值。测量范围为3~6mm。

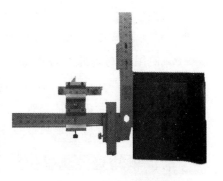

图10-29 车轮外侧碾宽测量

六、轮对内侧距离检查尺（简称内距尺）

1. 轮对内侧距离检查尺的功能和结构

（1）功能：测量机车车辆轮对内侧距离。

（2）结构：轮对内侧距离检查尺的结构如图10-30所示。

轮对内间距的测量
工具及测量步骤

图10-30 轮对内侧距离检查尺（尺寸单位：mm）
1-限位卡钩；2-活动测头；3-读数装置；4-锁紧螺钉；5-尺身；6-固定测头

2. 轮对内侧距离检查尺的操作使用

（1）将内距尺锁紧螺钉松开，使活动测头处于自由状态。

（2）两手握住内距尺，将其放置于两车轮内侧，使两限位卡钩落在两车轮轮缘最高部位。将固定测头和活动测头靠在被测车轮内侧。如图10-31a）所示。

（3）在圆周方向移动内距尺活动测头端，找到最小读数，该读数即为被测轮对内侧距离。锁紧定位螺钉，读取读数。如图10-31b）所示。

a）尺杆与车轴中心线平行　　b）锁定螺钉读数

图10-31 轮对内侧距离测量

注意：使用轮对内距尺检测轮对内距，分别间隔120°检测三次，并计算三处轮对内距差不超过规定限度(1353±2)mm。

3. 使用轮对内距尺注意事项

（1）量具严防磕碰、摔伤等现象，以免影响量具尺寸精度。
（2）示值标套内经常放置一些润滑油，保证活动测杆在内活动灵便。
（3）使用后，应将量具放置在包装盒内。

七、车轮直径测量仪

1. 结构

车轮直径测量仪结构如图10-32所示，由测量块、构架、提手、指示表、传动装置、测杆、测头、定位架组成。用于校对机车车辆轮径测量仪"零位"的标准圆是一段圆弧。

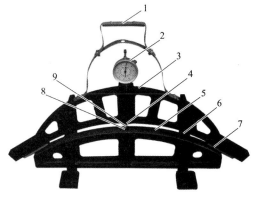

图10-32 车轮直径测量仪结构
1-提手；2-指示表；3-构架；4-传动装置；5-标准圆；6-定位架；7-测量块；8-测头；9-测杆

2. 使用方法

（1）在标准圆上校对"零位"。

根据《铁道机车车辆轮径量具检定规程轮径测量器》(JJG 1081.2—2013)中的规定，示值为(-0.5~0)mm，所以校对时应比标准圆小0.3mm。

（2）机械指示表读数方式，"零位"校对方法。

①拧紧指示表测头或测量仪测头，以免校对"零位"或做测量时测头松动而带来测量误差。

②在测量仪上装上指示表。

③将测量仪放置在标准圆上，保证两测量块均与标准圆弧面接触良好，定位架与标准圆定位端面密贴，然后通过上下移动指示表，将指示表读数调到此标准。

（3）测量时，两手握住测量仪两端的构架部位，放置在被测车轮上，使定位架与车轮内侧面靠紧(因为有磁性，只要一接触就能保证密贴)，两手轻轻压一压至两测量块均与车轮踏面接触到位，这时即可从指示表中读出直径值。如图10-33所示。

（4）指示表操作及读数方法。

如图10-34所示的指示表中，短指针指示的是10mm以上的数(测量范围760~960mm)，长指针指示的是10mm以下的数，分度值为0.1mm，可估读到0.01mm。(测量范围分为780~930mm、760~960mm、760~850mm几种)。

图10-33 测量仪的使用

3. 保养与使用注意事项

（1）使用过程中，应防止对各部件的剧烈摔碰，以免损坏和变形。

（2）两测量块是测量仪的关键部位，不得拆动，以免影响测量准确度。

（3）标准圆使用后要涂机油以防生锈。较长时间不用时，测头、测量块应擦上机油。

（4）相对运动部位应经常滴少量洁净润滑油。

（5）数显指示表应避免油或水进入电路板。

（6）指示表失灵可送计量部门比照百分表进行检修。

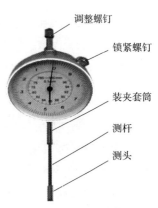

图 10-34　测量仪机械指示表

八、车钩中心线至轨面的距离的检查

（一）钩高尺结构和使用

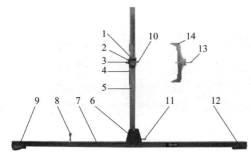

图 10-35　车钩高度测量尺

1-游框；2-游标；3-划针锁紧螺钉；4-磁铁座；5-竖尺；6-夹板；7-横尺；8-磁铁；9-左测座；10-游框锁紧螺钉；11-棘爪；12-右测座；13-划针；14-钩舌测板

1. 结构

钩高尺主要由横尺、竖尺、左测座、右测座、夹板、钩舌测板、划针、游框、棘爪、游框锁紧螺钉等组成，如图10-35所示。

2. 技术参数及特点

（1）测量范围：650～950mm；分度值：0.2mm；精度：≤±1mm。

（2）测量方便，迅速可靠，尺身用不锈钢型材，质量轻。

（3）对于钩舌外框中心线已脱落的车钩，可直接找出钩舌中心，以便画线。

3. 使用方法

（1）打开竖尺，使棘爪复位后固定。

（2）将钩高尺置于两钢轨上，钩舌测板正好卡住钩舌的上下边缘，通过游标直接可以读出车钩中心高度值，如图10-36所示。

（3）锁紧游框锁紧螺钉，推动划针，所指位置即为钩舌中心位置。

（4）测量完毕后，拉起棘爪，合上竖尺，使磁铁嵌入磁铁座中。

4. 使用注意事项与保养

（1）钩高尺严禁摔碰，以免影响测量准确性。

（2）钩高尺使用后要妥善保管。

（3）坚持周期检尺，检定周期为6个月。

图 10-36　用钩高尺测量车钩高度

（二）车钩缓冲装置的尺寸测量要求

1. 车钩中心线至轨面的距离为(720±10)mm。
2. 缓冲器标记环的移动距离≤55mm。
3. 电气钩头端面应凸出机械钩头端面2~3mm。

九、水平仪的使用方法及应用

水平仪是测量角度变化的一种常用量具，在机械行业和仪表制造中，用于测量相对于水平位置的倾斜角、机床类设备导轨的平面度和直线度、设备安装的水平位置和垂直位置等。按外形不同，水平仪可分为条式水平仪、框式水平仪、数字式光学合象水平仪、电子式水平仪等。目前城轨车辆上使用的是条式水平仪，如图10-37所示。

1. 条式水平仪的结构

如图10-38所示。条式水平仪主要由体身、水准泡系统及调整机构组成。体身可测量基面，水准泡用作读数反映出体身测量基面的真实数值，调整机构用作调整水平仪零位。

图10-37　条式水平仪测量受电弓

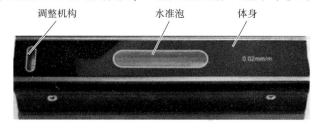

图10-38　条式水平仪

2. 条式水平仪的使用方法

当水平仪的底平面放在准确的水平位置时，水准器内的气泡正好在中间位置（水平位置）。在水准器玻璃管内气泡两刻线为零线的两边，刻有不少于8格的刻度，刻线间距为2mm。当水平仪的底平面与水平位置有微小的差别时，也就是水平仪底平面两端有高低时，水准器内的气泡由于地心引力的作用总是往水准器的最高一侧移动，这就是水平仪的使用原理。两端高低相差不多时，气泡移动也不多；两端高低相差较大时，气泡移动也较大，在水准器刻度上就可读出两端高低的差值。框式与条式水平仪的规格见表10-1。

框式与条式水平仪的规格　　　　表10-1

品种	外形尺寸(单位：mm)			分度值	
	长	宽	高	组别	mm/m
框式	100	25~35	100	Ⅰ	0.02
	150	30~40	150		
	200	35~40	200		
	250	40~50	250	Ⅱ	0.03~0.05
	300		300		
条式	100	30~35	30~40		
	150	35~40	35~45		
	200	40~45	40~50	Ⅲ	0.06~0.15

条式水平仪分度值的说明，如分度值为 0.03mm/m，即表示气泡移动一格时，被测量长度为 1m 的两端上，高低相差 0.03mm。再如，用 200mm 长、分度值为 0.05mm/m 的水平仪测量 400mm 长的平面的水平度。先把水平仪放在平面的左侧，此时，若气泡向右移动两格，再把水平仪放在平面的右侧，此时若气泡向左移动三格，则说明这个平面是中间高两端低的凸平面。中间高出多少毫米呢？从左侧看中间比左端高两格，即在被测量长度为 1m 时，中间高 $2\times0.05=0.10$mm，现实际测量长度为 200mm，是 1m 的 1/5，所以，实际上中间比左端高 $0.10\times0.2=0.02$mm。从右侧看中间比右端高三格，即在被测量长度为 1m，中间高 $3\times0.05=0.15$mm，现实际测量长度为 200mm，是 1m 的 1/5，所以，实际上中间比右端高 $0.15\times0.2=0.03$mm，由此可知，中间比左端高 0.02mm，中间比右端高 0.03mm，则中间比两端高出的数值为 $(0.02+0.03)\div2=0.025$mm。

3. 使用水平仪的注意事项

（1）测量前，应认真清洗测量面并擦干，检查测量表面是否有划伤、锈蚀和毛刺等缺陷。

（2）测量前，应检查零位是否正确。如不准，对可调式水平仪应进行调整，对固定式水平仪应进行修复。

（3）测量时，应避免温度的影响，必须与热源和风源隔绝；温度变化会使测量产生误差，因此应注意手热、阳光直射、哈气等对水平仪的影响；检验或使用时如使用环境湿度与保存环境湿度不同，则需在使用环境中稳定 3h 方可使用。

（4）测量时必须待气泡完全静止后方可读数，应在垂直水准器的位置上进行读数，以减少视差对测量结果的影响。

（5）水平仪使用完毕，必须将工作面擦拭干净，涂防锈油，存放在清洁、干燥处保管。水平仪使用时，掌握水平仪的结构特点、使用方法及使用中的注意事项。

十、多功能万用表的使用方法及应用

万用表又叫多用表、三用表、复用表，分为指针式和数字式两种。多功能万用表是一种多功能、多量程的测量仪表，一般万用表可测量直流电流、直流电压、交流电流、交流电压、电阻和音频电平等，有的还可以测量交流电流、电容量、电感量及半导体、温度的一些参数。目前国内城市轨道交通部门大多数采用数显多功能万用表。

1. 多功能万用表的构造

万用表由表头、液晶显示屏、表笔连接及转换开关等 3 个主要部分组成。数显万用表的结构、功能键功能、各插孔功能、旋转开关用途如图 10-39 所示。

2. 多功能万用表的使用

1）测量交流和直流电压（图 10-40）

为了最大限度减少交流或交直流混合电压部件内的未知电压读数错误，应首先选择万用表上的交流电压功能，同时留意记下产生正确测量结果所在的交流量程。然后，手动选择直流电压功能，使直流量程等于或高于前面的交流量程。该过程可最大限度降低交流瞬变所带来的影响，确保准确直流测量。

调节旋钮至 $\widetilde{V}$、$\overline{V}$ 或 $_m\widetilde{V}$ 以选择交流或直流；将红表笔连接至电压/电阻插孔，黑表笔连接至公共端插孔；用探针接触想要的电路测试点，测量电压；读出显示屏上测出的电压。只能通过手动量程才能调至400量程。

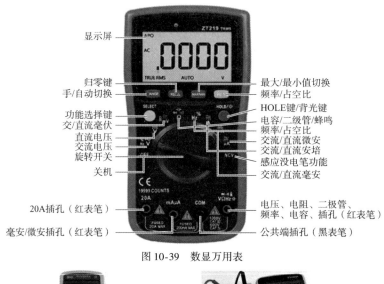

图10-39　数显万用表

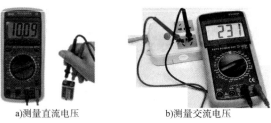

a)测量直流电压　　　　b)测量交流电压

图10-40　测量交流和直流电压

2）测量交流或直流电流

调节旋钮$\widetilde{\overline{A}}$，mÃ，μÃ，按下"黄色"按钮，在交流或直流测量间切换；根据要测量的电流将红表笔连接至$\widetilde{\overline{A}}$，mÃ，μÃ端子，并将黑表笔连接至COM端子；断开待测的电路路径。然后将测试表笔衔接到断口，并使用电源；读出显示屏上的测出的电流数值。

3）测量电阻

在测量电阻或电路的通断时，为避免受到电击或损坏万用表，请确保电路电源已关闭，并将所有电容器放电。将旋转旋钮转至Ω，确保已切断待测电路的电源；将红表笔连接至电阻端子，黑表笔连接至COM端子；将探针接触想要的电路测试点，测量电阻。阅读显示屏上的测出电阻值。

4）测试通断性

选择电阻模式，按下"黄色"按钮两次，以激活通断性蜂鸣器，如果电阻低于50Ω，蜂鸣器将持续响，表明出现短路。如果万用表读数为"OL"，则电路断路。

5）测试二极管

在测量电路二极管时，为避免电击或损坏万用表，请确保电路的电源已关闭，并将所有电容器放电。将旋转开关转至二极管挡；按黄色功能按钮一次，启动二极管测试；将红表笔连接至测量二极管端子，黑表笔连接至COM端子。将红色探针接到待测的二极管的阳极，将黑色探针接到阴极，读取显示屏上的正向偏压。如果表笔极性与二极管极性相反，显示读数为"OL"。这可以用来区分二极管的阳极和阴极。

6）测量电容

为避免损坏万用表，在测量电容前，请断开电路电源并将所有高压电容器放电。将旋转开关转至测量电容挡。将红表笔连接至测量电容挡端子，黑表笔连接至 COM 端子。将探针接触电容器引脚。待稳定后（最多 15s），读取显示屏所显示的电容值。

7）测量温度

将旋转开关转到测量温度（℃）挡。将热电偶插入万用表的测量温度挡位和 COM 端子，确保标记有"+"符号的热电偶塞插入万用表测量温度端子。读取显示屏上显示为摄氏温度。

8）多功能万用表的维护保养

定期用湿布和温和的清洁剂清洁仪表的外壳，不要使用腐蚀剂或溶剂。定期要清洁端子，否则会影响读数。定期更换万用表的电池。

3. 多功能万用表使用注意事项

(1) 在使用万用表前，应认真阅读有关的使用说明书，熟悉旋转开关、按钮、插孔的作用。请检查机壳，切勿使用已损坏的万用表。

(2) 检查测试表笔的绝缘是否损坏或表笔金属是否裸露在外，检查测试表笔是否导通。请在使用万用表之前更换已被损坏的测试表笔。

(3) 用万用表测量已知的电压，确定万用表操作正常。请勿使用工作异常的万用表，仪表的保护措施可能已经失效。若有疑问，应将仪表送修。

(4) 请勿在连接端子之间或任何端子和地之间施加高于仪表额定值的电压。

(5) 对 30V 交流（有效值），42V 交流（峰值）或 60V 直流以上的电压，应格外小心，这些电压有电击危险。

(6) 测量时请选择合适的接线端子、功能和量程。

(7) 请勿在有爆炸性气体、蒸汽或粉尘的环境中使用万用表。

(8) 使用测试探针时，手指应保持在保护装置的后面。

(9) 进行连接时，先连接公共测试表笔，再连接带电的测试表笔；切断连接时，则先断开带电的测试表笔，再断开公共测试表笔。

(10) 测试电阻、通断性、二极管或电容器之前，应先切断电路的电源并把所有高压电容器放电。

(11) 对于所有功能，包括手动或自动量程，为了避免因读数不当导致电击风险，首先使用交流功能来验证是否有交流电压存在，然后选择等于或大于交流量程的直流电压。

(12) 将开关旋转至 OFF 位置即为关机。

(13) 基本测量：根据需要拨到相应位置，交直流电压的测量；可直接显示混合信号的主流分量和交流分量，表笔插入相应的插孔。

(14) 电流插孔是为了测量电流，不用时禁止使用本插孔，否则万用表将可能被烧毁。

(15) 万用表量程是自动量程，如果想使用规定量程，请按量程选择键。

(16) 当插错插孔时，万用表有报警。使用趋势绘图、示波、逻辑分析、谐波分析等功能时，请看量程选择和旋转开关位置。

本教材涉及专业术语英汉对照表

序号	英文缩写	英文全称	中文释义
1	AI	Analog Input Signal	模拟输入信号
2	ACM	Auxiliary Converter Module	辅助变流器模块
3	ACU	Auxiliary Control Unit	辅助控制单元
4	AD	Air Dryer	空气干燥器
5	AGU	Air Generation Unit	供风单元
6	AO	Analog Output Signal	模拟输出信号
7	ASP	Air Suspension Pressure	空气悬挂压力
8	ATC	Automatic Train Control	列车自动控制系统
9	ATO	Automatic Train Operation	自动列车驾驶系统
10	ATP	Train Automatic Protect	列车自动防护系统
11	BCP	Brake Cylinder Pressure	制动缸压力
12	BCM	Battery Charger Module	蓄电池充电机模块
13	BCU	Brake Control Unit	制动控制单元
14	BD	Brake Disc/Disk	制动盘
15	BP	Brake Pipe	制动管/列车管
16	BSR	Brake Supply Reservoir	制动风缸
17	CAN	Controlled Area Network	受控区域网
18	CCTV	Closed Circuit Television	闭路电视监控系统
19	CCU	Central Control Unit	中央控制单元
20	DBU	Disc Brake Unit	盘形制动单元
21	DI	Digital Input Signal	数字输入信号
22	DO	Digital Output Signal	数字输出信号
23	EB	Emergency Braking	紧急制动
24	EBCU	Electronic Brake Control Unit	电子控制单元
25	ED	Electronic Dynamic Brake	电制动(动力制动)
26	EEV	Emergency Exhaust Valve	紧急排风阀
27	EMV	Electric Magnet Valve	电磁阀
28	EP	Electronic Pneumatic Brake	电空制动
29	FB	Fast Braking	快速制动
30	HMI	Human Machine Interface	人机交互界面(人机接口)
31	HSCB	High Speed Circuit Breaker	高速断路器

续上表

序号	英文缩写	英文全称	中文释义
32	LBSR	Low Brake Supply Reservoir	低制动风缸
33	LCD	Liquid Crystal Display	液晶显示器
34	LED	Light Emitting Diode Display	发光二极管显示屏
35	LON	Local Operating Network	局部操作网
36	LRU	Line Replaceable Unit	线路可替换单元
37	MCM	Motor Converter Module	电机变流器模块
38	Mp	Motor Car With Pantograph	带受电弓的动车
39	MP	Main Pipe	总风管/主风管
40	MV	Magnet Value	电磁阀
41	MVB	Multi Vehicle Bus	多功能车辆总线
42	NRM	NO Restricted Manual Driving Mode	非限制人工驾驶模式
43	PB	Parking Braking	停放制动
44	PIS	Passenger Information System	乘客信息系统
45	PVU	Pneumatic Value Unit	气动阀单元
46	PWM	Pulse Width Modulated	脉宽调制
47	RIO	Remote Input/Output	远程输入/输出阀
48	RM	Restricted Manual Driving Mode	限速性人工驾驶模式
49	SB	Service Brake	常用制动
50	T	Trailer	不带司机室拖车
51	Tc	Trailer Car	带司机室拖车
52	TCMS	Train Control and Manager System	列车信息控制网络
53	TCU	Traction Control Unit	牵引控制单元
54	TMS	Train Management System	列车管理系统
55	TWC	Train to Wayside Communication	车地通信
56	VVVF	Variable Voltage Variable Frequency(Traction Control Unit)	变压变频(牵引控制单元)
57	WTB	Wire Train Bus	绞线式列车总线
58	WSP	Wheel Slide Protection	车轮防滑装置

参 考 文 献

[1] 郑炎华，蔡海云. 城市轨道交通车辆检修工艺[M]. 成都：西南交通大学出版社，2016.

[2] 刘柱军. 城市轨道交通车辆构造[M]. 北京：人民交通出版社，2013.

[3] 郭凝. 城市轨道交通车辆机械检修[M]. 上海：上海科学技术出版社，2013.

[4] 邱志华，彭武. 城市轨道交通车辆构造[M]. 2版. 北京：人民交通出版社股份有限公司，2021.

[5] 仇海兵. 城市轨道交通车辆及操作[M]. 2版. 北京：人民交通出版社股份有限公司，2019.

[6] 阳东，卢桂云. 城市轨道交通车辆检修[M]. 2版. 北京：机械工业出版社，2018.

[7] 李伟，王珂. 城市轨道交通车辆构造[M]. 北京：机械工业出版社，2017.

[8] 刘柱军，佟关林. 城市轨道交通车辆制动系统[M]. 2版. 北京：人民交通出版社股份有限公司，2017.

[9] 彭育强，黎新华. 城市轨道交通车辆机械系统检修[M]. 北京：人民交通出版社股份有限公司，2020.

[10] 谢勇，张哲. 城市轨道交通车辆机械检修[M]. 北京：机械工业出版社，2022.

[11] 哈尔滨地铁集团有限公司. 车辆检修工[M]. 成都：西南交通大学出版社，2019.

[12] 孙沪澄. 城轨电动列车检修工（三级）[M]. 北京：中国劳动社会保障出版社，2015.

[13] 何宗华，汪松滋，何其光. 城市轨道交通车辆运行与维修[M]. 北京：中国建筑出版社，2007.

[14] 唐春林，张波，陈健健. 城市轨道交通车辆设备检修[M]. 成都：西南交通大学出版社，2016.

[15] 人力资源和社会保障部教材办公室，广州市地下铁道总公司. 车辆检修工[M]. 北京：中国劳动社会保障出版社，2009.

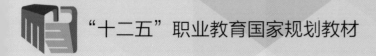

"十二五"职业教育国家规划教材

城市轨道交通车辆机械检修
（第2版）
实训任务工单

刘柱军　主编

姓　　名：_____

班　　级：_____

学　　号：_____

人民交通出版社股份有限公司
China Communications Press Co.,Ltd.

"十二五"职业教育国家规划教材

城市轨道交通车辆机械检修
（第2版）
实训任务工单

姓　名　_____

班　级　_____

学　号　_____

人民交通出版社股份有限公司

北　京

目录 Contents

项目一　掌握城市轨道交通车辆检修管理制度　/1

实训任务工单一　城市轨道交通车辆检修管理体制 …………………………………… 1
实训任务工单二　车辆检修制度、检修限度、车辆零件损伤、修理方法 ……………… 2
项目测试题 1 …………………………………………………………………………… 4

项目二　城市轨道交通车辆检修基地检修设施布置图　/6

实训任务工单一　城市轨道交通车辆检修基地设施 …………………………………… 6
实训任务工单二　城市轨道交通车辆机械检修设备 …………………………………… 7
项目测试题 2 …………………………………………………………………………… 9

项目三　掌握城市轨道交通车辆的日检、均衡修及临修　/10

实训任务工单一　城市轨道交通车辆的日检 …………………………………………… 10
实训任务工单二　城市轨道交通车辆均衡修 …………………………………………… 13
项目测试题 3 …………………………………………………………………………… 16

项目四　转向架的检修　/18

实训任务工单一　转向架的结构组成 …………………………………………………… 18
实训任务工单二　转向架的分解与组装 ………………………………………………… 19
实训任务工单三　转向架构架及附件的检修 …………………………………………… 21
实训任务工单四　弹性悬挂装置、中央牵引装置、动力驱动装置的检修 ……………… 22
实训任务工单五　轮对、轴承、轴箱装置的检修 ……………………………………… 24
项目测试题 4 …………………………………………………………………………… 25

项目五　车体和内装的检修　/28

　　实训任务工单一　车体的结构认识与检修……………………………………………28
　　实训任务工单二　车体内部设施的结构认识与检修…………………………………30
　　项目测试题 5 ……………………………………………………………………………33

项目六　车门的检修　/34

　　实训任务工单一　车门的结构认识与使用……………………………………………34
　　实训任务工单二　车门的检修…………………………………………………………36
　　项目测试题 6 ……………………………………………………………………………40

项目七　车辆连接装置的检修　/42

　　实训任务工单一　车钩装置的认识和检修……………………………………………42
　　实训任务工单二　缓冲器和车钩缓冲装置附件的认识和检修………………………43
　　实训任务工单三　贯通道及渡板的检修………………………………………………45
　　项目测试题 7 ……………………………………………………………………………46

项目八　制动系统的检修　/48

　　实训任务工单一　供气设备的结构认识与检修………………………………………48
　　实训任务工单二　制动控制单元和电子制动控制单元及防滑装置的检修…………50
　　实训任务工单三　单元制动机和管路附件的检修……………………………………52
　　项目测试题 8 ……………………………………………………………………………53

项目九　空调和采暖装置的检修　/55

　　实训任务工单一　空调机组的结构认识与检修………………………………………55
　　实训任务工单二　空调机组的故障检查方法…………………………………………58
　　项目测试题 9 ……………………………………………………………………………61

项目十　城市轨道交通车辆检修常用工具、量具的使用与维护　/63

　　实训任务工单一　扭力扳手的使用……………………………………………………63
　　实训任务工单二　常用量具的使用……………………………………………………65
　　项目测试题 10 …………………………………………………………………………66

项目一 掌握城市轨道交通车辆检修管理制度

实训任务工单一　城市轨道交通车辆检修管理体制

实训任务　城市轨道交通车辆检修管理体制

班级：＿＿＿　姓名：＿＿＿　学号：＿＿＿　时间：＿＿＿

一、实训目标

1. 专业能力目标

（1）熟知城市轨道交通车辆检修的流程；

（2）熟知城市轨道交通车辆检修工作的管理模式；

（3）了解城市轨道交通车辆的检修模式。

2. 方法能力目标

（1）通过该任务学习，学生能够熟知车辆检修的流程、检修和管理模式，培养敬业精神；

（2）能根据实训项目学习任务确定实训方案，从中学会表达及展示活动过程和成果。

3. 社会能力目标

（1）在实习训练中保持积极向上的学习态度；

（2）能与小组成员和教师就学习中的问题进行交流和沟通；

（3）能与他人共享学习资源，具有较好的合作能力和团队协作精神。

二、知识总结

1. 城市轨道交通车辆检修部门主要有哪些工作内容？

＿＿＿＿＿＿＿＿＿＿＿＿＿＿＿＿＿＿＿＿＿＿＿＿＿＿＿＿＿＿＿＿＿＿＿＿

＿＿＿＿＿＿＿＿＿＿＿＿＿＿＿＿＿＿＿＿＿＿＿＿＿＿＿＿＿＿＿＿＿＿＿＿

2. 城市轨道交通车辆检修工作有哪几种管理模式？

＿＿＿＿＿＿＿＿＿＿＿＿＿＿＿＿＿＿＿＿＿＿＿＿＿＿＿＿＿＿＿＿＿＿＿＿

＿＿＿＿＿＿＿＿＿＿＿＿＿＿＿＿＿＿＿＿＿＿＿＿＿＿＿＿＿＿＿＿＿＿＿＿

3. 城市轨道交通车辆检修模式有哪几种？

＿＿＿＿＿＿＿＿＿＿＿＿＿＿＿＿＿＿＿＿＿＿＿＿＿＿＿＿＿＿＿＿＿＿＿＿

＿＿＿＿＿＿＿＿＿＿＿＿＿＿＿＿＿＿＿＿＿＿＿＿＿＿＿＿＿＿＿＿＿＿＿＿

三、操作运用

叙述城市轨道交通车辆检修的流程。

_____

_____

四、实训小结

_____

五、成绩评定

职业素养（包括表达能力、沟通能力、团队合作能力、实际操作能力、知识掌握能力）：

评价维度	表达能力	沟通能力	团队合作能力	实际操作能力	知识掌握能力
评价结果					

注意：评价等级可采用 A、B、C、D、E 五个等级评价，也可以采用百分制折算评价，即 A-100 分、B-85 分、C-75 分、D-60 分、E-50 分。评价过程可采用：学生自评、组内互评、组间互评和教师评价，并按学生自评占 10%、组内互评占 20%、组间互评占 20%，教师评价 50% 比例权重计分。

指导教师评语：

_____

学习者签字： 　　　　　　　　　　　　　日期： 　年　月　日

指导教师签字： 　　　　　　　　　　　　日期： 　年　月　日

实训任务工单二　车辆检修制度、检修限度、车辆零件损伤、修理方法

实训任务　车辆检修制度、检修限度、车辆零件损伤、修理方法

班级：_____　姓名：_____　学号：_____　时间：_____

一、实训目标

1. 专业能力目标

（1）了解城市轨道交通车辆检修工艺；
（2）了解城市轨道交通车辆检修系统；
（3）掌握城市轨道交通车辆检修规程；
（4）掌握车辆零件的损伤和修理方法。

2. 方法能力目标

（1）通过该项目的学习和操作能够熟知车辆检修规程、学会对车辆的修理方法，遵章守纪的工作态度；

（2）能根据实训项目学习任务确定实训方案，从中学会表达及展示活动过程和成果。

3. 社会能力目标

（1）能与小组成员和教师就学习中的问题进行交流和沟通，积极参与学习；

（2）能与他人共享学习资源，具有较好的合作能力和团队协作精神。

二、知识总结

1. 简要说出城市轨道交通车辆检修工艺。

2. 车辆零件常用的减少磨损的措施有哪些？

3. 车辆零件常用的修理方法有哪几类？

三、操作运用

1. 口述城市轨道交通车辆检修修程、规程的内容。

2. 用常用的修理方法修理车辆零部件。

四、实训小结

五、成绩评定

职业素养（包括表达能力、沟通能力、团队合作能力、实际操作能力、知识掌握能力）：

评价维度	表达能力	沟通能力	团队合作能力	实际操作能力	知识掌握能力
评价结果					

指导教师评语：

学习者签字：

日期：　　年　月　日

指导教师签字：

日期：　　年　月　日

项目测试题 1

一、填空题

1. 车辆维修是指保持和恢复车辆完成运营规定功能的能力而采取的技术活动，包括_____和_____、_____。

2. 根据目的的不同，检修制度一般分为_____和_____两大类。

3. 计划修是指根据事先制订的计划，当达到一个事先确定的_____或者_____，对相关设备进行的检查和处理。

4. _____是指在对设备进行检测的基础上，一旦某一参数超过了事先确定的限定警戒值，则需要介入维修，并根据参数的变化趋势及情况对设备进行的检修。

5. _____是在某个部件出现故障之后所采取的维修方式，也就是临修。

6. _____是保证车辆及其零部件的_____、提高检修效率的根本途径，对车辆及其部件的检修都必须制定检修工艺。

7. _____是指车辆在检修时，对车辆零部件允许存在的损伤程度的规定，它是一种极为重要的_____。

8. 城市轨道交通车辆零部件损伤主要有_____、_____、_____、_____、_____等 5 种。

二、简答题

1. 车辆零部件和主要损伤形式有哪些？说明产生损伤的主要原因。

2. 什么是城市轨道交通车辆的检修制度？请说明检修制度有哪几种？

3. 什么是计划修？计划修一般有哪几个修程？其检修周期是怎样规定的？

4. 举例说明什么是车辆检修限度？制定检修限度的原则有哪些？

5. 举例说明什么是车辆检修限度及制定检修限度的原则。

项目二 城市轨道交通车辆检修基地检修设施布置图

实训任务工单一　城市轨道交通车辆检修基地设施

实训任务　城市轨道交通车辆检修基地设施

班级：　　　　姓名：　　　　学号：　　　　时间：

一、**实训目标**

1. 专业能力目标

（1）了解城市轨道交通检修库房和车间的作用；

（2）熟知城市轨道交通车辆检修基地的功能；

（3）掌握城市轨道交通车辆检修基地的主要线路。

2. 方法能力目标

（1）通过本任务的学习，能够了解检修库房、熟知车辆检修基地的功能、各线路的作用，培养爱岗敬业的意识；

（2）能根据实训项目学习任务确定实训方案，从中学会表达及展示活动过程和成果。

3. 社会能力目标

（1）能与小组成员和教师就学习中的问题进行交流和沟通，积极参与学习；

（2）能与他人共享学习资源，具有较好的合作能力和团队协作精神。

二、**知识总结**

1. 简述城市轨道交通车辆检修基地的分类和功能。

2. 检修场地有哪些主要线路，各线路的作用是什么？

3. 城市轨道交通车辆检修基地有哪些检修库房和车间？

三、操作运用

到城市轨道交通车辆检修基地参观学习,总结各检修库房的作用,了解各库房和车间有哪些主要设备。

四、实训小结

五、成绩评定

职业素养(包括表达能力、沟通能力、团队合作能力、实际操作能力、知识掌握能力):

评价维度	表达能力	沟通能力	团队合作能力	实际操作能力	知识掌握能力
评价结果					

指导教师评语:

学习者签字:

日期: 年 月 日

指导教师签字:

日期: 年 月 日

实训任务工单二 城市轨道交通车辆机械检修设备

实训任务 城市轨道交通车辆机械检修设备

班级:_____ 姓名:_____ 学号:_____ 时间:_____

一、实训目标

1. 专业能力目标

(1) 了解城市轨道交通车辆机械检修设备的配置和主要技术参数;

(2) 掌握城市轨道交通车辆机械检修主要设备的应用。

2. 方法能力目标

(1) 通过对城市轨道交通车辆机械检修设备的参观学习了解车辆的主要检修设备的使用和功能,培养爱护设备、热爱集体的思想;

(2) 能根据实训项目学习任务确定实训方案,从中学会表达及展示活动过程和成果。

3. 社会能力目标

（1）能与小组成员和教师就学习中的问题进行交流和沟通，积极参与学习；

（2）能与他人共享学习资源，具有较好的合作能力和团队协作精神。

二、知识总结

1. 简述城市轨道交通车辆检修基地车辆维修设备配置的原则。

2. 简述车辆维修的主要设备的特点及技术参数。

三、操作运用

结合下图不落轮镟床设备，归纳出不落轮镟床的作用、操作方法及注意事项。

四、实训小结

五、成绩评定

职业素养（包括表达能力、沟通能力、团队合作能力、实际操作能力、知识掌握能力）：

评价维度	表达能力	沟通能力	团队合作能力	实际操作能力	知识掌握能力
评价结果					

指导教师评语：

学习者签字：

日期：　　年　月　日

指导教师签字：

日期：　　年　月　日

项目测试题 2

一、填空题

1. _____是车辆停放、维修、保养和检修的专门场所,是保证_____良好技术状态和城市轨道交通正常运营的重要设施。

2. 停车场是车辆停放的场所,承担车辆_____、_____、_____、_____、_____、职工各类教育和培训工作。

3. 车辆检修基地有_____、_____、_____、_____、_____、_____等主要线路。

4. 不落轮镟床用于电动列车在整列编组不解体的情况下对车轮_____和_____的擦伤、剥离、磨耗进行修理加工和各种数据的测量,恢复车轮的形状。

5. 地铁转向架空气弹簧试验台设于减振器试验区内,用于对地铁车辆空气弹簧进行_____试验及_____试验。

二、简答题

1. 车辆段的综合检修基地有哪些功能?

2. 说明车辆检修库中三层立体检修平台的设置方法和每层和主要作用?

3. 简述地下架车机组的作用和特点。

4. 车辆段有哪些检修库和辅助车间?各检修库和辅助车间能完成哪些作业?

5. 简述轮对压装机的工作原理。

项目三 掌握城市轨道交通车辆的日检、均衡修及临修

实训任务工单一 城市轨道交通车辆的日检

实训任务 城市轨道交通车辆的日检

班级：_____ 姓名：_____ 学号：_____ 时间：_____

一、实训目标

1. 专业能力目标

（1）掌握城市轨道交通车辆日检的内容；

（2）熟练掌握城市轨道交通车辆进行日检时的工具使用；

（3）能按检修规程对城市轨道交通车辆进行日检作业。

2. 方法能力目标

（1）通过对城市轨道交通日检的操作学习，能够正确对车辆进行检查，培养诚实守信、钻研业务的能力；

（2）能根据实训项目学习任务确定实训方案，从中学会表达及展示活动过程和成果。

3. 社会能力目标

（1）在实习训练中保持积极向上的学习态度；

（2）能与小组成员和教师就学习中的问题进行交流和沟通；

（3）能与他人共享学习资源，具有较好的合作能力和团队协作精神。

二、知识总结

1. 简述城市轨道交通车辆日检的内容。

2. 简述城市轨道交通车辆日检的流程。

三、操作运用

根据给出的城市轨道交通车辆日检作业项目和内容及作业分工,相互配合,完成城市轨道交通车辆日检作业并填写检查结果。

基本工具:主控钥匙、7号方孔钥匙、强光手电筒、"禁止动车"牌。

材料:抹布、画线笔。

作业项目、内容	作业标准及要求	检查结果
标记、铭牌等设备	检查各标记、铭牌等是否损坏	
电器箱及悬挂设备	检查各电器箱悬挂紧固、盖锁闭紧固	
转向架	转向架完好,无异常损伤,漆层无脱落	
空气弹簧及高度阀	空气弹簧、高度阀及连接件完好	
减振器	横向、垂向减振器外观及安装完好、无漏油	
牵引杆	牵引杆安装连接无异常	
齿轮箱	齿轮箱安装连接紧固,无油液渗漏,油面高度正常	
齿轮箱吊杆	齿轮箱吊杆连接紧固,无裂纹、无损伤	
联轴节	联轴节连接紧固无松动,无润滑脂渗漏	
抗侧滚扭力杆	抗侧滚扭力杆连接件紧固	
接地装置、传感器	接地装置、传感器电缆连接紧固,并有适当余量	
轮对	轮对外观完好,踏面无擦伤	
标记、铭牌等设备	一系簧外观完好,无异常	
轮缘润滑装置	轮缘润滑装置外观完好,连接紧固,支架无裂纹	
电机外观	电机悬挂装置、防尘罩、接线盒外观完好,紧固无松动,部件接线良好	
ATC支架	检查接收发射天线支架紧固完好、无裂纹	
制动机	外观正常及所有螺栓紧固无松动	
管路及气缸	检查转向架气路连接部位及空气管路气缸无漏气	
空压机	空压机油位正常,润滑油无乳化现象,安装螺栓紧固	
缓解装置	停放制动手动缓解装置外观正常	
车体外观	车门、车窗及车体外表无损伤,门页、窗户密封条无损伤,外部文字、标记、铭牌、指示灯等清晰、完整	
车钩外观	外观正常,无损伤	
解钩装置及控制盒	半自动车钩手动解钩装置控制盒外观正常,控制盒正常锁闭	
电压表	蓄电池电压(>90V)	

续上表

作业项目、内容	作业标准及要求	检查结果
受电弓功能	受电弓升降状态正常	
司机室内设备	司机室内各可见设备外观正常、灭火器完好,安装规范	
灯、仪表显示	灯测试、速度表、压力表功能正常	
激活及功能指示	列车激活功能、司控器正常,钥匙开关、方向手柄,头、尾、运行灯、阅读灯、发光面板正常	
广播、对讲功能	司机室对讲、司机对客室广播、列车报站、广播正常清晰	
紧急广播功能	紧急广播功能正常	
遮阳板	遮阳板调节功能正常	
侧门、通道门	司机室侧门、通道门功能正常,HMI 显示车门状态正常	
旁路开关	设备柜旁路开关位置、铅封正常	
通风机功能	司机室通风调节功能正常,风量输送正常	
司机室设备功能	司机室及屏柜照明、驾驶台导光板功能正常	
车辆显示屏	车辆显示屏及触摸屏功能正常	
制动功能	停放制动施加和缓解功能正常	
照明功能	客室正常照明和紧急照明功能正常	
车门功能	车门外观、开关、重开门功能正常,关门报警声功能正常	
门指示功能	车门指示灯指示功能正常	
LED 显示功能	客室动态地图显示正确	
LCD 显示屏	LCD 显示屏、外观、内容显示正常	
摄像头、喇叭	摄像头无损坏、喇叭功能正常	
客室内装	客室内装、标识、盖板及通道盖板正常。灭火器安装规范	
车门解锁功能	车门紧急解锁塑料盖及手柄正常	
客室设备柜	设备柜可以正常锁闭,盖板锁闭	
受电弓	升、降弓正常,升弓无冲网,降弓无拉弧	
制动状态显示	车辆显示屏上,各制动状态显示正常	
空调功能	空调正常运行,机组运行无异常噪声	
公里数	记录 A 车公里数	

四、实训小结

  ………………………………………………………………………………………………
  ………………………………………………………………………………………………
  ………………………………………………………………………………………………

五、成绩评定

职业素养（包括表达能力、沟通能力、团队合作能力、实际操作能力、知识掌握能力）：

评价维度	表达能力	沟通能力	团队合作能力	实际操作能力	知识掌握能力
评价结果					

指导教师评语：

  ………………………………………………………………………………………………
  ………………………………………………………………………………………………

学习者签字：

              日期： 年 月 日

指导教师签字：

              日期： 年 月 日

实训任务工单二 城市轨道交通车辆均衡修

实训任务 城市轨道交通车辆均衡修

班级：………… 姓名：………… 学号：………… 时间：…………

一、实训目标

1. **专业能力目标**

（1）掌握城市轨道交通车辆均衡修的内容；

（2）熟练掌握城市轨道交通车辆进行均衡修时的工具使用；

（3）能按检修规程对城市轨道交通车辆进行均衡修作业。

2. **方法能力目标**

（1）通过车辆均衡修任务的实际操作，能够对车辆进行检修并正确使用工具设备，培养爱学习、爱钻研的好作风；

（2）能根据实训项目学习任务确定实训方案，从中学会表达及展示活动过程和成果。

3. **社会能力目标**

（1）能与小组成员和教师就学习中的问题进行交流和沟通；

（2）能与他人共享学习资源，具有较好的合作能力和团队协作精神。

二、知识总结

1. 简要说出城市轨道交通车辆均衡修检 1 的作业内容。

   _____
   _____
   _____

2. 简要说出城市轨道交通车辆均衡检 12 的作业内容。

   _____
   _____
   _____

三、操作运用

根据给出的城市轨道交通车辆均衡修检查项目中的作业内容，完成技术检查并填写检查结果。

基本工具：主控钥匙、方孔钥匙、检点锤、"禁止动车"牌、强光手电筒、梯子、第四种检查器。

材料：抹布、清洁剂、划线笔、润滑油。

项　　目	内　　容	作业标准及要求	检查结果
车体外侧	（1）目测检查车体及安装铆钉； （2）目测检查司机室侧门和客室车门外部； （3）目测检查车体外表面； （4）目测检查车外指示灯； （5）目测检查外紧急解锁； （6）目测检查司机室门电钥匙开关		
间壁门门板	操作检查外观		
间壁门门锁	操作检查间壁门门锁		
间壁门紧固件	操作检查紧固件		
间壁门铅封	操作检查外观		
间壁门	（1）操作检查开关门功能； （2）操作检查间壁门折页		
玻璃窗周边密封胶条	操作检查玻璃窗周边密封胶条		
间壁门紧急解锁	操作检查间壁门紧急解锁		
侧顶灯	目测检查外观		
侧墙板	目测检查外观		
间壁	目测检查外观		
广告框	目测检查外观		
立罩板	目测检查外观		

续上表

项　　目	内　　容	作业标准及要求	检查结果
客室间壁	目测检查外观		
客室立柱及扶手	目测检查外观		
轮椅固定器	目测检查外观		
客室座椅	目测检查外观		
客室所有警示标识	目测检查外观		
客室灭火器	目测检查外观		
地板布	目测检查外观		
客室照明	目测检查外观和功能		
制动塞门箱	目测检查外观		
客室窗玻璃	目测检查外观		
折棚	目测检查外观		
踏板	(1) 目测检查外观 (2) 操作检查铰链		
顶板	(1) 目测检查外观 (2) 操作检查顶板		
侧护板	目测检查外观		
客室间壁柜	(1) 清洁客室间壁柜 (2) 检查继电器接线		
紧急疏散门	(1) 门框密封条操作检查及清洗 (2) 操作检查紧急疏散门打开、回收功能		
	目测检查外观		
	紧急疏散门门锁机构锁舌清洁及润滑		
	紧急疏散门玻璃锁导柱清洁及润滑		
	操作检查外观		
	门锁、坡道锁、铅封		
	紧急疏散门紧固件		
	检查紧急疏散门功能		

四、实训小结

_____

_____

_____

_____

五、成绩评定

职业素养（包括表达能力、沟通能力、团队合作能力、实际操作能力、知识掌握能力）：

评价维度	表达能力	沟通能力	团队合作能力	实际操作能力	知识掌握能力
评价结果					

指导教师评语：

学习者签字： 日期： 年 月 日

指导教师签字： 日期： 年 月 日

项目测试题 3

一、填空题

1. 日检对容易出现危及行车安全的各主要部件进行_____检查，对危及行车安全的故障及时进行_____修理。
2. 车辆日检规程是指日检的_____、_____方法及所使用的_____和确定相应的_____的一种文件。
3. 均衡修是为了减少_____，保证投入正线运营的车辆数，将列车一年内所涉及的_____、_____总量分摊到12个月中完成。
4. 车辆临修是指在本次_____修程的规定时间内或正常检修力量配备下无法完成，并且超越该修程_____内容范围或超越本次修程计划成本的检修任务以及正线运营列车非正常下线产生的_____。

二、简答题

1. 简述车钩和转向架的日检检查内容。

2. 简述日检检修作业使用的常用工具。

3. 日检作业的安全要点是什么？

4. 简述城市轨道交通车辆的均衡修无电作业的内容。

5. 简述城市轨道交通车辆的均衡修带电作业的内容。

项目四 转向架的检修

实训任务工单一 转向架的结构组成

实训任务 转向架的结构组成

班级： 姓名： 学号： 时间：

一、实训目标

1. 专业能力目标

（1）掌握转向架的结构组成、作用；
（2）能判断转向架的类型；
（3）能指认转向架的各部件名称和位置。

2. 方法能力目标

（1）通过对实物或转向架模型的认识，能够正确指认转向架各部组成名称；
（2）能根据实训项目学习任务确定实训方案，学会表达及展示活动过程和成果。

3. 社会能力目标

（1）在实习训练中保持积极向上的学习态度，培养严谨的工作态度；
（2）能与小组成员和教师就学习中的问题进行交流和沟通；
（3）能与他人共享学习资源，具有较好的合作能力和团队协作精神。

二、知识总结

1. 转向架是由哪几部分组成的？

2. 结合下图说明转向架各部件的名称及作用。

三、操作运用

结合转向架实物归纳城市轨道交通车辆转向架的结构组成,主要部件的安装位置和作用。

四、实训小结

五、成绩评定

职业素养（包括表达能力、沟通能力、团队合作能力、实际操作能力、知识掌握能力）：

评价维度	表达能力	沟通能力	团队合作能力	实际操作能力	知识掌握能力
评价结果					

指导教师评语：

学习者签字：   日期：   年   月   日

指导教师签字：   日期：   年   月   日

实训任务工单二　转向架的分解与组装

实训任务　转向架的分解与组装

班级：_____　姓名：_____　学号：_____　时间：_____

一、实训目标

1. 专业能力目标

（1）能说出转向架的结构组成、作用；

（2）能熟练使用分解、组装转向架的工具设备；

（3）能在教师的指导下规范地完成转向架的分解与组装任务。

2. 方法能力目标

（1）通过对转向架的分解组装操作,能够正确分解组装转向架,培养创新能力；

（2）能根据实训项目学习任务确定实训方案,从中学会表达及展示活动过程和成果。

3. 社会能力目标

（1）在实习训练中保持积极向上的学习态度；

(2) 能与小组成员和教师就学习中的问题进行交流和沟通；
(3) 能与他人共享学习资源，具有较好的合作能力和团队协作精神。

二、知识总结

1. 叙述城市轨道交通车辆转向架的组成、类型。

2. 叙述城市轨道交通车辆转向架各部件的结构。

3. 城市轨道交通车辆转向架有哪几种轴箱定位方式？常用的轴箱定方式有哪几种类型？

三、操作运用

根据车辆段检修转向架的实际，试归纳城市轨道交通车辆转向架的分解组装过程和要求及注意事项。

四、实训小结

五、成绩评定

职业素养（包括表达能力、沟通能力、团队合作能力、实际操作能力、知识掌握能力）：

评价维度	表达能力	沟通能力	团队合作能力	实际操作能力	知识掌握能力
评价结果					

指导教师评语：

学习者签字：
　　　　　　　　　　　　　　　　　　　　　日期：　　年　月　日

指导教师签字：
　　　　　　　　　　　　　　　　　　　　　日期：　　年　月　日

实训任务工单三 转向架构架及附件的检修

实训任务 转向架构架及附件的检修

班级：_____ 姓名：_____ 学号：_____ 时间：_____

一、实训目标

1. 专业能力目标

（1）能说出转向架构架的结构形式和作用；

（2）能熟练地使用检修转向架构架的工具设备；

（3）能在教师的指导下规范地完成转向架构架的检修任务。

2. 方法能力目标

（1）通过对构架及附件的检修操作，能够正确检修构架和使用检修工具；

（2）能根据实训项目学习任务确定实训方案，从中学会表达及展示活动过程和成果。

3. 社会能力目标

（1）在实习训练中保持积极向上的学习态度；

（2）能与小组成员和教师就学习中的问题进行交流和沟通；

（3）能与他人共享学习资源，具有较好的合作能力和团队协作精神。

二、知识总结

1. 构架的作用有哪些？举例说明其结构。

　

　

2. 请根据下图说明标号 1～7 的含义。

1-_____；
2-_____；
3-_____；
4-_____；
5-_____；
6-_____；
7-_____。

三、操作运用

试归纳构架的检修要求。

四、实训小结

五、成绩评定

职业素养（包括表达能力、沟通能力、团队合作能力、实际操作能力、知识掌握能力）：

评价维度	表达能力	沟通能力	团队合作能力	实际操作能力	知识掌握能力
评价结果					

指导教师评语：

学习者签字：

日期： 年 月 日

指导教师签字：

日期： 年 月 日

实训任务工单四 弹性悬挂装置、中央牵引装置、动力驱动装置的检修

实训任务 弹性悬挂装置、中央牵引装置、动力驱动装置的检修

班级： 姓名： 学号： 时间：

一、实训目标

1. 专业能力目标

（1）能说出转向架一系、二系悬挂装置、牵引装置、动力驱动装置的结构；

（2）能解释转向架一系、二系悬挂装置、牵引装置、动力驱动装置的检修维护内容；

（3）能进行转向架一系、二系悬挂装置、牵引装置、动力驱动装置的检修作业。

2. 方法能力目标

（1）通过该任务的学习和操作，能够按检修规程要求检查、检测、修理有关车辆零部件；

（2）能根据实训项目学习任务确定实训方案，从中学会表达及展示活动过程和成果。

3. 社会能力目标

（1）在实习训练中保持积极向上的学习态度；

（2）能与小组成员和教师就学习中的问题进行交流和沟通；

（3）能与他人共享学习资源，具有较好的合作能力和团队协作精神。

二、知识总结

1. 一系悬挂装置有哪几种类型？人字弹簧的常见损伤有哪些？

   ....
   ....

2. 说出一种中央牵引装置的组成及牵引拉杆如何进行检修。

   ....
   ....

3. 动力驱动装置的损伤有哪些？对大齿轮应怎样检修？

   ....
   ....

三、操作运用

按图例，试归纳空气弹簧如何检查、检修。

....
....
....
....
....
....

四、实训小结

....
....

五、成绩评定

职业素养（包括表达能力、沟通能力、团队合作能力、实际操作能力、知识掌握能力）：

评价维度	表达能力	沟通能力	团队合作能力	实际操作能力	知识掌握能力
评价结果					

指导教师评语：

....
....

学习者签字：

　　　　　　　　　　　　　　　　　　　　　　　日期：　　年　月　日

指导教师签字：

　　　　　　　　　　　　　　　　　　　　　　　日期：　　年　月　日

实训任务工单五 轮对、轴承、轴箱装置的检修

实训任务 轮对、轴承、轴箱装置的检修

班级：＿＿＿＿ 姓名：＿＿＿＿ 学号：＿＿＿＿ 时间：＿＿＿＿

一、实训目标

1. 专业能力目标

（1）了解轮对、轴承、轴箱装置的检修工具、检修工装设备的使用方法；

（2）掌握轮对、轴承、轴箱装置的结构组成、作用、工作原理；

（3）掌握轮对、轴承、轴箱装置主要部件的故障及检修方法。

2. 方法能力目标

（1）通过对轮对、轴承、轴箱装置检修任务的学习和操作，学会检修有关零部件；

（2）能根据实训项目学习任务确定实训方案，从中学会表达及展示活动过程和成果。

3. 社会能力目标

（1）在实习训练中保持积极向上的学习态度；

（2）能与小组成员和教师就学习中的问题进行交流和沟通；

（3）能与他人共享学习资源，具有较好的合作能力和团队协作精神。

二、知识总结

1. 滚动轴承车轴裂纹的部位和检修方法。

＿＿＿＿＿＿＿＿＿＿＿＿＿＿＿＿＿＿＿＿＿＿＿＿＿＿＿＿＿＿＿＿

＿＿＿＿＿＿＿＿＿＿＿＿＿＿＿＿＿＿＿＿＿＿＿＿＿＿＿＿＿＿＿＿

＿＿＿＿＿＿＿＿＿＿＿＿＿＿＿＿＿＿＿＿＿＿＿＿＿＿＿＿＿＿＿＿

2. 车轮的故障有哪些？车轮各部的定检限度是什么？

＿＿＿＿＿＿＿＿＿＿＿＿＿＿＿＿＿＿＿＿＿＿＿＿＿＿＿＿＿＿＿＿

＿＿＿＿＿＿＿＿＿＿＿＿＿＿＿＿＿＿＿＿＿＿＿＿＿＿＿＿＿＿＿＿

＿＿＿＿＿＿＿＿＿＿＿＿＿＿＿＿＿＿＿＿＿＿＿＿＿＿＿＿＿＿＿＿

3. 简述圆柱形滚动轴承轴箱装置的组成。

＿＿＿＿＿＿＿＿＿＿＿＿＿＿＿＿＿＿＿＿＿＿＿＿＿＿＿＿＿＿＿＿

＿＿＿＿＿＿＿＿＿＿＿＿＿＿＿＿＿＿＿＿＿＿＿＿＿＿＿＿＿＿＿＿

＿＿＿＿＿＿＿＿＿＿＿＿＿＿＿＿＿＿＿＿＿＿＿＿＿＿＿＿＿＿＿＿

三、操作运用

1. 操作条件

（1）电动列车停放在具有地沟的股道上。

（2）转向架不落车。

（3）列车为无电状态。

2. 操作内容

（1）查找指定位置的车辆（一单元 C 车）；

（2）测量该车所有轮对内侧距尺寸；

（3）将测量结果写在答题纸上。

3. 操作要求

（1）对指定列车的所有轮对进行测量；

（2）在提供的物品中正确选择工具进行操作；

（3）操作人员按规定着装，违反作业安全规定、不文明操作或造成他人伤害者取消考试资格；

（4）操作完毕后，工具物品清场，无遗漏。

四、实训小结

五、成绩评定

职业素养（包括表达能力、沟通能力、团队合作能力、实际操作能力、知识掌握能力）：

评价维度	表达能力	沟通能力	团队合作能力	实际操作能力	知识掌握能力
评价结果					

指导教师评语：

学习者签字：

日期： 年 月 日

指导教师签字：

日期： 年 月 日

项目测试题 4

一、填空题

1. 一般车体质量通过_____弹簧传给转向架构架，然后通过_____弹簧均匀地分配到各个轴箱上，最后经轮对作用于钢轨。

2. 踏面擦伤分为轮对_____造成的擦伤和车轮空转造成的擦伤。

3. 轮对内侧距离必须保证在_____mm 的范围以内，轮缘高度的范围为_____mm。

4. 根据轴端安装设备的不同，轴端组成分为_____、_____、_____三种。

5. 在轮对检修测量过程中，需要保证轮对的车轮直径同轴大小不超过_____mm。

同一转向架不超过＿＿＿＿mm，同一辆车之间不超过＿＿＿＿mm。

6. 目前城市轨道交通车辆转向架轴箱定位大多数都采用＿＿＿＿和＿＿＿＿弹性定位，这两种轴箱定位都是＿＿＿＿的轴箱弹性定位装置，可以实现＿＿＿＿纵、横向不同定位刚度的要求，达到较为理想的定位性能。

7. 油压减振器起着＿＿＿＿、＿＿＿＿的作用。

二、简答题

1. 试比较 ZMA080 型、CW2100（D）型、SDB-140 型、CW6500 型四种转向架在一系悬挂、中央牵引装置、基础制动装置方面的不同之处。

2. 简述构架的常见故障有哪些？如何检查？

3. 转向架落成后，需要对哪些尺寸进行测量调整？

4. 车轮踏面圆周磨耗过限时，会产生哪些危害？

5. 什么叫车轮踏面擦伤？产生的原因及危害是什么？

6. 当轮对通过道岔时，为什么轮缘过薄，轮缘容易爬上尖轨？

7. 简述 RCC 成套滚动轴承的检修工艺过程。

项目五 车体和内装的检修

实训任务工单一　车体的结构认识与检修

实训任务　车体的结构认识与检修

班级：＿＿＿＿　姓名：＿＿＿＿　学号：＿＿＿＿　时间：＿＿＿＿

一、实训目标

1. 专业能力目标

(1) 能说出车体的结构组成、作用，工具设备的使用方法；
(2) 能分析车体的常见故障；
(3) 能在教师的指导下规范地用架车机架车。

2. 方法能力目标

(1) 通过车体检修参观和操作，能够熟知车体的检查、修理过程；
(2) 能根据实训项目学习任务确定实训方案，从中学会表达及展示活动过程和成果。

3. 社会能力目标

(1) 在实习训练中保持积极向上的学习态度；
(2) 能与小组成员和教师就学习中的问题进行交流和沟通；
(3) 能与他人共享学习资源，具有较好的合作能力和团队协作精神。

二、知识总结

1. 简要说出车体的结构组成、作用。

2. 简要说出车体的检修方法。

3. 简要说出车体可能产生的故障。

三、操作运用

1. 指认下图车体模块组成图,并填出1~6号部件名称。

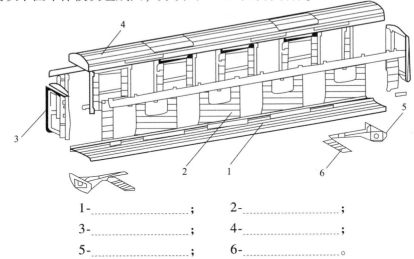

1-_____;   2-_____;
3-_____;   4-_____;
5-_____;   6-_____。

2. 根据给出的车体检查作业指导,完成车体技术状况检查并填写检查结果。

基本工具:主控钥匙、7号方孔钥匙、十字螺丝刀、强光手电筒、直尺、"禁止动车"牌、板刷和红色底座的地板清洁器。

材料:抹布、画线笔。

作业项目、内容		作业标准及要求	检查结果
一、车体外观检查	车体外表面	目视检查车头外观是否有破损、刮痕等,检查司机室门窗、客室门窗及客室端墙外观是否正常	
	检查车辆防爬器外观无损坏,安装紧固	检查防爬器固定螺栓的紧固情况,需紧固无松动,画线清晰可见	
	检查架车点垫块安装紧固,外观无异常	目视检查架车点垫块外观和紧固螺栓	
	检查蹬车梯所有紧固件安装紧固,无松动、无裂纹	目视检查蹬车梯外观无异常,所有紧固件连接紧固,无裂纹	
二、车下设备检查	各悬挂箱检查	检查对象:A、C车高压箱、牵引柜、制动电阻箱,B车辅助逆变器箱、辅助设备箱,闸刀开关箱与车底连接可靠,无松动。目视检查箱的悬挂件连接可靠,无松动,螺栓划线清晰可见	
	目视检查各设备箱盖,须锁闭紧固	目视检查方孔锁的锁闭,检查刻线在锁紧位上是否对齐	
	检查B车对位天线固定架外观完好,安装紧固,螺栓划线无错位	目测检查B车对位天线固定支架外观无异常,所有紧固件连接紧固,无裂纹,螺栓划线清晰可见,无错位	

续上表

作业项目、内容		作业标准及要求	检查结果
二、车下设备检查	车底高压线缆检查	目测检查车底高压线缆金属套管及金属波纹管外观是否完好，检查塑胶套管是否无破损、无干涉，塑胶套管交界处是否连接完好、无破损，扎线带正常	
	检查电笛外观无异常，连接紧固	目视检查电笛外观无异常，连接紧固	

四、实训小结

....

....

五、成绩评定

职业素养（包括表达能力、沟通能力、团队合作能力、实际操作能力、知识掌握能力）：

评价维度	表达能力	沟通能力	团队合作能力	实际操作能力	知识掌握能力
评价结果					

指导教师评语：

....

学习者签字：

日期： 年 月 日

指导教师签字：

日期： 年 月 日

实训任务工单二 车体内部设施的结构认识与检修

实训任务 车体内部设施的结构认识与检修

班级：＿＿＿＿ 姓名：＿＿＿＿ 学号：＿＿＿＿ 时间：＿＿＿＿

一、实训目标

1. 专业能力目标

（1）能说出车体内部设施的结构组成、作用；

（2）能说出车体内部设施检修工具设备的使用方法；

（3）能在教师的指导下规范地对车体内装进行检修。

2. 方法能力目标

（1）通过车体内装的检修操作，学会车体内部设施的检修方法和使用；

（2）能根据实训项目学习任务确定实训方案，从中学会表达及展示活动过程和成果。

3. 社会能力目标

（1）在实习训练中保持积极向上的学习态度；

（2）能与小组成员和教师就学习中的问题进行交流和沟通；

（3）能与他人共享学习资源，具有较好的合作能力和团队协作精神。

二、知识总结

1. 简要说出车体内部设施的结构组成、作用。

2. 简要说出车体内部设施检修方法。

三、操作运用

1. 请指出下图车体内部设施的模块组成图，并填出 1~4 号部件名称。

1-_____；2-_____；

3-_____；4-_____。

2. 根据给出的车体客室检查作业指导，完成车体客室技术状况检查并填写检查结果。

基本工具：主控钥匙、7 号方孔钥匙、十字螺丝刀、强光手电筒、直尺、"禁止动车"牌、板刷和红色底座的地板清洁器。

材料：抹布、画线笔。

作业项目、内容	作业标准及要求	检查结果
检查客室所有柜门、盖板的锁芯状态	（1）锁芯的安装螺母防松线清晰无错位，锁舌无变形 （2）转动锁芯，确认锁舌跟随转动	
清洁灯罩内部灰尘和异物	拆下灯罩，用干净干抹布清洁灯罩内侧，要求整洁无异物	
检查司机室导流罩外观状态	检查司机室导流罩无裂纹，紧固螺栓防松线清晰无错位	

续上表

作业项目、内容	作业标准及要求	检查结果
检查车底一位端空调排水管状态	检查空调排水管状态，表面无破损，粘接牢固	
检查客室内天花板、灯罩、地板、侧墙板、窗玻璃状态	油漆损坏面积不超 900mm²，地板布破损面积不超过 900mm²，焊缝脱焊长度不超过 100mm；玻璃无裂损，灯罩无松脱	
检查间隔门紧急手柄状态	紧急手柄铅封线无断股	
检查座椅、座椅侧挡风玻璃状态	座椅安装稳固，表面无明显损伤；玻璃无裂损	
检查立柱、扶手杆状态	手动检查立柱、扶手杆安装稳固	
检查动态地图外观状态	外观无裂纹，刮伤长度不超过 35mm	
检查侧顶板状态	手动检查侧顶板锁闭牢靠，外观裂纹不超过 35mm，脱漆面积不超过 900mm²	
检查每节车座椅下的灭火器状态	安装牢固、铅封完好，灭火器压力指针在绿色区域内	
检查设备柜、电子柜外观状态	所有柜门关好，锁到位标记对齐，油漆损坏面积不超过 900mm²	
紧急通话装置外观状态	紧急通话装置外罩无丢失	
检查紧急解锁装置	盖板锁闭，透明罩裂纹长度不超过 35mm，紧急解锁拉手处于垂直位	
检查座椅下的阀盖板外观状态	盖板关好，锁到位标记对齐	
检查客室各类标签	无脱落无丢失，卷边不超过标识自身边长的 1/10，缺损面积不超过 900mm²，开裂长度不超过 35mm	

四、实训小结

五、成绩评定

职业素养（包括表达能力、沟通能力、团队合作能力、实际操作能力、知识掌握能力）：

评价维度	表达能力	沟通能力	团队合作能力	实际操作能力	知识掌握能力
评价结果					

指导教师评语：

学习者签字：

日期： 年 月 日

指导教师签字：

日期： 年 月 日

项目测试题 5

一、填空题

1. 车体是由_____、_____、侧墙、_____、司机室等部分组成的。

2. 城轨电客车底架采用_____梁结构，由牵引梁、枕梁、缓冲梁、边梁、横梁、地板等组成。作用于底架的垂直载荷和由_____梁、_____梁传来的纵向力均由_____和梁承担。

3. 车辆在编组成列车时，可采用_____和_____的连接方式，可使全列车载客部分贯通，能有效地_____各个车辆的载客拥挤度，便于_____乘客。

4. A型车辆客室座椅_____座椅分布在各车型窗口下方区域，_____座椅分布在M1、M2、M3和M4车的一位端，_____座椅在M1、M2、M3和M4车的二位端。

5. 城轨车辆常用的车体材料有_____、_____、_____三种。

二、简答题

1. 说明城市轨道交通车辆车体及内部设施的常见故障。

2. 简述车体的作用和车体的分类。

3. 写出铝合金材料的特性及铝合金车体架车检修时的安全事项和操作方法。

项目六 车门的检修

实训任务工单一　车门的结构认识与使用

实训任务　车门的结构认识与使用

班级：　　　　姓名：　　　　学号：　　　　时间：

一、**实训目标**

1. 专业能力目标

（1）能说出车门的结构组成、作用、工作原理；

（2）能指认出车门的主要组成，说出组成部分的名称。

2. 方法能力目标

（1）通过对电客车门的操作和各部件的识别，能够对车门结构进行认知；

（2）能根据实训项目学习任务确定实训方案，从中学会表达及展示活动过程和成果。

3. 社会能力目标

（1）在实习训练中保持积极向上的学习态度；

（2）能与小组成员和教师就学习中的问题进行交流和沟通；

（3）能与他人共享学习资源，具有较好的合作能力和团队协作精神。

二、**知识总结**

1. 城市轨道交通车辆的车门有哪些类型？

2. 简述城市轨道交通车辆的司机室车门和客室门的结构组成、作用原理。

三、操作运用

1. 指认下图城市轨道交通车辆车门结构组成图，并填出 1~6 号部件名称。

1-_____；2-_____；

3-_____；4-_____；

5-_____；6-_____。

2. 参照下图说明丝杆传动的内藏门的传动原理。

....

....

3. 在电客车上进行内藏门开关门、紧急解锁、隔离操作，并说明操作过程。

....

....

4. 简要说明紧急疏散门的打开和回收方法及注意事项。

　　_____

　　_____

四、实训小结

　　_____

五、成绩评定

职业素养（包括表达能力、沟通能力、团队合作能力、实际操作能力、知识掌握能力）：

评价维度	表达能力	沟通能力	团队合作能力	实际操作能力	知识掌握能力
评价结果					

指导教师评语：

　　_____

学习者签字：

　　　　　　　　　　　　　　　　　　　　日期：　　年　月　日

指导教师签字：

　　　　　　　　　　　　　　　　　　　　日期：　　年　月　日

实训任务工单二　车门的检修

实训任务　车门的检修

班级：_____　姓名：_____　学号：_____　时间：_____

一、实训目标

1. 专业能力目标

（1）能解释车门维护调整的要求和内容；

（2）能分析车门的常见故障；

（3）能说出车门调整检修工具设备的使用方法并熟练使用；

（4）能在教师的指导下规范地完成车门检查任务。

2. 方法能力目标

（1）通过车门的检修操作，能够熟知车门的检修故障和检修方法；

（2）能根据实训项目学习任务确定实训方案，从中学会表达及展示活动过程和成果。

3. 社会能力目标

（1）在实习训练中保持积极向上的学习态度；

(2) 能与小组成员和教师就学习中的问题进行交流和沟通；
(3) 能与他人共享学习资源，具有较好的合作能力和团队协作精神。

二、知识总结

1. 简要说出车门 V 形、平行度调整调节的方法。
2. 简要说出车门可能产生的故障。

三、操作运用

1. 根据给出的客室车门检查作业指导，完成客室车门技术状况检查并填写检查结果。

基本工具：7 号方孔钥匙、强光手电筒、38 件套、内六角扳手、顶针弹簧测力计、28mm 测试块、锁定杆长度量规、钢板尺或卷尺、12mm 测试块、DCS 测试块和锁定杆测量工具及电机专用工具、开口（固定）扳手、力矩扳手、"禁止合闸"牌。

材料：清洁剂、润滑油、螺纹锁固剂、毛刷、抹布、红色画线笔。

作业项目、内容	作业标准及要求	检查结果
打开门驱盖板	一手扶住门驱盖板，另一只手用 7 号方孔钥匙打开门驱盖板上的两个方孔锁，并拉开门驱盖板，检查盖板开关灵活（1/3 门、2/4 门和 17/19 门、18/20 门为 3 个锁）	
打开所有门驱盖板	重复以上步骤，打开所有车门的门驱盖板	
检查解锁功能		
检查紧急解锁装置安装螺栓	打开紧急开门小盖板，手扶着紧急解锁装置检查安装螺栓紧固无松动，小盖板与固定座的连接无裂纹，弹簧无丢失	
检查门解锁功能	将紧急开门手柄按箭头方向顺时针旋转到垂直位置，车门可以正常解锁	
门解锁恢复	将紧急开门手柄按逆时针方向旋转到水平位置	
解锁所有门	重复以上步骤，解锁所有车门	
检查左右门页		
检查车门左右门页、门玻璃、密封橡胶外观	回到要检查的车门前，正确挂好安全带，检查车门左右门页、门玻璃、密封橡胶外观状态无损坏或破裂，脱漆面积不超过 900mm^2	
检查左侧门页与车体间隙	双手先向外推，再向两侧推开客室车门，检查左侧门页与车体间隙，应无摩擦	
检查左侧门立柱盖板	手拉检查左侧门立柱盖板紧固状态（包括后方螺钉），扶手紧固，盖板无脱漆	
检查左侧门上部锁钩和上挡销	锁钩、挡销安装紧固，锁钩无裂纹	
检查左侧门页下摆臂	安装紧固、无裂纹，滚轮转动灵活	
检查左侧门页下部滑道状态	滑道无变形，手动检查滑道内 4 颗螺钉无折断，两侧摆臂滚轮转动灵活	
检查右侧门页	重复以上步骤，检查右侧门页	

续上表

作业项目、内容	作业标准及要求	检查结果
检查嵌块及携门架		
检查车门门槛的嵌块	嵌块导槽内无异物	
检查左右携门架与门页连接螺栓	螺钉齐全,防松线无错位,偏心轮紧固件无松动,检查携门架与套筒连接螺栓,要求螺钉齐全,防松线无错位	
检查左右携门架位置处开门止挡状态及紧固螺钉	开门止挡状态良好,螺钉齐全,防松线无错位	
检查门驱机构基架安装螺栓	安装螺栓紧固件无松动,防松线无错位	
检查活动部件		
检查上滑道	滑道位置正常,滑道固定螺栓、滑道中间过渡安装螺栓无松动,防松线清晰无错位;滚轮转动灵活、无破损,紧固件无松动	
检查长导柱的固定螺栓	固定螺钉齐全,防松线无错位	
检查短导柱套筒安装座与基架连接螺栓	螺钉紧固件无松动,防松线无错位	
清洁长短四根导柱及检查	清洁长短4根导柱,检查导柱表面无划痕,均匀涂抹一层薄薄的润滑脂	
检查长导柱直线轴承移动状态	轴承移动灵活,注入新润滑脂至旧油脂全部排除	
清洁检查丝杆并重新涂润滑油	对丝杆进行清洁检查并重新涂润滑油,检查左、右丝杆转动灵活,清洁后表面无划痕,重新涂润滑油,涂抹均匀	
检查行程开关及电机		
检查螺母副两卡销安装状态	螺母副两卡销安装紧固无松动,各螺钉齐全紧固无松动	
检查关到位开关S4、锁到位开关S1和紧急解锁开关S3的状态及其安装螺钉状态	在开门状态下,检查关到位开关S4、锁到位开关S1和紧急解锁开关S3的状态及其安装螺钉状态。开关处于关闭位置(行程开关被压下),无损坏,紧固件无松动	
检查关到位开关S4、锁到位开关S1及紧急解锁开关S3的接线状态	接线无松脱	
检查电机电缆外观及接头状态	无破损,无松脱	
检查门开关情况		
检查门页移动灵活性	用手指拉客室车门门页与玻璃连接处,手动开关门,门页应移动灵活,无卡滞,无异响,然后将门页关上、锁紧	

续上表

作业项目、内容	作业标准及要求	检查结果
检查门锁闭情况	双手向外推门页,确定车门不能打开	
检查关到位开关 S4、锁到位开关 S1 滚轮工作状态	在车门锁闭状态下,检查关到位开关 S4、锁到位开关 S1 滚轮工作状态,开关处于打开位置	
检查门锁钩、挡块等状态		
检查车门两侧上部锁钩和上挡销状态	锁钩侧面与挡销套圆柱面接触,锁钩底面与挡销套台阶底面接触,锁钩圆弧面与挡销套圆柱面间隙为 1mm 左右	
检查左右门页下部挡销、挡块状态	各紧固件无松动,要求螺钉齐全,防松线无错位;检查下部挡销与嵌块间隙,挡销侧面与嵌块的间隙为 1~2mm,挡销底面与嵌块的间隙为 2~3mm	
锁闭门驱盖板	一手托住门驱盖板,用另一只手拿 7 号方孔钥匙锁闭盖板锁,确认盖板锁箭头指向红点	
确认锁闭盖板	用手试拉门驱盖板,盖板不能打开	
检查所有车门	重复以上除打开门驱盖板及解锁装置外的所有步骤,完成所有车门的检查	
清理现场	作业完成后清理现场,确认所携带的检修工具,材料齐全,未遗留在作业现场	

2. 在教师的指导下,规范地进行车门门页 V 形、车门平行度的调整操作,并写出规范的操作流程。

四、实训小结

....
....
....

五、成绩评定

职业素养(包括表达能力、沟通能力、团队合作能力、实际操作能力、知识掌握能力):

评价维度	表达能力	沟通能力	团队合作能力	实际操作能力	知识掌握能力
评价结果					

指导教师评语:

....

学习者签字:

日期: 年 月 日

指导教师签字:

日期: 年 月 日

项目测试题 6

一、填空题

1. 司机室侧门一般有 _____、_____、_____ 等几种结构形式。
2. 客室门按开启方式不同具有 _____、_____、_____、_____ 几种类型。
3. 车门的供电电压是 _____ V。
4. 在关闭紧急疏散门门扇时，必须使旋钮保持在 _____ 状态，否则在关闭门扇时会损坏气弹簧。
5. 紧急疏散门需要手动操作，并且共有 _____ 微动开关监控门及坡道的状态并将信号传入列车管理系统。
6. 内藏门关门时防挤压功能不起作用，其原因有 _____ 损坏和 _____ 损坏。
7. 客室车门探测最小障碍物大小为 _____。
8. 齿带、齿带夹传动的内藏门在调整车门尺带后，其张紧力为 _____。

二、简答题

1. 简述车门解锁装置钢丝绳的调整方法。

2. 简述车门电子控制器的作用、功能及其测试方法。

3. 简述车门隔离开关功能的检查方法和更换方法。

4. 简述车门解锁装置功能检查的方法和更换方法。

5. 简述车门在关闭状态下，若蜂鸣器长鸣，其原因是什么？怎样处理？

6. 说明一个客车车门机构内包含的开关名称和对应数量。

项目七 车辆连接装置的检修

实训任务工单一 车钩装置的认识和检修

实训任务 车钩装置的认识和检修

班级：_____ 姓名：_____ 学号：_____ 时间：_____

一、实训目标

1. 专业能力目标

（1）能说出车钩的结构组成、作用、工作原理；

（2）能分析和检修车钩的常见故障；

（3）会使用车钩的检修工具、设备；

（4）能在教师的指导下规范地完成车钩的检查、检修任务。

2. 方法能力目标

（1）通过城市轨道交通车辆的车钩装置的认知和检修学习，能够检查、修理车钩装置；

（2）能根据实训项目学习任务确定实训方案，从中学会表达及展示活动过程和成果。

3. 社会能力目标

（1）在实习训练中保持积极向上的学习态度；

（2）能与小组成员和教师就学习中的问题进行交流和沟通；

（3）能与他人共享学习资源，具有较好的合作能力和团队协作精神。

二、知识总结

1. 说明国产330型密接式车钩的结构组成、作用原理。

2. 简要说出对车钩钩头的检修方法。

3. 简述架修时对车钩部分的检查内容。

三、操作运用

根据下图说明量规的结构及使用车钩间隙量规检测车钩间隙的方法，并使用车钩间隙量规检测车钩的间隙。

四、实训小结

五、成绩评定

职业素养（包括表达能力、沟通能力、团队合作能力、实际操作能力、知识掌握能力）：

评价维度	表达能力	沟通能力	团队合作能力	实际操作能力	知识掌握能力
评价结果					

指导教师评语：

学习者签字：

日期： 年 月 日

指导教师签字：

日期： 年 月 日

实训任务工单二 缓冲器和车钩缓冲装置附件的认识和检修

实训任务 缓冲器和车钩缓冲装置附件的认识和检修

班级：_____ 姓名：_____ 学号：_____ 时间：_____

一、实训目标

1. 专业能力目标

（1）能说出缓冲器和车钩缓冲装置附件的结构组成、作用、工作原理；
（2）能指认出缓冲器和车钩缓冲装置附件各组成部分的名称；
（3）会使用缓冲器和车钩缓冲装置附件检修工具设备；
（4）能在教师的指导下规范地完成缓冲器和车钩缓冲装置附件的检修工作。

2. 方法能力目标

(1) 通过城市轨道交通车辆缓冲器及车钩缓冲装置附件的检修操作,能够认知缓冲装置及附件的结构并对其进行检修;

(2) 能根据实训项目学习任务确定实训方案,从中学会表达及展示活动过程和成果。

3. 社会能力目标

(1) 在实习训练中保持积极向上的学习态度;

(2) 能与小组成员和教师就学习中的问题进行交流和沟通;

(3) 能与他人共享学习资源,具有较好的合作能力和团队协作精神。

二、知识总结

1. 简述各种缓冲器的结构组成、作用原理。

2. 叙述全自动车钩电气连接箱的作用、结构和主要检修内容。

3. 叙述车钩气路连接器的作用、结构及主要检修内容。

三、操作运用

1. 叙述对中装置的检修及安装过程。

2. 在教师的指导下,对胶泥缓冲器进行检修。

四、实训小结

五、成绩评定

职业素养（包括表达能力、沟通能力、团队合作能力、实际操作能力、知识掌握能力）：

评价维度	表达能力	沟通能力	团队合作能力	实际操作能力	知识掌握能力
评价结果					

指导教师评语：

学习者签字：

日期： 年 月 日

指导教师签字：

日期： 年 月 日

实训任务工单三　贯通道及渡板的检修

实训任务　贯通道及渡板的检修

班级：　　　　姓名：　　　　学号：　　　　时间：

一、实训目标

1. 专业能力目标

（1）能说出贯通道的结构组成；

（2）能指认出贯通道各组成部分的名称；

（3）能在教师的指导下规范地完成贯通道的检修工作。

2. 方法能力目标

（1）通过贯通道及渡板的连接和检修操作，能够认知贯通道及渡板；

（2）能根据实训项目学习任务确定实训方案，从中学会表达及展示活动过程和成果。

3. 社会能力目标

（1）在实习训练中保持积极向上的学习态度；

（2）能与小组成员和教师就学习中的问题进行交流和沟通；

（3）能与他人共享学习资源，具有较好的合作能力和团队协作精神。

二、知识总结

1. 简述贯通道的结构组成。

2. 简述贯通道的主要检修内容。

三、操作运用

在教师的指导下，完成两贯通道的连接操作。

四、实训小结

五、成绩评定

职业素养（包括表达能力、沟通能力、团队合作能力、实际操作能力、知识掌握能力）：

评价等级	表达能力	沟通能力	团队合作能力	实际操作能力	知识掌握能力
评价结果					

指导教师评语：

学习者签字：

日期：　　年　月　日

指导教师签字：

日期：　　年　月　日

项目测试题 7

一、填空题

1. B 型车的车钩高为_____，A 型车的车钩高为_____。
2. 自动车钩上的_____装置能在连挂和解钩时自动连接和断开两车风路。
3. 车钩缓冲装置包括_____和_____。
4. 城市轨道交通车辆使用的车钩一般可分为_____、_____、_____三种。
5. 从安全角度考虑，贯通道应具有_____、_____、_____等特点。
6. B 型车贯通道内部通道净宽_____mm，净高_____mm。

二、简答题

1. 简述车钩缓冲装置的结构、用途及分类。

2. 简述半自动车钩缓冲装置的润滑部件及润滑方法。

3. 简述半自动车钩缓冲装置自动连挂失败的原因及处理方法。

4. 简述贯通道有什么作用？说明渡板有哪些部件组成？

5. 简述各型缓冲器的检修要求有哪些？

6. 车钩钩头的主要故障有哪些？

7. 车钩连挂和解钩试验如何操作？

项目八 制动系统的检修

实训任务工单一 供气设备的结构认识与检修

实训任务 供气设备的结构认识与检修

班级：_____ 姓名：_____ 学号：_____ 时间：_____

一、实训目标

1. 专业能力目标

（1）掌握供气设备主要组成部件的结构、作用原理；

（2）能分析供气设备主要组成部件的常见故障及排除方法；

（3）会使用各供气设备主要组成部件检修工具设备。

2. 方法能力目标

（1）通过供气设备的检修操作，能够认知和检修供气设备，培养严肃认真的工作态度；

（2）能根据实训项目学习任务确定实训方案，从中学会表达及展示活动过程和成果。

3. 社会能力目标

（1）能与小组成员和教师就学习中的问题进行交流和沟通；

（2）能与他人共享学习资源，具有较好的合作能力和团队协作精神。

二、知识总结

1. 简述供气设备的结构组成。

2. 简述供气设备主要组成部件的结构、作用原理。

3. 简述供气设备主要组成部件维护和检修方法。

三、操作运用

1. 根据给出的供气单元检查作业指导，完成供气单元技术状况检查并填写检查结果。

作业项目、内容	作业标准及要求	检查结果
供风单元（无电作业）		
检查供气模块的安装状态	连接电缆无破损，模块安装稳固	
检查油尺高度，更换空气压缩机润滑油	润滑油型号	
检查真空指示器，了解空气过滤器滤网尘埃的累积情况	如真空指示器显示红色，则复位红色柱塞	
检查空气过滤器的空气进口是否堵塞	有堵塞则清除	
更换空气过滤器的滤网	更换滤网	
排放油过滤器中的油水混合物	油过滤器中无油水混合物残留	
偶次年检更换油过滤器的过滤网	更换滤网	
检查安全阀的清洁情况和外观损坏程度	用布擦净阀体（阀杆阀座的橡胶部分应完全干燥，否则用压缩空气吹干），安全阀损坏更换	
打开主风缸的排放塞门，验证空气干燥单元的基本功能	可有微量水排出，但不能有冷凝物（乳白色稠状物）流出	
清除压缩机及中间冷却器的积尘、表面的尘垢	使用高压空气除尘	
供风单元（有电作业）		
听空气干燥器的工作声音，判断供风模块工作是否正常	确定空压机工作声音无异常，干燥器应每分钟瞬时排气一次	
在列车主风管压力大于 7.5bar 状态下，测量经过空气干燥单元的压缩空气的相对湿度	用露点计连接到测量压缩空气的相对湿度，相对湿度应在 35% 以下	
检查安全阀 A01.03 的排气功能	连接压力表到检测点 A01.07（位置在 A01.06 塞门前），切断截断塞门 A01.06、A01.10。空压机打风，在压力表显示压力达到 12bar 时，确定 A01.03 排气，否则更换。检查完成后即刻恢复截断塞门的位置	
检查安全阀 A01.11 的排气功能	连接压力表到检测点 A01.07，切断截断塞门 A01.06、该车两端的 W27 以及与之相连的 B 车二位端和 C 车二位端的 W27，空压机打风，压力表显示压力达到 10.5bar 时，确定 A01.03 排气，否则更换。检查完成后即刻恢复各塞门的位置	
检查紧急解锁装置	盖板锁闭，透明罩裂纹长度不超过 35mm，紧急解锁拉手处于垂直位	
检查座椅下的 B09 阀盖板外观状态	盖板关好，锁到位标记对齐	
检查客室各类标签	无脱落无丢失，卷边不超过标识自身边长的 1/10，缺损面积不超过 $900mm^2$，开裂长度不超过 35mm	

2. 操作演示怎样进行空压机换油及滤网更换作业、空压机安全阀更换作业,并写出规范的操作流程。(在轨道交通试验室城市轨道交通车辆车体实物实操区域中操作演示)

四、实训小结

_____

_____

五、成绩评定

职业素养(包括表达能力、沟通能力、团队合作能力、实际操作能力、知识掌握能力):

评价维度	表达能力	沟通能力	团队合作能力	实际操作能力	知识掌握能力
评价结果					

指导教师评语:

_____

学习者签字:　　　　　　　　　　　　　　　日期:　　年　月　日

指导教师签字:　　　　　　　　　　　　　　日期:　　年　月　日

实训任务工单二　制动控制单元和电子制动控制单元及防滑装置的检修

实训任务　制动控制单元和电子制动控制单元及防滑装置的检修

班级:_____　姓名:_____　学号:_____　时间:_____

一、实训目标

1. 专业能力目标

(1) 掌握 BCU、EBCU 及防滑装置的结构和作用原理;

(2) 会处理 BCU、EBCU 及防滑装置的常见故障;

(3) 能在教师的指导下规范地对 BCU、EBCU 主要组成部件进行检修作业。

2. 方法能力目标

(1) 通过该任务学习和实作,能对制动系统进行认知和检修,培养创新意识;

(2) 能根据实训项目学习任务确定实训方案,从中学会表达及展示活动过程和成果。

3. 社会能力目标

(1) 能与小组成员和教师就学习中的问题进行沟通和交流,积极参与学习;

(2) 能与他人共享学习资源,具有较好的合作能力和团队协作精神。

二、知识总结

1. KBGM 制动系统制动控制单元是各由哪几部分组成的？各部分的工作原理是什么？

   ....

   ....

2. EP2002 制动系统主要由哪些部件组成？

   ....

   ....

3. 叙述制动系统制动控制部分均衡修的内容。

   ....

   ....

三、操作运用

根据制动控制单元（BCU）的结构，归纳出制动控制单元的组成及维修后的项目测试要求。

....

....

四、实训小结

....

....

....

五、成绩评定

职业素养（包括表达能力、沟通能力、团队合作能力、实际操作能力、知识掌握能力）：

评价维度	表达能力	沟通能力	团队合作能力	实际操作能力	知识掌握能力
评价结果					

指导教师评语：

....

学习者签字：

日期： 年 月 日

指导教师签字：

日期： 年 月 日

实训任务工单三　单元制动机和管路附件的检修

实训任务　单元制动机和管路附件的检修

班级：_____　姓名：_____　学号：_____　时间：_____

一、实训目标

1. 专业能力目标

（1）掌握单元制动机及管路附件的结构、作用原理；
（2）在教师指导下完成单元制动机的检修作业工作；
（3）能分析单元制动机和管路附件的常见故障，并能将故障排除。

2. 方法能力目标

（1）通过检修单元制动机及管路附件的学习，能够相互配合检修单元制动机和附件；
（2）能根据实训项目学习任务确定实训方案，从中学会表达及展示活动过程和成果。

3. 社会能力目标

（1）能与小组成员和教师就学习中的问题进行交流和沟通；
（2）能与他人共享学习资源，具有较好的合作能力和团队协作精神。

二、知识总结

1. PC7Y 型单元制动器的构造作用是什么？

2. 简述 PEC7 型踏面制动单元的结构原理。

3. 简述单元制动机的维护检修方法。

三、操作运用

调整闸瓦间隙实作训练（时间：20min）

1. 操作条件

（1）列车在无电状态；
（2）一列电动列车，该列车一单元 A 车第二轴左侧单元制动机的闸瓦间隙不符合要求。

2. 操作内容

（1）指出该单元制动机的具体位置；
（2）调整闸瓦间隙达到规定要求。

3. 操作要求

(1) 将单元制动机闸瓦间隙调整到规定的范围内,且不能影响到其他零部件的正常功能。

(2) 正确使用各种工具。

(3) 调整完成后单元制动机必须能够正常工作。

(4) 考试结束后,整理好工具,列车必须处于能安全运行的状态。

(5) 考试人员按规定着装,违反作业安全规定、不文明操作或造成他人伤害者取消考试资格。

四、实训小结

_____

_____

五、成绩评定

职业素养(包括表达能力、沟通能力、团队合作能力、实际操作能力、知识掌握能力):

评价维度	表达能力	沟通能力	团队合作能力	实际操作能力	知识掌握能力
评价结果					

指导教师评语:

_____

学习者签字:

日期:　　年　　月　　日

指导教师签字:

日期:　　年　　月　　日

项目测试题 8

一、填空题

1. 列车风压表白针显示代表_____,红针显示代表_____。

2. 停放制动的工作原理充气—_____,排气—_____;空气制动的工作原理充气—_____,排气—_____。紧急制动为_____制动。

3. 列车总风缸低压设定压力:当压力下降至 6bar 以下时会触发列车的_____,并且_____。

4. 供风及制动系统主要由_____、_____、_____、_____和_____等装置组成。

5. 城市轨道交通车辆盘形基础制动装置是由_____、_____、_____组成的。

6. EP2002 制动系统的车轮防滑保护采用轴控式微机控制的防滑方式,主要包括_____、_____、_____。

二、简答题

1. 简述制动微机控制单元的作用。

2. 简述干燥器月检的主要工作有哪些？

3. 简述供风设备主要组成部件的常见故障及故障排除方法。

4. 简述各供风设备主要组成部件检修工具设备的使用方法。

5. 简述 KBGM 制动系统的模拟转换阀、紧急阀、中继阀、称重阀的结构，各有何作用？

6. 简述架控式制动系统 EP2002 阀的拆卸、安装方法。

项目九 空调和采暖装置的检修

实训任务工单一 空调机组的结构认识与检修

实训任务 空调机组的结构认识与检修

班级：_____ 姓名：_____ 学号：_____ 时间：_____

一、实训目标

1. 专业能力目标

（1）了解空调机组的检测设备、检修工具、检修工装设备的使用方法；

（2）掌握空调机组的结构组成、作用、制冷原理；

（3）能够对空调系统的零部件进行维护和保养。

2. 方法能力目标

（1）通过空调机组的结构认知和检修操作，能够检修空调机组的主要部件；

（2）能根据实训项目学习任务确定实训方案，从中学会表达及展示活动过程和成果。

3. 社会能力目标

（1）在实习训练中保持积极向上的学习态度；

（2）能与小组成员和教师就学习中的问题进行交流和沟通；

（3）能与他人共享学习资源，具有较好的合作能力和团队协作精神。

二、知识总结

1. 简述空调机组的结构组成、作用、制冷原理。

_____

_____

_____

2. 简述空调机组的检测设备、检修工具、检修工装设备的使用方法。

_____

_____

_____

3. 简述空调机组各主要组成部件的常见故障。

_____

_____

三、操作运用

1. 指认下图城市轨道交通车辆空调系统组成图,并填出1~5号部件的名称。

1-_____;

2-_____;

3-_____;

4-_____;

5-_____。

2. 指认下图城市轨道交通车辆空调系统组成图,并填出1~4号部件名称。

1-_____;

2-_____;

3-_____;

4-_____。

3. 根据给出的空调机组检查作业指导,完成空调系统技术状况检查并填写检查结果。

基本工具：十字螺丝刀、8#内六角钥匙、8#方孔钥匙、强光手电筒、安全带、喷壶、38件套、活动扳手、大号水管钳。

材料：抹布、φ12号塑料软管、铝材重垢清洗剂1.2kg（按1∶10兑水清洁），润滑油0.5kg。

作业项目、内容	作业标准及要求	检查结果
清洗（更换）混合空气过滤网	混合空气过滤网干净、无损坏（三月检、年检更换混合空气过滤网）	
检查机组各盖板、合页、安全锁钩、盖板锁状态	各盖板无裂纹，盖板合页、插销、开口销无丢失、无损坏，盖板锁及安全锁钩动作灵活，冷凝风机防护格栅无损坏	
更换新风过滤网	更换后的新风过滤网干净、无损坏	
清洗并检查新风格栅及蒸发器、冷凝器散热片	使用铝材重垢清洗剂清洗新风格栅、蒸发器靠近混合空气过滤网的散热片和冷凝器的散热片，要求清洁干净、散热片无变形	
检查空调机组各排水孔状态	机组各排水孔无杂物、无积水	
清洁空气处理室箱体内部	用水对空气处理室箱体内部清洁干净（严禁使用高压水对空调机组接线盒、高低压开关、压缩机接线盒、风门电机、冷凝风机进行清洁）	

续上表

作业项目、内容	作业标准及要求	检查结果
检查高、低压连接阀状态	目视检查高、低压连接阀,各阀无泄漏制冷剂	
	用肥皂水检测高、低压阀的阀芯是否漏液	
检查高低压开关、充注阀、风门传动固定螺栓	各固定螺栓均紧固防松线清晰无错位	
检查机组高、低压开关各开关触点和接线情况	机组高、低压阀各开关触点作用灵活、无锈蚀、各接线紧固	
检查充注阀的阀芯状态	用肥皂水检测阀芯是否漏液	
检查蒸发室内部排水管	蒸发室内排水管安装紧固、无破损	
检查蒸发室和混合风室保温材料、密封胶条安装状态	保温材料、密封胶条无缺损,安装紧固无松动	
检查机组减振装置	机组减振装置无损坏	
观察液体管路窥视镜的湿度显示情况	正常:紫色;不正常:黄色、无色	
检查冷凝风扇在轴上的紧固程度、电机固定状态及叶片外观	冷凝风扇、电机安装牢固及叶片无裂纹	
检查冷凝风机接线盒内部接线和接线盒紧固状态	冷凝风机接线盒内部接线牢固,接线盒固定螺栓紧固,防松线清晰无错位	
检查送风机状态	送风扇在轴上安装牢固	
	手动转动电机,电机转动灵活、无异响	
检查送风机接线盒内部接线和接线盒固定螺栓情况	送风机接线盒内部接线牢固,接线盒固定螺栓紧固防松线清晰无错位	
检查送风机安装座以及其固定螺栓	安装座无裂纹,各螺栓无断裂、无松动	
清洁空调机组风门电机	空调机组风门电机干净,无灰尘	
检查空调机组管路管夹的紧固情况	空调机组管路管夹安装牢固无松动	
检查空调机组毛细管连接状态和走向情况	毛细管包扎牢固、走向无干涉、无断裂	
检查管路各连接处的密封性	管路各连接处无泄漏制冷剂痕迹	
检查空调机组壳体	空调机组壳体无损坏	
检查空调机组 X01、X02 外观	空调机组 X01、X02 外壳无裂纹	
检查空调机组内部各电源线和控制线的接线状态	空调机组内部各波纹管无破损,各电源线和控制线无破损、走向无干涉、紧固无松动	
清洁送风温度传感器和新风温度传感器探头,并检查固定情况	清洁温度传感器探头,且检查机组送风温度传感器和新风温度传感器的安装牢固	

续上表

作业项目、内容	作业标准及要求	检查结果
测量空调温度传感器电阻	测量新风温度传感器、送风温度传感器、回风温度传感器电阻，要求电阻满足标准	
检查空调紧急逆变器的各连接插头和固定螺栓状态	空调紧急逆变器的各连接插头和固定螺栓安装紧固，防松线清晰无错位	
检查空调挡位	检查空调挡位在规定挡位（23℃）	
检查列车紧急通风情况	各客室送风口有新风送出	
检查司机室增压器旋钮固定状态和盖板锁闭情况	旋钮安装牢固，盖板锁闭到位	
检查司机室增压器通风情况	司机室增压器有风送出	
检查空调系统工作状态	在有高压的情况下，启动空调，空调系统工作正常	

四、实训小结

_____

_____

五、成绩评定

职业素养（包括表达能力、沟通能力、团队合作能力、实际操作能力、知识掌握能力）：

评价维度	表达能力	沟通能力	团队合作能力	实际操作能力	知识掌握能力
评价结果					

指导教师评语：

_____

_____

学习者签字：

　　　　　　　　　　　　　　　　　　日期：　　年　　月　　日

指导教师签字：

　　　　　　　　　　　　　　　　　　日期：　　年　　月　　日

实训任务工单二　空调机组的故障检查方法

实训任务　空调机组的故障检查方法

班级：_____　姓名：_____　学号：_____　时间：_____

一、实训目标

1. 专业能力目标

（1）了解空调机组制冷不足的原因；

（2）掌握空调机组主要部件的常见故障及检修方法。

2. 方法能力目标

（1）通过空调机组的故障和检查方法的学习和操作，能够检修空调机组的常见故障，培养分析问题、解决问题的能力；

（2）能根据实训项目学习任务确定实训方案，从中学会表达及展示活动过程和成果。

3. 社会能力目标

（1）在实习训练中保持积极向上的学习态度；

（2）能与小组成员和教师就学习中的问题进行交流和沟通；

（3）能与他人共享学习资源，具有较好的合作能力和团队协作精神。

二、知识总结

1. 简述空调机系统的常见故障。

   _____
   _____
   _____
   _____

2. 简述空调系统热交换系统的检查方法和处理。

   _____
   _____
   _____
   _____

3. 简述空调系统制冷量不足的原因与解决办法。

   _____
   _____
   _____
   _____

三、操作运用

根据给出的空调系统的常见故障和可能的故障原因，填写故障的判断及处理方法：

故障内容	故障的原因	故障的判断方法	处理方法
1. 不出风	1. 离心风机的配线 （1）插接线处断线 （2）配线处螺钉松弛 2. 电动机烧损 3. 控制线路及电气故障		

续上表

故障内容	故障的原因	故障的判断方法	处理方法
2. 风量小	1. 风机电动机反转 2. 回风过滤网堵塞 3. 蒸发器结霜或冰 4. 蒸发器散热片脏堵 5. 软风道等处堵塞 6. 风机叶片积垢		
3. 不冷	1. 压缩机不转 （1）电动机不运行 （2）高压或低压压力开关动作 （3）配线端子安装螺栓松弛 （4）电气控制柜电气元件不良 （5）过、欠压继电器动作 （6）压缩机故障 （7）接触顺、线圈烧毁或触头故障 （8）轴流风机电动机热继电器动作或轴流风机电动机烧损、断线 2. 压缩机运转 （1）制冷剂漏泄 （2）电磁阀误动作或损坏		
4. 冷量不足	1. 回风滤尘网堵塞 2. 蒸发器、冷凝器过脏 3. 蒸发器结冰 4. 控制柜设定温度过高 5. 少量制冷剂泄漏或制冷剂充注过多 6. 风量不足 7. 压缩机总处于卸载状态		
5. 振动噪声大	1. 风机电动机球轴承异常 2. 风机叶轮不平衡 3. 紧固部位松弛		
6. 高压压力开关动作	1. 液管电磁阀未打开 2. 冷凝器过脏 3. 制冷剂充注过多 4. 轴流风机反转 5. 排风管段堵塞 6. 轴流风机不转 （1）电动机烧损 （2）电动机的轴承损伤 7. 空气或不凝性气体混入系统		
7. 低压压力开关动作	1. 制冷剂泄漏 2. 吸入空气温度太低 3. 风量不足 4. 低压管路堵塞 5. 蒸发器散热片堵塞		

续上表

故障内容	故障的原因	故障的判断方法	处理方法
8. 漏水	1. 回风口漏水 （1）排水口堵塞 （2）安装不良密封垫渗水 2. 出风口漏水车内 3. 风道内凝露形成水珠，从出风口吹出		

四、实训小结

....

....

五、成绩评定

职业素养（包括表达能力、沟通能力、团队合作能力、实际操作能力、知识掌握能力）：

评价维度	表达能力	沟通能力	团队合作能力	实际操作能力	知识掌握能力
评价结果					

指导教师评语：

....

....

学习者签字：

日期：　　年　　月　　日

指导教师签字：

日期：　　年　　月　　日

项目测试题9

一、填空题

1. 城市轨道交通车辆每节车设置_____台空调机组，安装于列车的_____，空调系统控制电压为_____。

2. 通风系统由_____、_____、_____和空气过滤器等部件组成。

3. 通风方式分为_____通风和_____通风两种，城市轨道交通车辆采用_____通风方式。

4. 城市轨道交通车辆空调制冷装置主要由_____、_____、_____、_____和_____等组成。

5. 客室电热控制分为_____、_____、_____三个挡位。

6. 空调从压缩机流出的制冷剂，首先经过_____，然后经过节流装置、蒸发器。

7. 预冷时空调机组新风门关闭，回风门_____。

8. 可以通过空调系统制冷回路中视液镜的颜色检测制冷剂的湿度，_____色表示干燥，_____色表示制冷系统湿度高。

二、简答题

1. 简要说明蒸发器和冷凝器有哪些区别？各自的检修内容有哪些？

2. 简述城市轨道交通车辆空调不制冷的原因，并制定其诊断计划。

3. 简述空调系统抽真空的步骤方法。

4. 简述空调制冷系统低压侧加注制冷剂的方法。

5. 简述空调制冷系统高压侧加注制冷剂的方法。

项目十 城市轨道交通车辆检修常用工具、量具的使用与维护

实训任务工单一　扭力扳手的使用

实训任务　扭力扳手的使用

班级：_____ 姓名：_____ 学号：_____ 时间：_____

一、实训目标

1. 专业能力目标

（1）了解扭力扳手的结构；

（2）掌握扭力扳手的使用方法；

（3）掌握扭力扳手的保养方法。

2. 方法能力目标

（1）通过对扭力扳手的使用任务的学习和操作，能够学会使用扭力扳手检修有关零部件；

（2）能根据实训项目学习任务确定实训方案，从中学会表达及展示活动过程和成果。

3. 社会能力目标

（1）在实习训练中保持积极向上的学习态度；

（2）能与小组成员和教师就学习中的问题进行交流和沟通；

（3）能与他人共享学习资源，具有较好的合作能力和团队协作精神。

二、知识总结

1. 简述扭力扳手的使用步骤。

_____

_____

_____

2. 简述扭力扳手使用前的注意事项。

_____

_____

_____

3. 看图写出扭力扳手各部分的名称。

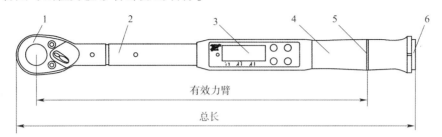

1-_____；2-_____；3-_____；4-_____；5-_____；6-_____。

三、操作运用

1. 用扭力扳手拧紧转向架各部螺栓。
2. 作业要求：
（1）熟知作业部件各力矩值；
（2）扭力值调整规范、到位；
（3）在施加力矩过程中，保持施加力矩的平衡、稳固；
（4）防松线按标准涂打；
（5）作业后做好现场6S，整理工器具；作业记录填写准确。

四、实训小结

....
....
....
....

五、成绩评定

职业素养（包括表达能力、沟通能力、团队合作能力、实际操作能力、知识掌握能力）：

评价维度	表达能力	沟通能力	团队合作能力	实际操作能力	知识掌握能力
评价结果					

指导教师评语：

....
....

学习者签字：

日期： 年 月 日

指导教师签字：

日期： 年 月 日

实训任务工单二　常用量具的使用

实训任务　常用量具的使用

班级：_____　姓名：_____　学号：_____　时间：_____

一、实训目标

1. 专业能力目标

会使用城轨车辆的轮对内距尺、车轮直径检查仪、LLJ-4D型第四种检查器、车钩高度测量尺。

2. 方法能力目标

（1）通过对内距尺、轮径尺、第四种检查器、钩高尺的操作，能够学会检查器的结构和使用方法；

（2）能根据实训项目学习任务确定实训方案，从中学会表达及展示活动过程和成果。

3. 社会能力目标

（1）在实习训练中保持积极向上的学习态度；

（2）能与小组成员和教师就学习中的问题进行交流和沟通；

（3）能与他人共享学习资源，具有较好的合作能力和团队协作精神。

二、知识总结

1. LLJ-4D型检查器、车轮直径检查仪、内距尺、钩高尺的结构。
2. LLJ-4D型检查器、车轮直径检查仪、内距尺、钩高尺使用时的注意事项。
3. LLJ-4D型检查器、车轮直径检查仪、内距尺、钩高尺的使用方法。

三、操作运用

1. 操作内容

（1）使用LLJ-4D型检查器测量踏面圆周磨耗及轮缘高、测量轮缘厚度及垂直磨耗、测量轮辋宽度、测量踏面擦伤深度和剥离长度。

（2）使用车轮直径检查仪测量车轮直径。

（3）使用内距尺测量轮对的内侧距离。

2. 作业要求

（1）熟知第四种检查器、车轮直径检查仪、车轮内侧距离检查尺的结构和使用方法。

（2）按安全操作规程在规定时间内使用检查器具测量各种尺寸。

（3）测量数值准确无误，量具保养到位。

（4）操作完毕后，工具物品清场，无遗漏。

四、实训小结

_____

_____

_____

五、成绩评定

职业素养（包括表达能力、沟通能力、团队合作能力、实际操作能力、知识掌握能力）：

评价维度	表达能力	沟通能力	团队合作能力	实际操作能力	知识掌握能力
评价结果					

指导教师评语：

....

....

....

....

....

....

....

学习者签字：

日期：　　年　　月　　日

指导教师签字：

日期：　　年　　月　　日

项目测试题 10

一、填空题

1. 定扭力扳手由_____、定位销、_____、刻度盘、换向手柄、_____等组成。

2. 管型测力计由_____、_____、指针和_____等组成。

3. 角磨机用于打磨部件及切割部件，它主要由_____、_____、_____和锁紧按钮等组成。

4. 用千分尺测量时，先将外径千分尺的两_____擦拭干净，然后进行_____。

5. 百分表的读数方法为：先读_____转过的刻度线，再读_____转过的刻度线，然后两者相加，即得到所_____数值。

6. 常见的游标卡尺由尺身、_____、_____、紧固螺钉、滑动轮、_____、_____尺等组成。

7. LLJ-4D 型第四种检查器用适用于测量_____、_____、轮缘高度、轮辋宽度、_____、踏面擦伤深度和长度、_____、车轮踏面外侧碾宽九种功能。

8. 用车轮直径检查仪测量时，两手握住测量仪两端的_____部位，放置在被测_____上，使定位架与_____靠紧，两手轻轻压一压至_____块均与车轮踏面接触到位，这时即可从指示表中读出直径值。

9. 钩高尺主要由 _____、_____、_____、_____、夹板、钩舌测板、划针、游框、_____、游框锁紧螺钉等组成。

二、简答题

1. 简述游标卡尺的种类与结构。

2. 简述游标卡尺维护和保养的方法。

3. 简述千分尺的结构和刻线原理。

4. 简述千分尺的读数方法。

5. 简述百分表的结构与传动原理。